KB120989

부의 도약

부와 나를 연결하는 돈 공부의 힘

부의 도약

• 박정선 지음 •

와이즈맵

PROLOGUE

부의 도약을 꿈꾸며

그냥 착실히 살면 되는 줄 알았습니다

그렇게 생각하며 살았습니다. 성실하게 일해서 차곡차곡 예적금 들고, 그렇게 돈을 모으면 집 한 채는 마련할 수 있을 줄 알았습니다. 내 가족 정도는 건사하며, 조금씩 기부도 하고, 사랑하는 사람들에게 맛있는 것 정도는 사주며 베풀 수 있지 않겠냐고 생각했습니다.

그런데 아니었습니다. '열심히 해서 2억 원만 더 모으면 살 수 있겠지….'라고 생각했던 집값은 그 2억 원을 모으는 동안 어느새 5억 원, 10억 원이 올라 있었습니다. 어디 가서 빚내지 않고 착실하게 살아보려던 우리의 성실함은 그렇게 배신을 당하고 있었습니다.

몇 년 전에 집 한 채를 산 누군가는 그새 아파트 가격 앞에 '1' 자가 하나 더 붙었다 하고, 누군가는 무슨 주식을 사서 몇 배를 벌었다는 이야기가 들려오기도 합니다. 암호화폐 광풍이 지나간 자리에는 막차를 타서 큰돈을 잃었다는 이들 사이로, 큰돈을 벌어 회사를 그만두고 표표히 떠났다는 누군가의 이야기가 무협의 전설처럼 들려오기도 했습니다. 그런 이야기를 전해 들을 때면 어떤 열패감에 사로잡히게 됩니다. 성실히 살아온 지난 삶 자체가 부정당하는 것 같은 자괴감과 함께 말이죠. 아닌 척하지만 그들이 부럽고, '난 왜 그런 것들에 대해 미리 고민하지 않았을까.'라는 후회가 밀려듭니다. 그럴 때면

샀어야 했는데….

라고 생각했을 때 샀어야 했는데….

라고 생각했을 때 샀어야 했는데….

라고 생각했을 때 샀어야 했는데….

라는 생각이 머릿속에서 무한 루프를 그리곤 합니다.

고민을 '제대로' 해보려 합니다

직장생활을 한 지 10년 가까이 된 어느 날 아침, 문득 이런 생각이 들었습니다. '나란 인간, 참 일관성 있구나.' 10년 넘게 한결같이 아침에 눈을 뜨면 회사에 가기 싫더라는 거죠. 그제서야 깨달았습니다. 매일 접하기에 심상히 대하는 것들, 일상적으로 접하기에 깊이 생각하지

않는 것들, 그래서 평생 신경 쓰고 고민하면서도 그냥 일차원적인 고민만 하다가 마는 것들이 많다는 걸요. 회사는 늘 다니기 싫고, 돈은 늘 많이 벌었으면 좋겠고, 언제부턴가 서걱거리는 무릎은 좀 안 아프면 좋겠고. 하지만 그런 것들이 일상에 촘촘히 치고 들어오더라도 그리 깊이 고민하지 않는 경우가 많습니다. 금방 익숙해질 만한 불편함이니까요. '무릎이 시린 거지 암에 걸린 건 아니니까.' 절박함을 느끼지 못하기에 그렇게 그 불편함들을 불안해하면서도 묵혀두곤 합니다.

그런데 나이 마흔을 넘어서니 '돈'이라는 녀석이 처음으로 뒤통수를 후려칩니다. 이렇게 살다가는 집 한 채 없이 전세만 전전하게 될 것 같다는 불안감, 나중에는 전세금도 마련하지 못해 월세로 허덕이다가 노후 대책 같은 건 꿈도 못 꾸겠구나 싶은 두려움. 그제서야 돈이라는 녀석이 처음으로 궁금해졌습니다.

투자와 재테크에 대해 느낀 자괴감과 후회는 어쩌면 당연한 결과일지도 모릅니다. 한 번도 제대로 깊이 있게 고민해본 적이 없었기 때문입니다. 어렸을 때부터 돈을 쓰고, 저축하고, 주식도 사보고 했지만 그걸 '제대로 하고 있는가'는 또 다른 문제였습니다. 무언가를 한다는 착각에만 사로잡혀 있는 경우가 더 많으니까요.

막상 공부를 해보려고 매일매일 경제기사를 읽어도 무슨 말인지 잘 모르겠더군요. 전문가들이 그들만의 언어로 이야기하는 것처럼 보였습니다. 분명히 우리의 삶과 맞닿아 있는 것들인데, 생소한 어휘와 너무 다양한 의견들 때문에 오히려 꼭 필요한 지식과 정보조차 외면하게 되는 건 아닐까 하는 생각이 들었습니다. 그러다 그 어려움이 단순히 '어려운 용어'만의 문제가 아니라는 것을 깨달았습니다. 다양한 변수들이 함께 어우러져 만들어내는 경제와 금융 현상들은 그 기본에 깔려 있는 프레임워크를 먼저 이해해야 한다는 것을 말이죠. 머릿속에 만들어두지 못하면 그 수많은 경제기사들은 그저 단편적인 소식에 불과하며 그 사이의 행간을 파악한다는 것은 요원한 일이었습니다.

부의 도약을 꿈꿉니다

그런 시절이 있었다고 합니다. 돈을 은행에 가만히 넣어두기만 해도 이자가 10~20%씩 붙던 고도성장의 시기, 그래서 돈을 열심히 모으기만 해도 알아서 불어나던 시절 말이죠. 하지만 2020년 12월 대한민국의 기준금리는 0.5%입니다. 이제 돈이 스스로 불어나는 시절은 다시 오지 않을 것입니다. 우리 경제도 어느덧 성숙기에 접어들었으니까요.

한때 잘나가던 브랜드나 기업들이 시대의 변화에 적응하지 못해 도태하는 모습을 종종 보곤 합니다. 하지만 시대의 변화에 적응하지 못하면 도태하는 것은 그들만이 아닙니다. 우리의 삶도, 바뀐 세월에 발맞추어 새로운 사고방식을 구축하지 못하면 도태될 수밖에 없습니다. 따라서 우리는 원치 않더라도 도약해야 하는 순간을 마주하게 됩니다.

부모님 세대의 성공 방정식이 이제 통하지 않는 시대가 되었습니다. 윗세대가 돈을 모으고 불리던 그 길은 우리 앞에서 뚝 끊어졌습니다. 건너편에 좀 더 높은 곳에서부터 길이 이어져 있긴 하지만, 그 간극은 좁지 않습니다. 긴 심호흡을 한번 하고 마음을 다잡는 것부터 시작해야 합니다. 다리를 툭툭 털며 스트레칭도 하고, 조금씩 하체의 근력을 키워 그 간극을 뛰어넘을 준비를 해야 합니다.

21세기 '자본주의'라는 시대를 살아가고 있으니, 내가 살아가는 세상에 대해 조금이라도 더 알고 싶었는지도 모릅니다. 그것들을 공부하다 보면 투자에 대한 시선을 갖출 수 있으리라 생각했습니다. 그래서 이 책은 저 같은 이들, 금융이라는 것이 마냥 어렵고 딱딱하고 재미없다고 생각하는 이들을 위해서 준비했습니다. 각자의 삶에서 어떤 도약을 할 수 있는 작은 발판이 되었으면 하는 바람을 담아서 말이죠.

경제와 금융은 다양한 요소들이 서로 얽히고설켜 많은 경우의 수들이 생겨납니다. 그래서 더욱 헷갈립니다. 본격적인 공부를 시작도 하기 전에 길을 잃고 맙니다. 금융 초보라면 알아둬야 할 개념들, 금융 시장 참여자들의 속성과 거래되는 자산의 특징들을 다루었습니다. 초보자라면 알아두어야 할 것들만 추려보았습니다.

일반인들이 경제를 멀리하게 되는 또 하나의 이유는 복잡한 수식, 통계표와 차트를 보다가 숫자에 지레 겁먹기 때문이라고 생각합니다. 먼저 나 자신을 인정해야 합니다. 우리는 학창 시절 『수학의 정석』에서 분수 챕터도 제대로 안 보던 사람들입니다. (그래요. 저도 수학이 싫어서 문과를 간 사람인 걸요.) 그런데 이제 와서 투자를 잘해보겠다고 갑자기 공분산과 시그마, 로그를 공부한다고 해서 머릿속에 쏙쏙 들어올 리가 없습니다. 개념만 잘 알고 넘어가도, 큰 줄기만 잘 이해해도 시장을 바라보는 시선이 달라질 것입니다.

머니-라이프 밸런스를 고민합니다

세상에는 수많은 투자 철학과 투자 이론, 그리고 다양한 방법론이 있습니다. 누군가는 '저점매수 고점매도'를 해야 한다고 강조하고 누군가는 주식을 그저 바이 앤 홀드(buy&hold), 즉 사서 보유하라고 합니다. 또 누군가는 차트를 보면서 기술적인 분석을 해야 한다고 하고 누군가는 기업의 내재 가치에 충실해야 한다고도 합니다. 다 맞는 말인 것 같아서, 어떻게 해야 할지 더욱 모르겠습니다. 그 모든 것들을 섭렵하고 공부하다가 한평생이 갈 수도 있겠다는 생각이 듭니다.

돈을 벌고자 주식 호가창만 바라보다 일상의 대부분의 시간을 허비한다면 그 또한 건강한 삶은 아닐 것입니다. 확률적으로 보자면 회사 모니터를 그만큼 열심히 들여다봤을 때의 연봉 상승률이 더 클 수도 있습니다.

'워라밸'이라는 말을 많이 합니다. 일과 삶의 균형이 그만큼 중요한 시대이니까요. 그런데 투자 역시 똑같이 돈을 버는 '일'인데 공부하느라 쉬지도 못하고 밤새워 고민하고 스트레스를 받는다면, 어떤 의미에서는 그 또한 일과 삶의 균형을 깨뜨리는 결과를 가져올 것입니다. 그러니 투자에도 '머니-라이프 밸런스(money-life balance)' 같은 개념이 필요하다고 생각합니다.

우리는 흔히 투자에 들어가는 것이 돈(원금)뿐이라고 생각하지만 그렇지 않습니다. 공부든, 시간이든, 멘탈이든, 투자에 들어가는 리소스는 돈 외에도 많습니다. 모두 일상을 영위해야 하는 우리에게는 소중하고도 한정된 '자원'입니다. 그러니 우리가 고려해야 할 것은 일종의

'신경쓰임 대비 수익률'입니다. 끊임없이 공부하는 것은 필요하지만, 마냥 시간만 많이 들인다고 더 나은 수익률이 나오지는 않으니까요.

> *"투자자는 더 열심히 생각하고 초과근무를 한다고 더 높은 수익을 얻는 것은 아니다. 모든 투자자들이 해야 할 일은 지속적으로 엄격한 훈련법을 훈련하고 따르는 것이다. 시간이 지나면 자연스레 수익이 따라올 것이다."*

미국의 헤지펀드 바우포스트(Baupost) 그룹의 창립자이자 가치 투자자로 유명한 세스 클라만의 말이 와닿는 이유입니다.

투자는 제대로 씨를 뿌린 다음에 천천히 기다리는 게 더 나은 경우가 많습니다. 어쩌면 그런 투자만이 일상에도 충실해야 하는 우리의 삶과 공존할 수 있을 것입니다. 다행히 투자는 제대로 된 방법으로 꾸준히만 한다면 알아서 되는 부분도 있습니다. 그래서 투자를 시작할 때 갖춰야 할 마인드셋과 익혀야 할 투자법에 대해 고민해보았습니다.

투자 공부를 하면 할수록 조금은 엉뚱한 상상을 하게 됩니다. 투자란 결국 '돈'을 가지고 하는 일종의 자본주의적인 '수행법'이 아닐까 하는. 시장이 던져주는 탐욕과 공포에 대처한 결과들이 쌓여 나의 수익률이 되어주니까요. 어쩌면 투자란, 돈을 매개로 우리가 세상과 관계 맺는 방식을 고민하는 과정일지도 모르겠습니다. '수익률'이란 결국 그 관계 맺음을 어떻게 하느냐에 따라 달라지는 게 아닐까 생각합니다.

이 책이 나올 수 있도록 먼저 제안을 주고 꼼꼼한 피드백을 해준 원앤원북스 편집팀, 금융 문외한에게 '금융'이라는 세상을 접할 기회를 주신 리치앤코 한승표 대표님, 그리고 딱딱한 금융을 조금이라도 더 쉽고 재미있게 전하기 위해 함께 노력해준 푼푼(punpun.co.kr)의 동료들에게 감사의 말씀을 전합니다. 누구보다도 이 긴 집필 과정을 옆에서 지켜봐주고 격려해준 민금채 님에게도 감사의 마음을 전합니다.

앎의 격차가 삶의 격차가 되지 않는 세상을 꿈꾸며,
이 글을 시작해봅니다.

박정선

목차

PART 2

돈 공부의 시작: 부자들만 아는 자본주의 생존 금융

PART 3

부의 도움닫기: 무엇을 어떻게 사는가

PART 4

부자의 속도로 달려라:
투자는 나의 힘

PART 5

부와 나의 연결: 부를 향해 도약하는 우리의 자세

PART

1

부의 출발선:

우리는 우리를 모른다

의외로 우리는 자신의 모습을 잘 모르는 경우가 많습니다. 하루 종일 앉고, 서고, 걷고 이런저런 동작을 하지만 '누구나 당연히 다 하는 거니까.'라며 당연하게 생각합니다. 그러나 사실 그 소소한 동작들을 제대로 '해내는' 사람들은 별로 없습니다. 사람들은 자신의 동작을 제대로 인지하지 못하는 경우가 더 많습니다. 스스로는 바른 자세, 바른 동작을 한다고 생각하지만, 다른 사람이 보기에는 구부정할 때가 많습니다. 그래서 허리가 아프고, 어깨가 아프고, 목이 아픕니다.

운동을 배우러 가면 항상 인체의 중심부인 '코어(core)'에 대한 이야기를 하더군요. 어떤 이들은 오랜 기간 운동해야 코어를 겨우 느끼고 사용하게 됩니다. 하지만 어떤 이들은 특별히 훈련하지 않아도 코어를 잘 사용하더군요. 타고나길 몸 쓰는 게 익숙한 분들이죠. 당연히 저 같은 몸치는 운동을 배우러 가면 코어를 인식하고 강화할 수 있는 운동을 하라는 말을 듣습니다.

왜 경제와 금융에 관한 이야기를 하는데 코어를 이야기하냐면, 우리가 소비하고 투자하는 모습이 꼭 몸을 쓰는 것과 비슷하다고 생각해서입니다. 매일 하고는 있으나 제대로 못 하고 있는 것, 제대로 고민해본 적이 없는 것.

무언가를 오래 한다고 해서 저절로 전문가가 되는 것은 아닙니다. 태어나서 지금까지 매일 숨을 쉬었지만 호흡 전문가가 아니고, 매일 걸어 다녔지만 보행 전문가가 되지 못하는 것처럼 말입니다. 의식하지 않고 고민하지 않으면, 무언가를 오래 했다는 것은 별 의미가 없습니다. 그 자체로 그 무언가를 잘한다는 의미가 되지는 않습니다.

어렸을 때부터 용돈을 받아 쓰고 남은 돈은 저축을 했습니다. 커서는 돈을 벌며 예적금도 들고 펀드도 가입하고 주식도 사보기도 했습니다. 하지만 돈을 모으기 위한 노력을 '그저' 하는 것과 '제대로' 하고 있는가는 다른 문제입니다. 스스로 돌아보았을 때 그냥 무언가를 한다는 착각에 사로잡혀 있을 뿐 제대로 하는 게 하나도 없었습니다.

언제나 금융은 어렵고 딱딱하고 재미없다고만 생각했습니다. 하지만 그 또한 우리 삶의 일부이며 우리의 삶에 꽤 많은 영향을 미친다는 걸 뒤늦게 깨달았습니다. 그래서 이제 시작해보려고 합니다. 돈에 관한 이야기, 금융과 경제에 관한 이야기들을. 그 여정의 시작을 '내가 무엇을 모르는지를 파악하는 것' 그리고 '내가 돈에 대해 어떻게 생각하는지 아는 것'에서부터 시작해보려 합니다.

부의 근력을 키워라

대학에 입학하면서 서울로 올라온 지도 20여 년. 처음 서울에 올라와 등산을 하는데 산 아래로 아파트촌이 눈에 들어왔다. 그런 생각이 들었다. '와아, 이렇게 집이 많은데, 내 집 한 채가 없네.' 그때는 꿈이라도 있었다. 얼마 전에도 산에 올랐다. 그리고 이런 생각을 했다. '와아, 이렇게 집이 많은데….(슬프니까 이하 생략)'

누군가는 부동산 상승기를 틈타 갭 투자로 돈을 벌었다는데, 누군가는 주식을 사서 1년 새 몇 배로 불렸다던데. 왜 나는 살까 말까 망설이다 여태 집도 못 사고, 내가 사는 주식들은 내리기만 하는 걸까. 나는 정말 지지리도 운이 없는 놈인 걸까 싶었다.

그러다가 깨달았다. 막연히 '돈을 많이 벌었으면 좋겠다.' '열심히 살다 보면 많이 벌 수 있겠지.'라는 생각만 했다는 걸. 정작 어떻게 해야 할지 제대로 고민해본 적은 한 번도 없었다는 걸. 할까 말까 하다가 말았던 투자 기회들과, 샀다가 너무 빨리 처분해서 몇 푼 벌지도 못한 주식들이 떠올랐다. 이것저것 해봤지만 제대로 해본 적은 한 번도 없다는 것을 그제서야 깨달았다.

투자 실패의 인간 지표종

2020년 3월 어느 날, 한 남자가 스마트폰을 가만히 보다가 깊은 한숨을 쉬었다. 'KOSPI 1439' 코스피 지수의 문제가 아니었다. 나름 장기 투자라고 4년 가까이 묵혀왔던 주식은 어제에 이어 오늘도 하한가다. 그런데 한숨을 쉬는 그의 표정이 의외로 담담하다. 매일 겪는 일인 양하다. 하긴 요즘 들어 그의 주식 계좌는 참으로 신기했다. 손실이 -100만 원이어서 50만 원어치 주식을 손절했는데 돌아서면 그새 또 손실이 불어나 -100만 원에 달하는 형국이었다. 마치 화수분의 마이너스 버전처럼 말이다.

일종의 기시감이 든다. 사실 이것은 2020년 3월이 아니라 2019년의 여름이든, 2008년의 어느 날이든 마찬가지였을 것이다. 기시감이 아니라 익숙함일지도 모른다. 그는 자신이 손대는 것들이 바스라져가는 데 오히려 꽤나 당연하다는 듯 받아들인다.

하긴 왜 아니겠는가. 그가 난생처음 주식 계좌를 만들었을 때는 일주일 후에 서브프라임 모기지 사태가 터지고, 그해 봄에 가입한 중국펀드는 결국 수익률 -50%를 찍고 손절했다. 친구 따라 제주도에 땅을 보러 갔다가 그냥 왔더니 두 달 후에 연예인이 그 동네로 이사를 오면서 그 땅값이 10배로 뛰기도 했다. 언젠가는 나라가 망하겠다 싶어서 인버스 ETF를 사 모았더니, 갑자기 대통령이 탄핵되고 주가가 쭉쭉 올랐다.

그가 도대체 누구냐고? 그래, 그 남자가 바로 나다. 그러니까 나는 투자계의 인간 지표 같은 존재다. 주변에서 늘 물어본다. "뭐 파실 건지 미리 알려주세요. 제가 좀 사게요." 저런 일들을 모조리 겪으면 이런 생각을 하게 된다. '세상 모두가 나만 빼놓고 작전을 짜는 건가? 트루먼 쇼인가?' 어떤 날은 자포자기하며 세상을 구해보겠다(?)는 마음으로 주식을 손절하면, 그날이 바로 저점이다. 차트의 변곡점을 기가 막히게 잘 맞히는데 항상 정반대로만 적중하는 남자. 그게 바로 나다.

계좌만 놓고 보면 아무것도 안 하는 게 차라리 나은 수준이다. 아니면 뭐라도 하나 사놓고 그냥 잊는 게 오히려 재테크였을 수도 있다. 요점이 뭐냐면, 어차피 아무것도 몰랐고 여기저기 기웃거리기만 했지, 경험에서 아무것도 배우지 못했다는 것이다. 벌어도 요행이었고 벌지 못한 것은 무지했으니 당연한 결과였다.

좋은 정보를 알면 돈을 벌 수 있을까?

예시랍시고 몇 개 들긴 했지만, 사실은 모든 일상이 그렇다고 보면 된다. 하다 못해 티셔츠를 하나 사도 그다음 주가 되면 세일 기간이 시작되곤 한다. 그런데 이런 '삽질'이 지속되다 보면 일종의 자아성찰과 함께 객관적 분석을 할 수 있게 된다. 망해가는 투자 패턴과 망하는 자의 전형적인 사고회로가 보이는 것이다.

이런 패턴을 몇 번 반복하고 나면 그래도 하나 정도는 배운다. 적어도 "좋은 정보가 있다면 돈을 벌 수 있을 텐데…." 같은 소리는 하지 않게 된다는 점이다. 겪어보니 좋은 정보가 있어도 스스로 잘 모르면 아무짝에 쓸모가 없었다.

주변의 지인들이 종종 정보를 주기도 했다. 그 말을 잘 듣고 잘 버텼다면, 내 인생에도 주식과 부동산 모두 10~20배는 오를 찬스가 적어도 서너 번은 있었다. 하지만 끝까지 버틸 자신이 없었다. 언제쯤 팔아야 좋을지에 대한 확신도 없었다. 얼떨결에 상승장에 얻어걸렸어도 매도 타이밍을 못 잡으니 남들은 큰돈을 벌어도 나는 떡고물이나 조금 먹는 수준에 그쳤다. 그나마 상승 국면에 익절하기라도 하면 다행인데, 하락 국면에 접어들어도 알지를 못하니 마냥 버티다 항상 크게 손실을 당한다. 수익률 20%짜리 계좌가 일주일 새 -50%가 되도록 아무것도 못 하고 보기만 하는 경우도 있었다. 처음엔 "본전만 찾으면 팔아야

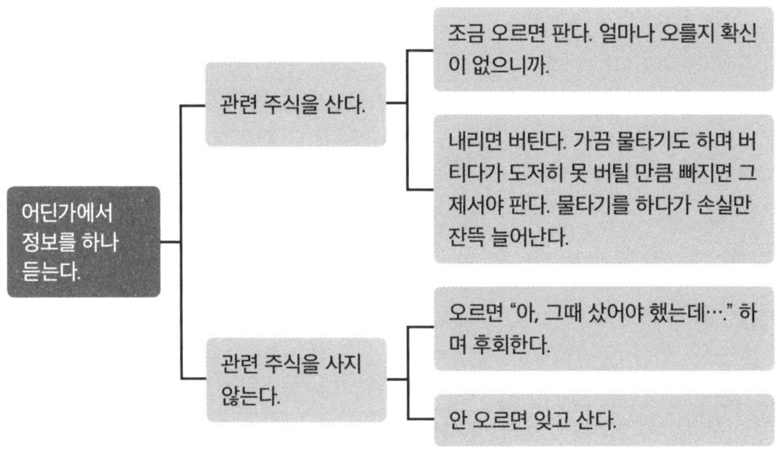

지."라고 마음먹고, 그 뒤엔 "손실만 조금 복구되면 팔아야지."라는 말만 기도처럼 외다가, 마지막에 가서야 "더러운 세상, 망해라!" 하며 자포자기하듯 팔아 치운 적도 한두 번이 아니다.

안목과 확신이 없으니 큰돈이 들어가는 부동산 매매 같은 건 엄두도 내지 못했다. 결국 누가 좋은 정보라고 알려줘도 그것이 좋은지 나쁜지 판단할 수 있는 기본 역량이 없으면 아무런 소용이 없다는 뜻이다. 물론 반대의 경우도 있다. 남들이 좋은 정보라고 알려줬으나 안 산 것들이 오르면 "아, 그때 샀어야 했는데…."라며 두고두고 후회한다. 마치 바닥에서 사서 고점에서 팔 재주라도 있었던 양.

투자에 대한 확신은 누가 강하게 이야기해준다고 해서 생기지 않는다. 스스로 발로 뛰고 알아보는 과정에서 생기는 것이었다. 그런데 나는 귀찮다는 이유로 그렇게 하지 않았다. 결국 내 투자 성과는 내가 만든 것이었다.

'걷기'부터 시작하자

언제부턴가 산을 오르면 무릎이 아팠다. 오른쪽 어깨에 '어깨충돌증후군'이라는 이름표를 붙인 지도 꽤 되었다. 아프니까 요가도 하고 필라테스도 하고 도수치료도 받고 이것저것 찾아 해봤다. 효과가 전혀 없지는 않았지만 그렇다고 막 대단하게 나아지지는 않았다.

그러다가 떠오른 게 '걷기'다. 인간이 자신의 몸을 쓰는 데 가장 기본이 되는 움직임은 뭘까 생각해봤다. 나는 과연 그걸 제대로 하고 있는 걸까? 그래서 찾은 게 '걷기'였다. 매일 하는 건데 제대로 못 하고 있는 것, 제대로 고민해본 적이 없는 것 말이다.

나름 전문적으로 걷기를 알려주는 곳에 가서 수업도 듣고, 재활치료처럼 관리도 받았다. 그런데 이런 운동을 배우면서 새삼 놀란 게 하나 있었다. 매일 걸어 다니지만 정작 '제대로' 걷는 데 필요한 근육은 거의 잡혀 있지 않다는 것이었다. 필요한 근육은 제대로 기능하지 못하거나 발달하지 못했고, 반대로 걷는 데 불필요한 근육은 너무 과도하게 발달해서 자연스러운 움직임을 방해하고 있었다. 그래서 걷는 동작을 고쳐보려고 동작 하나하나에 신경 쓰다 보니 종아리가 무척 당기고 어딘가 어색했다. 마치 처음 걸음마를 배우는 것마냥 힘들었다. 재미있는 사실은 그렇게 1년 가까이 걷는 법에 대해 고민하고 연습하니 몸이 점점 바뀌었다는 것이다. 원래 해오던 운동을 할 때도 동작이 더 자연스러워지기 시작했다. 그러자 내가 돈을 쓰고 투자하는 것도 비슷하다는 생각이 들었다.

코어를 단련해야 어떤 운동을 하든 제대로 할 수 있다고들 하지만 그게 말처럼 쉬운가? 그러니 대신 신박한 운동 기법이나 다이어트 요법, 새로운 운동기구는 없는지 찾아 헤매게 되는 것이다. 생각해보면 돈에 대한 것도 그렇지 않을까? 스스로 단련시켜온 돈에 대한 생각의 코어가 있어야 하는데, 그게 없으니 새로운 투자 기법이나 금융상품을 찾아 헤매는 것이다. 그런데 사실 생각의 코어가 없다면 아무리 찾아봐도 의미가 없다. 모르니까.

코어도 한번 느껴본 사람이나 느낄 수 있는 것이다. 운동을 제대로 하지 않아 엉터리로 몸을 써왔다면, 애초에 코어가 뭔지도 모르는 경우가 많다. 나도 누구나 몸에 있다는 코어를 나이 마흔이 되어서야 처음 느껴봤다. 이론으로 수없이 들어도 스스로 체득하지 못하면 절대 와닿지 않는 것들이 있다. 그리고 나는 깨달았다. 마흔이 넘도록 금융과 투자의 '코어'가 뭔지 생각해본 적이 없었다는 것을. 그동안 투자랍시고 했던 행동들은 알고 보니 ABC도 모르면서 영어 회화 고급반에 참가하거나, 잘 걷지도 못하면서 마라톤을 하고 싶었던 것과 다름없었다.

그러니 돈 공부의 시작은 이래야 했다. "나는 아무것도 모른다." 아니, "내가 무엇을 모르는지도 모른다."라고 스스로의 상태를 인정하는 것부터 시작했어야 했다.

내가 무엇을 모르는지도 모른다

돈 공부를 하기로 마음먹고 나니 첫 번째 난점이 생겼다. 도대체 돈 공부의 '코어'는 무엇일까? 몸이라는 녀석은 구글에 '코어'라고 검색만 해도 무슨 근육을 키워야 하는지 알 수 있는데, 과연 돈과 투자에 있어서는 무엇이 코어일까?

사실 경제기사를 아무리 많이 읽어도 정작 무슨 이야기인지는 정확히 모르는 경우가 많았다. 읽을 때는 이해한 것 같아도 돌아서면 끝이었다. 이런저런 금융상품에 대한 설명을 들어도 마찬가지였다. 이렇게 아무것도 모르는 분야를 대할 때의 가장 기본적인 문제점은 나의 무지가 지독히도 근원적이라는 점이다. 그래서 내가 풀어야 하는 첫 질문은 이것이었다.

"나는 대체 무엇을 모르는가?"

무지의 지도

그렇다. 내 앞에 닥친 건 저 질문으로 시작되는 절대적 무식함의 심연이었다. 이렇게까지 뭘 모를 때 공부를 시작하는 방법은 한 가지밖에 없다. 일단 뭐가 되었든 최대한 많이 찾아서 한번 나열해보는 것이다. 그리고 그것들에 어떤 기준점을 부여해 그룹핑(grouping)을 한다. 자신의 무지(無知)에 대한 지도를 만들어보는 과정이다. 정답이 있을 수도 있지만, 정답을 찾는 건 둘째 문제다. 그것들을 나열하기 위해서 찾아보고 범주화하기 위해서 노력하는 것만으로도, 자신이 모르는 것들은 무엇인지 체크해볼 수 있다.

이런 지도를 만들어보는 이유는 하나 더 있다. 경제나 금융과 관련된 정보들은 사실 차고 넘친다. 경제지와 경제 방송, 각종 도서, 최근에는 유튜브까지. 하지만 많은 정보를 접하는 게 곧 지식이 되지는 않는다. 경제 뉴스를 많이 본다고 해서 경제를 잘 알게 되지도, 주식 방송을 많이 본다고 해서 주식을 잘하게 되지도 않는다. 주식 호가창을 10년째 쳐다보았다고 해서 저절로 기술적 분석에 도가 트지 않는 것처럼 말이다.

우리들이 접할 수 있는 경제, 금융 그리고 돈과 관련된 정보들을 어떻게 나눌 수 있을까 고민하다 보니 일종의 동심원을 그릴 수 있다는 생각이 들었다. 보편적이면서도 잘 변하지 않는 것에서부터 시작해 구체적이면서 시장의 상황에 따라 바뀌는 것에 이르는 지식의 층위 같은 것들.

그림을 그려보니 대충 다음과 같았다.

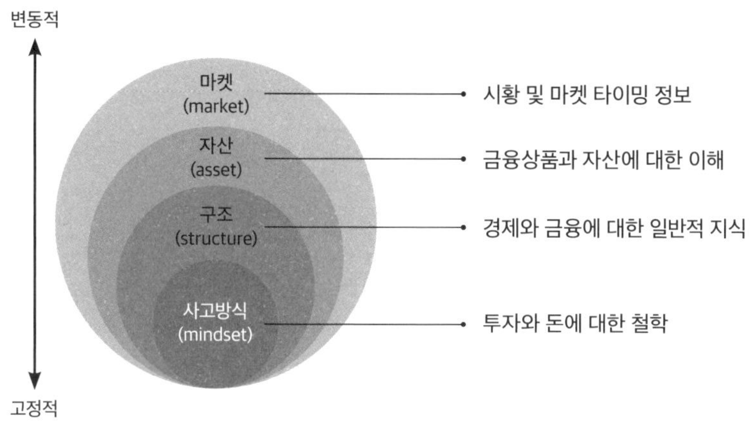

우선 구조(structure) 단계는 경제 구조나 금리나 환율에 대한 이론 같은 것들이 포함될 수 있다. 중앙은행이나 기관 투자자 같은 시장 참여자들의 움직임, 그리고 그들이 어떤 이론을 가지고 움직이는가에 대한 거시적인 관점을 다루는 영역이라고 보았다. 이 단계에서는 수요-공급 곡선에서부터 시작되는 일반경제학 이론, 경제에 인간의 심리를 접목한 행동경제학 같은 것들이 자리 잡고 있다. 동시에 화폐 자체가 가지는 의미, 현금을 넘어 신용을 포함한 통화량의 변화가 시장과 경제 환경에 미치는 영향을 연구하는 통화론 같은 것들도 포함시킬 수 있을 것이다.

자산(asset) 단계는 자산들의 특징과 그것들을 활용한 투자 지식이다. 투자를 위한 일종의 도구들에 관한 정보를 다루는 단계다. 우리는 투자 가능한 자산들에 어떤 것이 있는지도 제대로 알지 못하는 경우가 많다. 잘 아는 것이라고 해봐야 고작 은행 예적금이나 주식, 펀드 정도다. 세계 금융 시장에서 주식보다 더 큰 비중을 차지하는 채권, 주식과 채권을 더한 시장보다도 더 큰 비중을 차지하는 파생상품 등에 대해서는 거의 알지 못한다. 이런 상품들에 실제로 투자를 하고 안 하고를 떠나서 이 자산들이 전체적인 금융, 돈의 흐름 사이에서 어떤 역할을 하는가 등의 지식이 이 단계에 속한다.

마켓(market) 단계는 그 투자 자산들의 역학 관계를 좌우하는 현실의 정보로, 매일 마주하게 되는 경제 뉴스의 영역이다. 중앙은행의 금리 정책이나 정부 정책의 변화, 무역 분쟁이나 전쟁 같은 외재적인 사건들 혹은 특정 회사의 주가에 영향을 미칠 수 있는 M&A 이슈나 실적 발표와 같은 뉴스들이 포함된다. 새로운 금융상품의 출시 소식 같은 단신까지도 포함될 수 있다. 우리가 자주 접하게 되는 대부분의 투자 정보들은 이 단계에 머문다. 그것들은 단편적이고 때론 소모적인 정보일 경우가 많다. 마치 두더지 게임을 하듯이 어떨 때는 이런 자산이 수익률이 좋다고 했다가, 한 분기가 지나지 않아 다른 자산을 추천하기도 한다.

돈 공부의 코어는 돈과의 관계 설정이다

마켓(market)이 '정보 습득'의 영역, 자산(asset)과 구조(structure)가 '공부'의 영역이라면, 사고방식(mindset)은 그 공부를 하기 위한 '방향성'의 관점이라고 생각한다. 그것은 개개인에 따라 달라질 수 있고, 동시에 돈 공부의 코어가 될 수 있는 부분이다. 그리고 결국은 '내가 돈에 대해서 어떤 생각을 하고 있는가'를 정하는 것에서부터 시작해야 한다.

누군가는 재테크로 돈을 벌고 싶다는 마음이 돈 공부의 목적이 될 수도 있고, 누군가는 삶의 안정을 위한 최소한의 자원으로서의 돈을 원해서 돈 공부를 할 수도 있다. 혹은 돈을 벌고 못 벌고를 떠나서 도대체 돈이라는 게 뭔지 궁금할 수도 있다. 반면에 '나는 돈 같은 건 아무래도 상관없어. 그냥 행복하게 살 거야.'라는 생각을 지닌 사람이라면 돈 공부를 해야 할 이유가 없을 수도 있다. 그것은 또 그 나름대로의 가치가 있을 테다.

> *"돈이 더 생겨도 균형된 관계가 없으면 더 심하게 균형이 깨질 뿐입니다. 과소비하던 사람은 더 쓰고, 걱정하던 사람은 더 걱정하고, 안 쓰던 사람은 그저 더 쌓아놓고, 수도사는 돈 때문에 타락할까 걱정하죠. … 균형을 이루기 위해선 돈과의 관계를 정립하는 것이 시작이라고 봅니다. 그래야 돈을 잘 다스리고, 관리하고, 지키는 사람이 되죠. 돈과 어떻게 균형을 이룰지 아니까요."*
>
> *『자본주의 사용설명서』(EBS<자본주의>제작팀·정지은·고희정, 가나출판사, 2014)*

나와 돈의 관계를 설정하고자 한 이유는 바로 이 문구 때문이다. 생각해보니 그랬다. 관심 없는 척했지만 정말 관심이 없지는 않았다. 쿨한 척했어도 마음 한편에는 갈급함이 있었다.

돈을 어떻게 벌고, 어디에 언제 어떻게 투자하는가를 공부하는 것은 필요하다. 그래서 우리의 경제 공부는 대부분 사실과 정보를 알아보는 데 쏠려 있는 게 사실이다. 하지만 지독히 유물론적인 돈의 세계에서도 결국은 돈, 즉 부에 관련된 '나의 생각'이라는 게 있어야 하고, 또 그것과의 '관계 설정'을 하는 것이 선행되어야 한다. 30여 년 동안 임상심리학자와 머니 코치로 활동하며 돈과 관련된 갈등 문제를 다루어온 올리비아 멜란의 다음 말이 새삼 와닿는 이유다.

- *금전적 안정은 인생의 균형이라는 맥락 안에서 가져야 한다.*
- *돈과의 관계 맺음은 돈을 많이 버는 방법을 뜻하지 않는다. 말 그대로 자신의 삶과 돈에 대해 더 구체적으로 인식할 필요가 있다는 뜻이다.*

돈이라는 녀석은 그렇다. 오매불망 그리던 짝사랑 같지만, 막상 손에 들어오면 언제 그랬냐는듯 써버리게 된다. 돈 입장에서는 "이 자식, 뭐야?!" 싶을 테다. 결국 돈이 곧 행복이 될 수는 없다. 그러나 인생의 균형을 유지하기 위해서는 금전적 안정이 중요할 수밖에 없다.

연애와 관련해서 이런 이야기가 있다. 혼자서 행복할 줄 아는 사람이 누군가와 함께해도 행복할 줄 안다고. 돈도 그렇지 않을까. 그 녀석에게 목숨 걸고 매달리다 보면 불행해질 것이다. 그 녀석과 함께든 아니든 행복할 수 있는 방법을 찾아야 한다. 아, 물론 함께 행복한 게 더 좋긴 하겠지만.

나는 돈을 어떻게 생각하는 걸까?

그렇다. 돈. 그놈의 돈. 나는 마흔이 넘어서야 처음으로 내가 이 녀석을 어떻게 생각하는지 고민해보기 시작했다. 다큐멘터리 속 열대 사바나의 하이에나를 관찰하듯 스스로를 떠올려봤다. 꽤나 아끼고 살려고 아득바득 노력하긴 했다. 커피숍 적립 쿠폰은 꼬박꼬박 모은다. 항공사 마일리지를 모아 여행도 가고, 통신사 포인트를 연말까지 다 못 쓰면 가슴에 한이 맺힌다. 그런데 이렇게 알뜰한 척 굴지만, 어떤 날은 마치 폭식을 하듯 쇼핑을 한다. '50% 세일' '역시즌 특가' 같은 단어를 마주치면 동공이 흔들리고, 정신을 차려보면 이미 결제가 끝나 있다. 소비에서 이런 양극단을 오가듯이 사실 돈을 대하는 마음가짐도 그리 다르지 않았다.

결국 돈에 대한 내 마음은 다음 세 개의 문장으로 정리되었다.

- *돈을 좋아하는가? 그렇다.*
- *돈을 밝히는 것처럼 보이고 싶지는 않다. 그런데 짠돌이처럼 보이고 싶지도 않다.*
- *써야 할 때는 쓰는 사람이고 싶다. 그러려고 버는 거 아닌가?*

직장생활을 하면서는 항상 연봉을 올리고 싶었다. 뭐 그건 꼭 돈의 문제를 떠나, 직장인에게는 그것이 자신의 가치를 증명하는 방식이기도 해서였겠지만. 예적금이든 펀드든 주식이든 이것저것 기웃거렸던 걸 보면 돈을 벌고 싶은 욕망은 분명히 내 안에 있다. 그러니 돈을 싫어하는 것은 아니다. 오히려 돈을 좋아하는 편일 테다. 사실 돈을 싫어하는 사람이 누가 있겠는가?

그런데 또 막상 누군가와 돈에 관한 이야기를 할 때는 괜히 면구하다. 내가 당당히 받아야 할 돈을 요구할 때도, 때로는 상대가 억지를 쓰는 것일 때도 그렇다. 돈을 '밝힌다'는 것은 어딘가 죄스럽고 탐욕스러운 느낌이 있다.

왜 돈에 부정적인 인식이 생겼을까?

그러니까 왜 돈에 대해 이런 생각을 하게 된 것일까? 돈에 대해 이런 이중적인 태도를 보이는 사람들은 의외로 많다. 우선 나의 경우를 한번 살펴보자.

1. 그렇게 배웠다

어린 시절부터 지켜본 부모님의 모습은 한결같았다. 신협이나 새마을금고에서 조금이라도 높은 금리를 찾아 예적금을 드는 것 말고는 따로 재테크하는 모습을 보지 못했다. "근검절약해라." "쓸데없는 데 돈 쓰지 마라." "이왕 물건을 살 거면 제대로 된 걸 사서 오래오래 아껴 써라." "무엇 하나 허투루 쓰지 마라." 밥상머리에서 배운 교육도 마찬가지였다. 주식 같은 건 일확천금을 노리는 사람들이나 하는 거고, 집이나 땅으로 돈을 버는 것은 정당한 노동 없이 생기는 소득(불로소득)이라 어딘가 모르게 온당치 못하다는 느낌을 받았다. 그런 말을 부모님께서 입 밖으로 꺼낸 것은 아니어도 왠지 그런 분위기였다. 그러니까 돈에도 좋은 돈(노동을 해서 번 돈)과 나쁜 돈(노동 없이 버는 돈)이라는 이분법적 인식이 생겨난다.

그 시절에는 경제가 고성장하던 시절이라 예적금만으로도 10% 넘는 금리를 받을 수 있어 괜찮았다. 남들이 부러워할 만큼 잘살지는 못해도, 남부럽지 않게는 살 수 있었다. 그렇게만 해도 중산층이라고 할 수 있던 시절이었다. 어쩌면 지금과 달리 금융에 대해 깊이 있게 알지 못해도 괜찮았고, 그 시절 그런 부모님 밑에서 자란 나 역시 금융과 재테크에 대해 자연스레 무관심해진 것이다. 세상이 달라진 만큼 돈에 대한 이분법적인 인식에서도 벗어나야 하는데 그러질 못하고 있었다.

2. 자본주의? 이름이 마음에 들지 않는다

모호한 반골 기질도 일조를 했다. 대학에 가면 마르크스의 『자본론』 정도는 읽어야 하는지 알았다. 모든 걸 다 떠나서 자본주의(資本主

義)라는 이름이 당최 마음에 들지 않았다. '재물(資)을 근본(本)으로 하는 사상'이라니. 한 글자만 다른 인본주의(人本主義)를 떠올려보자. '사람이 근본이 되는 사상', 이 얼마나 아름다운가. 그런데 재물을 근본으로 삼는다는 생각을 '이데올로기(ism)'라고 칭하는 게 가당키나 하단 말인가. 어디 동방예의지국에서 말이야! "군자는 의(義)에 밝고, 소인은 이(利)에 밝다."라는 공자의 말이 귀에 들려오지 않는가.

3. 안분지족, 행복은 재산순이 아니다

자본주의에서 제대로 된 생산수단이 없는 사람(돈이 돈을 벌어다주는 단계에 이르지 못한 사람)은 돈을 벌기 위해 결국 자신의 시간을 들이고 그만큼의 대가를 받을 수밖에 없다. 즉 하루 8시간, 주 5일을 열심히 출근해서 사무실에 앉아 있어야 월급이라는 대가가 매달 한 번씩 통장에 꽂히는 것이다. 결국은 인생에서 가장 한정된 자원인 시간을 돈으로 교환하는 과정이다.

그러다 보니 이러한 딜레마가 생긴다. 결국 삶의 행복이라는 게 '내가 가진 것/나의 욕망'이라는 산술식으로 볼 수 있는데, 가진 것을 늘릴 수 없다면 분모인 욕망을 줄이는 것도 방법이 아닐까?

'돈'을 위한 변명

이런저런 이유들을 나열했지만, 실은 돈에 대한 욕망을 밝히는 게 어딘가 '쿨하지 못하다'고 생각했다. 내 이익을 위해 바득바득 따지는 건 어딘가 없어 보인다. 그럴 바엔 조금 손해 보는 게 낫다. 그러다 보니 더치페이를 하더라도 얼마 더 보내줘야 속이 편하고, 친구에게 5천 원을 빌려도 당장 갚지 않으면 괜히 찝찝해 못 견디는 게다.

재벌가의 이혼이나 가족 간 상속 분쟁에 관한 기사를 보면서 "그놈의 돈, 없어도 속 편히 사는 게 낫다."라고 혼잣말을 한다. 복권에 당첨된 사람들이 몇 년 지나지 않아 돈을 다 날리고서 망했다는 소문을 주고받으며, 돈이 때로는 복이 아니고 저주라도 되는 양 이야기하기도 한다. 이렇게 알게 모르게 돈에 대한 부정적인 이미지를 스스로에게 각인시키고 있었다.

- *돈으로 행복을 살 수 없다.*
- *부자들은 뭔가 부정한 방법으로 돈을 모았을 것이다.*
- *돈이 많은 사람은 탐욕적이고 인색하다.*
- *돈이 아무리 많아도 인간의 탐욕은 채울 수 없다.*

돈에 대한 부정적인 생각을 한번 떠올려봤다. 하지만 이것들을 자세히 살펴보니 반드시 그렇지만은 않다는 생각이 들었다.

- **돈으로 행복을 살 수 없다.**
  - *하지만 갖고 싶었던 걸 사면 기분이 좋지 않은가?*
  - *이왕이면 돈이 없어서 생기는 불행보다는 돈이 많아서 생기는 불행을 겪고 싶지 않은가?*
  - *돈이 많았던 적도 없으면서 이런 말을 하는 건 어불성설 아닌가?*

- **부자들은 뭔가 부정한 방법으로 돈을 모았을 것이다.**
  - *정말 부자들이 다 그럴까?*
  - *설사 몇몇의 부자들이 그래왔다고 해서, 부자들 모두가 그럴 거라는 생각은 버려야 하지 않을까?*
  - *그게 돈의 잘못인가? 돈을 그렇게 모은 사람들의 잘못 아닐까?*
- **돈이 많은 사람은 탐욕적이고 인색하다.**
  - *돈이 많을수록 사람들에게 더 큰 도움을 줄 수 있다. (빌게이츠를 보라.)*
  - *부자들의 선한 일은 전해지지 않고 사고 친 이야기만 들리다 보니 편견이 생긴 것은 아닐까?*
- **돈이 아무리 많아도 인간의 탐욕은 채울 수 없다.**
  - *그건 인간의 탐욕이 문제지 돈의 잘못은 아니지 않은가?*

막상 따져 보면 '돈'은 죄가 없을지도 모른다. 돈에 대한 부정적인 생각을 정리해보면 더욱 그렇게 느껴진다. 아니, 돈이 무슨 죄겠는가, 그것을 모으려는 이들의 탐욕이 죄지. 유명한 영화 대사처럼 "죄가 무슨 죄가 있겠는가, 죄를 지은 놈이 잘못인 거지."

사실 청빈하게 살 자신은 없습니다만

이런 모든 생각은 돈을 '신 포도'로 만들고 싶었던 돈 없는 나의 자기합리화였을지도 모르겠다. 돈은 그 자체로 하나의 객관적인 물체일 뿐이다. 다만 그것을 사용하는 사람과 그 의도에 따라서 때로는 스스로에게 도움이 되기도 하고, 때로는 스스로를 탐욕에 사로잡히게도 하는 것이다. 물론 물체에는 기본적으로 속성이 내재되어 있다. 예를 들면 '칼'이라는 물체는 요리를 할 때는 유용한 도구이지만 사람을 죽이는 위험한 흉기가 되기도 한다. 돈도 그런 게 아닐까. 기본적으로 인간의 탐욕을 자극하지만, 막상 삶을 살아가거나 삶의 질을 높이고자 한다면 포기할 수 없는 양날의 칼 같은 것.

우리는 돈에 눈이 먼 탐욕적인 삶의 대척점에 청빈한 삶을 둔다. 어떠한 것에도 욕심내거나 현혹되지 않는 성인(聖人)에 가까운 삶. 문제는 그러한 삶은 성인이라 가능한 것이며, 우리 같은 필부는 섣불리 탐내서는 안 되는 것일지도 모른다는 점이다. 달라이 라마, 틱낫한과 더불어 21세기를 대표하는 영적인 지도자로 불리우는 에크하르트 톨레는 청빈함을 추구하는 마음에 대해서 이런 말을 했다.

"그러나 소유를 포기한다고 그것만으로 자동적으로 에고(ego)로부터 자유로워지는 것은 아니다. … 모든 소유를 버렸지만 억만장자보다 더 큰 에고를 가진 사람들이 있다. … 소비 문명을 비판하거나 사유재산에 반대하는 것도 소유와의 동일화를 대신하는 또 다른 생각 형태, 또 다른 정신적 입장이다."

『삶으로 다시 떠오르기』(에크하르트 톨레, 연금술사, 2013)

결국 청빈함에 대한 과시조차도 때로는 과도한 에고의 작용일 수 있다. 만약 '돈에 집착하는 너 따위보다 내가 나아.'라는 이상한 우월감을 느끼고 있다면 사실 우리는 또 다른 탐욕에 사로잡힌 것일 수도 있다. 그리고 그는 다음과 같이 덧붙인다.

> *"어떻게 하면 물질에 대한 집착을 내려놓을 수 있는가? 그런 것은 시도조차 하지 않는 것이 좋다. 그것은 불가능한 일이다. 물질 속에서 자신을 찾으려고 하지만 않는다면 물질에 대한 집착은 저절로 떨어져 나간다. 그때까지는 자신이 물질에 집착하고 있음을 알아차리는 것만으로도 충분하다."*
>
> *『삶으로 다시 떠오르기』(에크하르트 톨레, 연금술사, 2013)*

초연한 척은 가식이었을지도 모르겠다. 돈이 없어도 매번 괜찮은 척했지만, 어쩌면 한순간도 괜찮지 않았는지도 모른다. "항산(恒産)이 있어야 항심(恒心)이 있다."라고 했다. 그리고 "곳간에서 인심이 난다."라고도 했다. "하부구조(물질)가 상부구조(정신)를 결정한다."라는 거창한 유물론적 시각을 떠나, 하다 못해 회사에서 일을 하더라도 내가 여유 있어야 누군가의 일을 좀 더 도와줄 수 있다. 그게 돈이든 시간이든, 사람은 여유가 있어야 그나마 남을 조금이라도 더 살피게 되는 것이다.

그러니까 나는 돈에 관해서는 '츤데레(쌀쌀맞아 보이나 실제로는 따뜻하고 다정한 사람)'였던 것이다. 돈이 싫은 것도 아니면서 싫은 척했다. 그러니 돈이 내게 붙을 리가 없었다. 좋다고 해도 힘들 판에 그러고 있었으니 될 일도 안 되었을 것이다.

이제부터 이어질 이야기는 한 40대 '금융 츤데레'가 그동안 오해하고 있었던 돈이라는 녀석을 하나둘 알아가고자 노력하는 이야기다. 그 여정이 조금은 쉽고 재미있게 여러분께 다가갔으면 한다.

로또도 사야 당첨이 된다

앞에서 마치 내가 엄청난 혜안이 있어서 내 '무지의 지도'를 뚝딱 만들어낸 것처럼 썼지만, 그렇지 않다. 스스로의 무식함을 제대로 파악하기 위한 여정은 꽤 길었다.

그 여정을 시작하고자 일단 서점에 갔다. 평소에는 잘 가보지 않던 쪽을 향했다. 금융, 경제, 재테크 등등의 책들이 모여 있는 곳이었다. 경제 및 금융 책들을 한번 살펴보니 크게 다음과 같이 유형화할 수 있었다.

1. 전문 서적+투자론

이런 책들은 일종의 학자들이 쓴 논문에 가깝다. 경제학자 토마 피케티의 『21세기 자본』처럼 돈을 버는 데 무슨 도움이 되는지 잘 모르겠지만

들고 있으면 괜히 있어 보이는 책들이다.

2. 경제 에세이+시장 전망 서적

트렌드를 진단하고 시장을 전망하는 일종의 미래학 서적들이다. 어디 아파트가 좋다거나, 지금은 암호화폐에 투자하라고 제안하는 책, 또는 금리나 환율에 대한 기본적인 개념들을 차근차근 소개해주는 책들이다. 읽어보면 도움이 된다.

3. 재테크 방법론+자기계발

"나는 ○○○로 ○억 원 벌었다." 부류의 책이다. 재테크로 돈을 모은 사람들의 이야기나 알뜰살뜰한 저축 이야기를 다룬다.

1번, 2번은 그렇다 치고 3번은 개인적으로 별로 좋아하지 않는 부류의 책이다. 재테크 자기계발 서적은 특수한 케이스를 일반화하면서 성공하지 못한 사람은 '노오력'이 부족하다고 이야기한다는 편견이 있었다. 그리고 사회제도나 구조의 문제를 개인의 책임으로 돌린다는 인상을 지울 수 없었다. 어떤 이들은 그냥 운이 좋았을 뿐이다. 그냥 상승기에 재테크에 관심을 가졌고, 그 짧은 기간 동안 성공했을 뿐이다. 예를 들면 서브프라임 모기지 사태 이후에는 아무 주식이나 샀어도 실패할 확률보다는 성공할 확률이 더 높았으며, 2012년 즈음에 아파트를 산 사람도 매한가지일 것이다.

미국의 경제학자 나심 탈레브의 책 제목 『행운에 속지 마라』처럼 이에 들어맞는 케이스들도 적지 않다. 그들은 어쩌면 그냥 운이 한 번 좋았을 뿐인데 그것을 실력인 양 떠벌리는 것일지도 모른다.

그렇게 말하는 이들은 정말 운뿐일까?

그래도 이제 돈 공부를 하기로 했으니 그런 책들도 한번 열심히 읽어보기로 했다. "나도 ○○해서 ○○억 원 벌었다. 건물이 ○채다." 이런 내용의 책들을 스무 권 즈음 읽고 나니 저절로 이런 말이 나왔다.

"와, 다들 진짜 열심히 사네."

그러니까 이 사람들은 뭐랄까. 그런 느낌이다. 꼭 부동산이나 주식이 아니라 다른 걸 했어도 그 정도로 노력했으면 어지간히 성공했을 것 같은 느낌이다. 사업이든 뭐든.

부동산 투자로 성공했다는 사람들을 보면 대한민국 천지에 안 가본 곳이 없고, 서울 시내 아파트 시세 정도는 전부 꿰고 있다. 이런저런 연구도 해서 자신만의 공식이나 지표 같은 것도 만들어낸다. 나름대로 시장에 대한 분석도 하고 사이클도 고민한다. 주식은 또 말해 뭐할까. 다들 매일 주식 차트 100종목씩 프린트해서 각도기로 재어가면서 공부하는 느낌이다. 나는 내가 다니는 회사 재무제표도 한 번 본 적 없는데, 그들은 어디 있는지도 모르는 회사들의 재무제표를 찾아 읽고 공시를 줄줄이 읊어댄다.

그들이 말하는 투자 방법이나 철학이 옳다거나, '현자의 돌'에 비견할 만한 투자 비법을 가졌다는 말이 아니다. 대단한 비법이 있다고 해도 그게 정말 대단한지 판단할 능력이 나에게 있을 리도 없다. 하지만 적어도 그것들을 찾아가는 과정에 쏟은 노력은 존경할 만한 것이었다.

애덤 그랜트의 책 『오리지널스』에서는 흥미로운 연구 결과를 하나 소개한다. 경제학자 마이클 하우스먼이 고객상담 업무를 하는 직원들 간에 재직 기간이 차이 나는 이유를 조사했는데, 인터넷 웹브라우저 종류와 생산성 사이에 일종의 연관 관계가 있다는 결론을 내리게 되었다는 내용이다. 인터넷 웹브라우저로 크롬이나 파이어폭스를 주로 사용하는 사람들의 재직 기간이 익스플로러나 사파리 사용자들의 재직 기간보다 15% 정도 더 길고, 결근하는 빈도수도 19% 정도 낮으며, 판매 실적이나 고객만족도 등 모든 면에서 더 높은 생산성을 보였다는 것이다.

물론 이는 크롬과 파이어폭스가 익스플로러나 사파리보다 훨씬 더 기능이 뛰어나다는 게 아니다. 익스플로러와 사파리는 각각 윈도우와 맥 운영체제에 기본으로 내장되어 있는 웹브라우저인 반면, 크롬과 파이어폭스는 사용자가 직접 추가로 설치해야 하는 프로그램이다. 즉 이 연구 결과는 무언가 소소한 것이라도 불편하다면 개선하고 꾸준히 발전하고자 하는 자세, 그런 문제 해결 능력과 의지의 차이가 재직 기간과 생산성에 영향을 미쳤다는 점을 시사한다.

그렇게 무시하던 재테크 자기계발류의 책들을 앞에 두고서 이런 생각을 하게 되었다. '나 따위가 뭐라고 이 책들을 무시했던가?' 그 책들은 자본주의라는 체제 속에서 나름대로 자신의 삶을 개척하고자 했던 이들의 노력을 담은 기록인데 말이다. 그들은 적어도 자신을 괴롭히던 현실의 문제에 대해 고민했고, 그것을 어떻게 해결할 수 있을지 공부하고 연구했으며, 나름의 논리를 가지고 해결 과정을 모색했던 것이다. 그것은 그 자체로 존중받을 만한 결과물들이었다.

나란 인간은 어떠했는가?

책을 통해 타인의 노력을 직간접적으로 느끼면서 나란 인간은 어땠는가 돌아보게 되었다.

1. 공부를 하지 않았다.

적어도 재테크나 금융, 경제와 관련해서는….

2. 요행을 바란다.

그러고도 막연히 '어떻게든 잘되겠지.'라고 생각한다.

3. 남이 좋다고 하니까 산다.

그러고 나선 확신이 없으니 가지고 있는 내내 마음을 졸인다.

그러니까 이것은 일종의 게으름이었다. "그냥 어영부영했는데 성공했다." 같은 건 세상에 없다. 아니, 있는 것도 같다. 무슨 주식을 샀는데 몇 배가 올랐고, 누군가는 사놓은 아파트 가격이 처음 샀을 때보다 앞에 1자가 하나 더 붙었고, 판교에는 소싯적에 비트코인으로 회사 때려치운 사람도 수두룩하다던데…. 이들이 운이 좋아서 얻어걸렸다고 생각하면 억울한 생각도 들지만 한편으론 '운은 뭐 그냥 얻어걸리나?' 하는 생각도 든다. 주식을 한 번이라도 해본 사람은 안다. 처음에 마이너스로 갔다가 본전이 되고 나면 손이 근질근질거린다는 사실을. 그 변동성을 버티는 멘탈과 확신은 보통 일이 아니다. 서브프라임 모기지 사태 당시 서브프라임 모기지 채권의 부실을 미리 눈치채고 반대로 베팅한 투자자들의 이야기를 다룬 영화 〈빅쇼트〉를 봐도 그것이 얼마나 피를 말리는 일인지 알 수 있다. 그것은 그저 그런 확신으로 가능한 일이 아니다.

집 한 채 사는 것도 그렇다. 대다수의 사람들이 한평생 살면서 하는 가장 큰 소비가 아마 집일 것이다. 재산이란 재산은 다 끌어모으고, 그래도 부족해서 안방이랑 거실 정도는 은행 돈으로 사야 한다. 일반인에게는 그 또한 보통의 결단이 아니다. 전세 계약서 하나 쓰면서도 집주인이 이상한 사람은 아닌지, 사기는 아닌지 신경 쓰게 되는데, 집을 사는 일은 말할 것도 없다. 마흔이 되도록 집 한 채 없는 것도 어찌 보면 부동산 중개업소를 찾아간다거나 집을 알아보고 대출 상담을 받는 낭연한 구매 과정조차 귀찮아했던 탓도 적지 않다.

어쩌다 아파트 모델하우스에 한번 갔다가 긴 줄을 보고서 생각했다. '아니 줄 서기 싫어서 맛집도 잘 안 가는데 이거 보려고 이렇게 줄을 서야 하나?' 그렇다. 누군가는 그 줄에 섰고, 나는 서지 않았다.

살까 말까 하다가 그냥 지나쳐버린 아파트들이 떠오른다. 안 샀는데 올라버린 그 수많은 주식 종목들이 스쳐간다. 그렇다. 어떤 좋은 종목을 알았다는 것, 전망이 괜찮은 아파트를 알았다는 건 사실 아무 소용도 없다. 어느 날 머릿속에 떠오른 좋은 사업 아이디어와 다름없다. 나중에 그 종목과 매물이 많이 올랐다고 아쉬워할 필요도 없다. 그건 내가 생각해뒀던 아이디어를 가지고 누가 떼돈을 벌었다고 아쉬워하는 것과 마찬가지다.

결론은 실행했느냐 하지 않았느냐의 문제다. 누군가는 그 리스크를 감당했고, 귀찮음을 감수했다. 나는 하지 않았다. 그것은 하다 못해 HTS(Home Trading System)의 매수 버튼 하나를 누르는 소소한 것이라고 하더라도 꽤 큰 차이다.

그렇다. 사지도 않은 로또가 당첨될 일은 없다. 어느 날 지하철 옆자리에 앉은 초로의 어르신이 가방에서 무언가 주섬주섬 꺼내던 모습이 떠오른다. 꺼낸 종이에 숫자들이 가득하기에 저 연배에 무슨 수학 문제를 푸시나 하고 언뜻 들여다봤다. 로또 당첨 번호를 찾을 수 있다는 일종의 수열 같은 것이 빼곡히 적혀 있었다. 그래, 저런 노력이라도 했어야 하는 것이다. 아마 로또에 당첨되어도 내가 아니라 그분이 될 것이다.

시작을 위한
금융·경제 서적 10

지금 보고 있는 이 책은 여러분보다 조금 이르게 좀 더 많은 책을 접한 사람으로서 조금이나마 더 쉬운 용어와 논리로 요약 정리한 공부 노트와도 같다. 그 노트의 밑거름이 되었던 책들 중에서 여러분에게 꼭 추천하고 싶은 10권의 책만 추려보았다.

1. 「나의 첫 금리 공부」 (염상훈, 원앤원북스, 2019)

경제 공부의 시작, 그리고 돈의 흐름을 좌우하는 가장 기본적인 지표는 바로 금리다. 금리의 개념에서부터 중앙은행의 역할과 시중에 유동성이 풀리는 원리까지 쉽게 설명해준다. 또, 금리를 기준으로 시장을 어떻게 바라보고 어떤 관점에서 투자를 시작해야 하는지 그 기본을 다지는 데 도움이 되는 책.

2. 「경제의 99%는 환율이다」 (백석현, 메이트북스, 2018)

금리와 함께 경제를 이해하는 또 하나의 큰 축은 바로 환율이다. 환율을 알아야 글로벌 경제와 금융 시장의 흐름을 알 수 있다. 환율의 종류와 외환 시장의 특징, 각국 화폐들의 자산 가치를 비롯해 경제의 변화에 따라 환율이 어떻게 변화하는지를 잘 설명해주는 책이다.

3. 『앞으로 3년 경제전쟁의 미래』 (오건영, 지식노마드, 2019)

환율과 금리라는 두 가지 축이 실제로 금융 시장에서 어떠한 현상을 일으켰는지 알려주는 책이다. 1980년대 후반 일본의 추락, 1997년 한국의 외환위기, 2000년대 유럽의 재정위기, 최근 중국의 부채위기와 미국의 나 홀로 성장까지. 이 각각의 사건들이 어떤 점에서 서로 연결되고 어떤 영향을 미쳤는지 설명해준다. 한 편의 역사책을 읽듯 흥미진진하게 금융 지식을 쌓을 수 있을 것이다.

4. 『투자의 네 기둥』 (윌리엄 번스타인, 굿모닝북스, 2009)

개인 투자자의 관점에서 투자에 대해 어떻게 고민하고 공부해야 하는지 투자의 큰 얼개를 알 수 있는 책이다. 저자가 말하는 투자의 네 기둥은 '투자 이론과 투자 역사, 투자 심리, 투자 비즈니스'로, 이 각각에 대한 이해를 통해 개인 투자자가 투자의 세계에서 살아남을 수 있는 방법론을 제시한다. 그의 또 다른 저서 『현명한 자산 배분 투자자』 또한 개인 투자자 입장에서 자산 포트폴리오를 어떻게 만들고 운영해야 하는지를 잘 알려준다.

5. 『부채의 늪과 악마의 유혹 사이에서』 (아데어 터너, 해남, 2017)

2008년 금융위기 당시 영국 금융감독청장으로서 사태 해결에 몸담고, 글로벌 금융규제 강화 논의를 주도했던 아데어 터너의 책. 우리나라에서도 부동산 가격 급등으로 인한 문제들이 생겨나고 있지만, 사실 부동산 가격의 상승은 전 세계적인 골칫거리다. 민간은행의 신용창출과 이로 인해 생겨난 유동성이 자산 가격을 어떻게 끌어올리고 금융위기를 가져왔는지 다루고 있다. 유동성과 자산 가격의 상관관계를 이해하는 데 도움이 된다.

6. 『금융의 지배』 (니얼 퍼거슨, 민음사, 2010)

경제와 금융에서도 역사는 중요하다. 영국의 경제사학자 니얼 퍼거슨은 지금 우리가 접하는 자산과 금융상품들이 인류 역사의 어떤 지점에 등장했고, 어떤 역할을 해왔는지에 대한 이야기를 들려준다. 화폐와 신용의 성장, 채권과 주식의 등장, 보험과 부동산 시장, 국제 금융의 성장과 그로 인한 위기에 이르기까지 폭넓게 다루며 금융의 과거를 통해 현재를 보는 시야를 넓혀주는 책이다.

7. 『광기, 패닉, 붕괴 금융위기의 역사』 (찰스 킨들버거·로버트 알리버, 굿모닝북스, 2006)

투자의 세계를 바라보면 인간의 탐욕은 끝이 없고 인간의 망각은 참 쉬워서 같은 실수를 되풀이한다는 생각을 지울 수 없다. 이 책은 네덜란드의 튤립 투기 광풍에서 현재의 금융위기에 이르기까지, 전형적으로 반복되는 금융의 위기를 신용 팽창과 투자 심리의 관점에서 풀어내고 있다. 시장 속에 있을 때는 깨달을 수 없는, 투자자로서의 우리의 행동을 한 번쯤 돌아보게 해준다. 2000년 초반의 IT버블을 경고한 로버트 쉴러 교수의 『비이성적 과열』도 함께 읽기를 추천한다.

8. 『투자에 대한 생각』 (하워드 막스, 비즈니스맵, 2012)

워런 버핏, 존 보글 등 월스트리트의 대가들조차 귀 기울이는 '월스트리트의 구루' 오크트리 캐피털 회장 하워드 막스의 투자 철학을 엿볼 수 있는 책이다. 가격과 가치 사이의 관계, 리스크에 대한 인식과 관리 등 투자자로서 놓쳐서는 안 될 투자의 본질을 20개의 원칙으로 담아냈다. 신용, 투자 심리, 부동산 등 시장의 다양한 사이클을 다룬 『하워드 막스 투자와 마켓 사이클의 법칙』도 함께 읽으면 좋다.

9. 『돈, 일하게 하라』 (박영옥, 프레너미, 2015)

단순히 매매차익이 아닌 '기업과의 동업'이라는 관점에서 주식 투자를 바라보게 만들어주는 책이다. 개인 투자자에서 시작해 가치 투자를 통해 자산가와 사업가의 반열에 오른 저자는 주식 투자에 대한 자신만의 철학을 들려준다. 주식 투자를 시작하려는 사람이라면 고수의 투자 원칙을 참고하기에 좋다.

10. 『행운에 속지 마라』 (나심 탈레브, 중앙북스, 2016)

월스트리트에서 직접 투자가로 활동하면서도 월스트리트의 주류들과는 다른 시선으로 금융에 대한 이야기를 들려주는 '월가의 괴짜 혹은 현자' 나심 탈레브. 그의 책들을 읽다 보면 불확실성으로 가득한 투자의 세계를 어떻게 대해야 할지 조금은 감을 잡을 수 있다. 또한 투자와 별개로 세상을 바라보는 새로운 시선을 더해준다는 점에서 『블랙스완』 『스킨 인 더 게임』 『안티프래질』 등 그의 저서들은 모두 한 번쯤 읽어볼 만하다.

PART

2

돈 공부의 시작:

부자들만 아는 자본주의 생존 금융

우리가 아무리 경제와 금융을 모른다고 해도 사실 아무것도 모르는 것은 아닙니다. 그래도 명색이 세계 경제 대국 10위권에 드는 자본주의 국가에서 태어나 자란 사람들이니까요. 앞서 거대한 무지의 지도를 그려보았지만, 그 길을 찾아나갈 때는 내가 서 있는 지점에서부터 시작하면 됩니다. RPG 게임에서 지도를 조금씩 밝혀 나가듯이 말입니다. 즉 일단 '내가 아는 것'에서부터 시작해보는 것입니다.

고등학교 1학년 때 애덤 스미스의 『국부론』을 읽었고, 대학교 신입생 시절에는 『자본론』을 읽었습니다. 그래봤자 '경제'라고 하면 사실 머릿속에 떠오르는 건 하나밖에 없었습니다. 중학교 수업시간에 배운 수요와 공급의 법칙. "시장의 수요량과 공급량에 따라 가격이 결정된다." "수요(사려는 사람)가 많아지면 가격이 오르고, 줄어들면 가격이 내린다." "공급(팔려는 사람)이 많아지면 가격이 내리고, 줄어들면 가격이 오른다."입니다.

우선은 그것보다도 더 기본적인 것에서부터 시작해봅시다. 저 문장들에서 발견할 수 있는 것은 아래와 같은 사실입니다.

- *세상에는 무언가를 사려는 사람이 있다.*
- *세상에는 무언가를 팔려는 사람이 있다.*
- *그 사이를 매개하는 것은 돈(구매력)이다.*

또 당연하게도 아래와 같은 전제가 가능합니다.

- *돈으로 사려고 하는 것은 어떤 재화(물건, 서비스, 자산)다.*

그렇다면 지금부터 아주 단순 무식하게 생각해봅시다. 세상의 총수요는 결국 세상에 깔려 있는 모든 돈들이 결정하게 될 것입니다. 어쨌거나 돈이 있어야 뭐든 살 수 있을 테니까요. 반대로 세상의 총공급은 우리가 돈으로 살 수 있는 모든 것이 될 겁니다. 따라서 다음과 같은 등식이 성립합니다.

- *(총수요 : 총공급) = (전 세계에 존재하는 돈 : 전 세계의 재화)*

총공급이 똑같은데 총수요가 늘면 가격은 올라갈 것입니다. 총수요가 늘어난다는 것은 시장에 돈이 많이 풀린다는 이야기와 같습니다.

〈수요와 공급 곡선〉

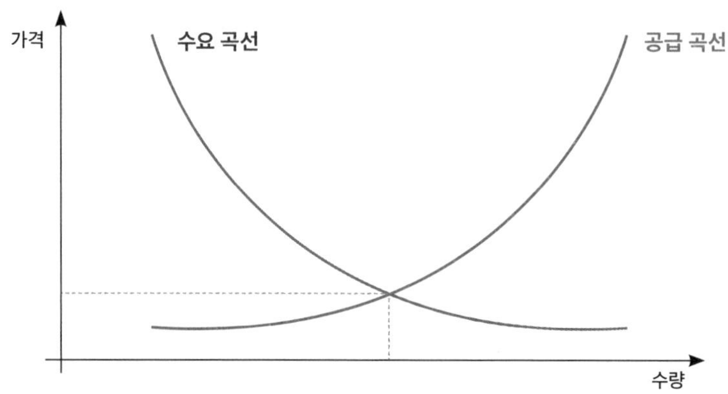

반면 총수요는 똑같은데 총공급이 늘면 가격은 내려갈 것입니다. 중국이 자본주의 시장에 편입되면서 저렴한 노동력을 기반으로 전 세계에 물건을 싸게 공급하면서 세계적으로 물가가 안정된 경우를 떠올리면 이해가 쉬울 것입니다.

우선 총수요를 먼저 한번 들여다봅시다. 총수요는 '돈'이라고 표현했지만 결국은 물건을 살 수 있는 '구매력'을 뜻합니다. 그리고 이 구매력은 '통화'와 '신용'으로 나눌 수 있습니다. 각국의 중앙은행에서 찍어낸 통화와 그것에 기반해서 불어난 신용, 결국 이 두 가지가 전 세계의 구매력을 좌우합니다. 여러분이 무언가를 살 때를 떠올려보면 쉽습니다. 내 지갑에 있는 돈을 꺼내 쓰거나(통화), 아니면 빚을 내거나 신용카드를 긁겠죠(신용). 월급이 오르거나(소득의 증가) 카드 한도가 늘어나면(부채의 증가) 더 많이 쓸 수 있을 것입니다. 전 세계의 수요가 증가하는 것 또한 이런 논리가 큰 규모로 이루어진다고 생각하시면 됩니다.

다음은 총공급을 살펴볼까요? 세상의 모든 재화는 결국 돈을 주고 구매한다는 점에서 '상품'입니다. 그리고 이는 다시 '실물상품'과 '금융상품'으로 나눌 수 있습니다. 실물상품이라는 건 우리가 사 입는 옷에서부터 각종 서비스까지 포함해 우리가 삶을 영위하며 돌아가는 실물경제와 관련된 것입니다. 금융상품은 금융권에서 만들어내는 상품들로 우리가 투자수익을 기대하고 사는 상품을 뜻합니다. 자산 시장에서 거래되는 것이죠. 복잡하게 생각할 건 없습니다. 이 역시 여러분이 돈이 있다면 무엇을 할 수 있을지 생각해보면 됩니다. 무언가를 사거나(실물상품), 투자를 하게(금융상품) 될 것입니다. 부동산 같은 경우는 실물이면서도 자산이라는 이중적인 모양새로 자리 잡겠죠.

따라서 각각의 구성 요소들을 도식화해보면 다음과 같습니다.

총수요 : 총공급

||

전 세계의 돈(통화+신용) : 전 세계의 상품(실물+자산)

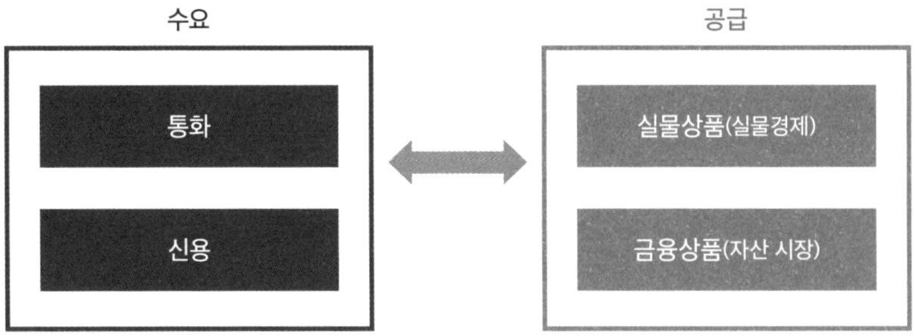

수요

통화

신용

공급

실물상품(실물경제)

금융상품(자산 시장)

우리가 투자하는 자산들도 가치에 따라 가격이 정해지기도 하지만, 동시에 그 가격은 수요와 공급의 법칙에 의해 좌우됩니다. 주식의 가격이나 강남의 아파트값이 오르내리는 이유는 결국 시장에서 사려는 사람과 팔려는 사람 사이에서 가격이 정해지기 때문입니다. 반드시 그런 것만은 아니지만 시장에 구매력이 많아지면, 즉 화폐가 많이 풀리거나 신용이 증가하면 자산의 가격은 올라갈 가능성이 커집니다.

최근 들어서 각국의 중앙은행은 코로나19 사태에 대처하기 위해 시중에 돈을 푸는 정책들을 펴고 있습니다. 돈을 풀어 소위 말하는 '유동성'을 공급하는 것입니다. 이 유동성은 세상의 총수요(구매력)에 큰 영향을 미치게 됩니다.

세상의 그 많은 돈은 어디서 오는가?

우리는 여전히 돈이 없는데 시중에는 허구한 날 유동성이 넘쳐난다고 한다. 대체 이게 무슨 소리인가 싶었다. 그러니 이것부터 알아보자. 세상에 떠도는 이 돈들도 하늘에서 뚝 떨어지는 게 아니니 만들어내는 곳이 있을 게 아닌가. 물론 그곳이 각국의 중앙은행이라는 건 안다. 기본적으로 미국은 달러, 일본은 엔화, 한국은 원화의 양이 그 시장 내의 수요를 좌우하게 될 터다.

하지만 요즘처럼 전 세계의 자본이 개방된 시장에서는 그 흐름이 서로 자연스럽게 공유되기 마련이다. 한국은행에서 아무리 원화를 잘 관리하려고 해도, 외국인 투자자들이 우리나라에 투자하면 달러가 들어와서 원화로 바뀌어 유통되니 국내에는 돈의 양이 증가할 수밖에 없다.

간단하게 생각해보자. 하나의 거대한 욕조가 있다. 그 거대한 욕조를 '세계'라고 생각하자. 그리고 욕조 위에 종이배가 하나 떠 있다. 욕조 위에는 여러 개의 수도꼭지가 있다. 달러가 들어오는 꼭지, 유로화가 들어오는 꼭지, 엔화가 들어오는 꼭지, 원화가 들어오는 꼭지 등등이다.

이제 이 수도꼭지에서 물이 콸콸콸 들어온다. 그러면 종이배는 아무것도 하지 않고 가만히 있어도 수위는 저절로 올라가게 되어 있다. 이때 종이배를 '자산', 종이배가 떠 있는 높이를 '자산의 가격'이라고 생각해보자.

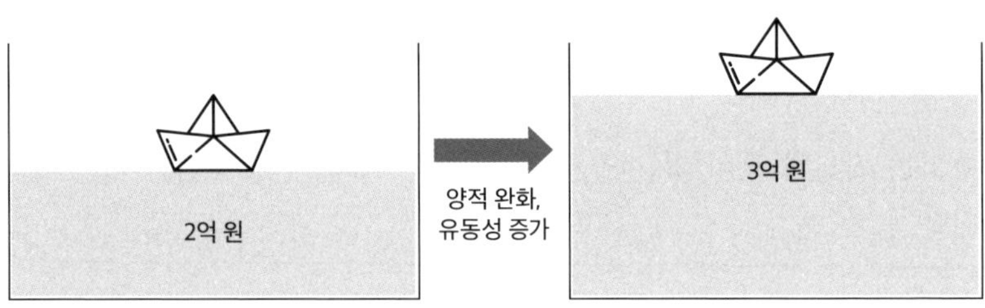

시중에 돈이 풀리면 종이배는 가만히 있어도 가격이 올라간다. 부동산 가격을 생각하면 쉽다. 시중에 10억 원이 있고 아파트가 열 채 있으면 한 채당 1억 원이 최대 가격이 되지만, 시중에 100억 원이 있으면 한 채당 10억 원이 될 수 있다.

전 세계에서 유통되는 외환 거래의 절반 정도는 미국 달러다. 그러니 여러 국가들 중에서도 특히 미국이 돈을 얼마나 푸느냐에 따라 전 세계적으로 총수요는 자극을 받을 수밖에 없다. 그렇다면 대체 저 미국 돈, 달러라는 게 어떻게 생겨났는지를 알아야 한다. 퇴계 이황 선생님(1천 원)을 볼 게 아니라 조지 워싱턴(1달러)을 봐야 하는 것이다.

'종이'는 어떻게 돈이 되었을까?

생각해보면 아이러니하다. 우리는 하루 종일 열심히 일하고 나서 그 대가로 '종이 쪼가리'를 받는다. 요즘은 심지어 디지털상의 '숫자'를 받는 셈이다. 21세기의 돈이란 딱히 실체가 있는 것이 아니다. 단순히 물적 속성만을 따지자면 그냥 고급스러운 종이일 뿐이다. 사람들이 '지폐'라는 것을 가운데 두고서 상호 간의 약속을 이행하는 그 체계가 무너진다면 그 종이 쪼가리는 아무 의미가 없다.

『사피엔스』의 저자 유발 하라리의 표현을 빌리자면 돈은 '상호주관적인 일종의 신념체계'에 지나지 않는다. 내가 저 종이 쪼가리를 돈이라고 믿고, 다른 사람들도 그걸 믿어주고, 그래서 그 종이 쪼가리를 주면 나는 재화와 서비스를 이용할 수 있기에 돈이라는 녀석이 의미를 가지는 것뿐이다.

그래서 하이퍼 인플레이션(hyper inflation)• 으로 돈의 가치가 떨어지면 아무런 가치도 없는 그 종이 쪼가리는 불을 땔 때나 쓰게 되는 것

• 단기간에 물가가 급격하게 오르는 현상. 독일은 1차 세계대전 직후인 바이마르 공화국 당시 한 달 동안 물가가 300배 이상 오르기도 했다. 유럽중앙은행(ECB)이 미국의 연방준비제도(Fed)에 비해 양적 완화 등 유동성 공급에 상대적으로 소극적인 이유는 이런 역사적인 맥락도 있다고 볼 수 있다.

이다. 실제로 불쏘시개로 쓰거나 글씨를 끄적이는 데만 사용해왔던 '종이'에 돈이라는 거대한 의미를 부여하기까지는 꽤 오랜 시간이 걸렸다.

돈, 너의 과거가 궁금해

지금부터는 간단하게나마 돈의 과거를 훑어보고자 한다. 역사 공부를 하려는 게 아니라 돈의 과거를 알아야 지금의 자본주의 세상이 비로소 이해되기 때문이다. 금융에 관심 있는 이들이라면 익히 알고 있는 사실이겠지만, 매일 경제 뉴스의 한편을 차지하고 있는 미국의 중앙은행인 연방준비제도(Fed)는 알고 보면 국가 기관이 아니라, 민간 은행들의 연합체에서 출발했다.

그 사실을 처음 알았을 때 꽤 충격이었다. 그제서야 왜 맨날 도널드 트럼프 대통령과 연방준비제도 의장인 제롬 파월이 서로의 탓을 하며 싸우는지 이해가 되었다(트럼프는 경기 불황의 조짐을 번번이 연방준비제도가 금리를 올려서라고 투덜대고, 연방준비제도는 트럼프가 미중 무역 분쟁을 일으켜서라고 화살을 돌린다). 우리나라라면 대통령과 한국은행장이 서로의 탓을 하며 싸우는 모습을 상상하기 쉽지 않은데 말이다.

돈의 역사에 대해서 조금이나마 알아둬야 하는 이유는 그래서다. 현재 이슈들을 일일이 따라잡기보다는 그 이슈들이 생겨날 수밖에 없었던 근원을 알아두는 것이 세상이 어떻게 돌아가는지 파악하기에 더 쉬울 때가 있다.

처음에는 돈 또한 일종의 '상품'이었다. 그 자체로 일종의 사용가치와 교환가치가 있었다는 의미다. 그래서 아주 옛날에는 곡식이 일종의 돈으로 사용되기도 했고, 금은과 같은 귀금속의 함량이 주화의 가치를 정하던 시절이 있었다. 적어도 20세기 중반까지만 해도(1971년 미국의 닉슨 대통령이 더 이상 달러를 금과 바꿔줄 수 없다고 선언하기 전까지는) 미국의 달러는 금과 교환이 되었다. 종이였음에도 불구하고 금이라는 '상품'과 교환이 가능한 존재였다. 즉 귀금속이 그 종이의 가치를 인정해주었던 것이다.

사실 종이가 돈이 되는 데는 상업적인 편의성이라는 목적이 작용했다. 귀금속으로 만들어진 주화들은 너무 무거웠다. 그래서 10세기에 당시 상업의 중심이었던 이슬람 세계에서는 종이로 만든 어음과 지폐를 사용하기 시작했다고 한다. 중국에서도 북송시대(960~1127년)에 이미 '교자(交子)'라는 어음이 사용되기 시작했다. 유럽에서도 12~13세기에 이탈리아 도시국가들을 중심으로 어음을 주고받았으며, 그 어음을 지역에 맞는 주화로 교환해주는 환전 업무에서부터 은행업이 발달하기 시작했다고 한다.

근대 은행은 런던의 금세공업자로부터 시작되었다. 상인들이 자신이 번 금을 맡기면 금세공업자들은 이에 대한 보관증을 써주었다. 그리고 자연스레 그 보관증이 일종의 어음처럼 유통되기 시작했다. 개인 간의 채무를 남은 어음이 거래상 편의를 위해 지폐처럼 사용된 역사는 이렇게 오래되었지만, 그것이 한 나라에서 공식적으로 '돈'이 되기에는 한계가 있었다.

왕을 못 믿어서 민간이 만들다

민간에서 아무리 종이가 돈처럼 통용된다 하더라도 공식적인 '돈'이 되려면 국가적인 차원에서 돈이라고 인정해줘야 한다. 그렇게 인정해주는 가장 쉬운 방법은 종이를 세금으로 받아주는 것이다. 적어도 '국가'라는 확실한 사용처가 있다는 것만으로도 일종의 보증이 되기 때문이다.

다시 시계를 돌려서 과거 유럽으로 돌아가보자. 15~18세기 내내 유럽 왕실의 재정은 엉망이었다. 왕실의 권위를 위한 소비도 있었겠지만 서로 전쟁을 해대느라 전비를 마련해야 했기 때문이다. 그 돈을 세금으로 충당하는 데 한계가 있으니 결국 민간의 상인이나 은행에게 돈을 빌릴 수밖에 없었다. 그러다가 빌린 돈을 도저히 갚을 수 없게 되면 그 돈을 떼어먹곤 했다. 그들이 돈을 떼어먹어도 어떻게 할 도리가 없었다. 이런저런 이유로 목이 안 잘리는 것만 해도 다행이다 싶을 때도 있었다.

그러니까 지금과 달리 당시의 (왕실로 대표되는) 국가는 꽤나 신뢰할 수 없는 존재였다. 민간은행이나 상인 입장에서는 왕실에 해주는 대출은 리스크가 꽤 컸다. 따라서 대출 금리도 일반 상인에게 빌려주는 것보다 왕실에 빌려줄 때 더 높게 받을 수밖에 없었다. 예를 들어 16세기에 민간이 상호 간의 대출에 주는 이자율은 높아도 15% 내외였다면, 왕실에 해주는 대출에 대해서는 52%까지 치솟기도 했다.

한편 왕권이 약한 곳에서는 다른 형태로 자금을 유통했다. 바로 국채를 통해서 필요한 공공 자금을 마련한 것이다. 국채가 처음 생겨난 곳은 르네상스를 이끌었던 베니스, 제노바 같은 이탈리아의 도시국가였다. 이 도시국가들은 공화정이었고, 도시국가들의 국공채는 나름 꼬박꼬박 이자를 잘 주는 우량한 채권이었다.

이후 절대왕정 국가 중에서 그나마 왕권의 힘을 제일 먼저 제한한 나라가 바로 영국이었다. 1688년 명예혁명과 함께 영국은 입헌군주제가 시작되었고 의회가 국정의 중심에 서게 된다. 이제 국왕의 빚은 국가적인 채무가 되었다. 왕이라는 개인이 빌리는 게 아니라 주권을 이양받은 의회가 돈을 빌리는 것이기 때문이다. 그리고 의회가 향후의 조세 수입을 근거로 그 빚을 보증해주었다. 이제 국채는 빚을 갚겠다는 증표가 되었고 상대적으로 안정적인 투자 대상으로 인정받게 되었다. 그러다 국채 또한 자연스럽게 화폐처럼 통용되기 시작했다.

그러나 개인 간의 어음이든 국채 증서든 화폐'처럼' 통용되기는 하지만 아직 화폐는 아니었다. 그건 그냥 '누가 누구에게 빚을 갚기로 했다'는 걸 알려주는 증서일 뿐이다. 예를 들면 철수가 영희에게 금 1kg을 빌렸다고 적힌 증서가 있다고 치자. 마침 영희가 동수에게 금 1kg을 갚을 일이 있어 금 대신 이 증서를 넘기려고 하니 동수가 싫다는 의사를 밝혔다. 이런 일이 벌어질 수 있는 것이다. 한마디로 아직까지는 범용적으로 사용하기 힘들다는 의미다. 개인 간의 부채인 어음과 국가의 부채인 국채를 함께 아울러서 일반적으로 통용 가능하게 하려면 하나의 공통된 포맷이 필요했다. 즉 한 국가가 인정하는 '돈'을 찍어내야 했다.

바로 이때 묘한 일이 벌어진다. 하나의 체계를 제도화하는 일이니 당연히 국가가 나서서 해야 하는데, 재정적으로 번번이 신뢰를 잃어왔던 국가가 나서도 되는가 하는 딜레마가 생긴 것이다. 또한 국가가 재정 적자를 피하려고 주구장창 돈을 찍어내면 시중에 돈이 흘러넘치니 인플레이션이 발생할 거라는 의구심도 피할 수 없었다.

이 당시만 해도 한 국가가 발행하는 지폐의 신뢰도를 보증할 수 있는 것은 그 국가의 금이나 은의 보유량이었다. 그런데 정작 그런 재화들을 많이 보유하고 있는 건 국가가 아니라 민간 상인들이었다. 결국은 나라에 낮은 이율로 군사비를 빌려주는 상인들이 은행을 만들어 일종의 '무기명 어음'을 발행하게 되고, 그게 바로 돈(지폐)이 된다.

그렇게 생겨난 최초의 은행이 바로 1694년에 문을 연 영국의 잉글랜드은행이다. 잉글랜드은행은 국채를 인수하는 대신 자본금 내에서 금화나 은화와 교환할 수 있는 어음을 발행했는데, 이것이 바로 은행권이다. 한마디로 지폐의 발행권을 획득하게 된 것이다. 이로 인해 국가는 미래의 세금 수입을 기반으로 은행에서 돈을 빌리고 이자를 내는 신세가 된다.

지금이야 자본주의의 핵심이 된 미국이지만 이전에는 그들도 영국의 식민지였다. 영국 본토 금융권의 영향력에서 벗어나기 위해 국가가 직접 화폐를 발행한 적도 있었지만, 결국은 민간이 발행하는 영국식 화폐 발행 시스템이 정착하게 된다. 세계의 기축통화인 달러는 정부가 민간은행에게 진 빚(국채)을 토대로 발행된 것이다. (재미있는 건 통화의 공공성이 부각되면서 제2차 세계대전 이후인 1946년에 영국조차도 중앙은행을 국유화했지만, 미국은 여전히 민간은행이 통화 발행권을 보유하고 있다는 점이다.)

돈은 곧 '빚'이다

재미있게도 자본주의 사회에서, 그리고 특히나 그 중심에 자리 잡고 있는 기축통화인 달러는 그 자체가 바로 빚이다. 그것도 국가가 민간은행에 진 빚을 기초로 발행된다. 그러니까 길고 긴 시간을 돌아서 보자면, 국가가 미래의 세금 수입을 담보로 해 그냥 찍어내도 되는 걸 굳이 민간은행을 통해 국채를 발행해 이자를 주면서 돈을 찍어내고 있는 것이다.

1. *처음에는 국가의 신뢰도가 낮기 때문이었다. "왕이라는 놈이 지 멋대로 발행하면 인플레이션이 생기잖아. 못 믿겠어. 금이랑 은을 갖고 있는 사람들이 왕에게 빌려주고 적당량만 발행하게 하자."*
2. *그런데 자본주의가 발전하고, 그 와중에 금은과 교환할 수 없어진 화폐의 발행권을 여전히 민간이 갖고 있는 상황이다.*
3. *요즘 같아서는 국가가 직접 미래의 세금 수입을 기반으로 통화를 발행하면 굳이 국채라는 형태로 민간은행에 이자를 줄 필요도 없는데 말이다. (적어도 월스트리트보다는 국가가 낫지 않겠는가.)*

이러한 흐름을 타고 돈은 결국 일종의 빚이 되었다. 돈이란 일종의 '청구권'이다. 내가 그것을 타인에게 지불함으로써 내가 원하는 물건이나 서비스를 상대에게 요구할 수 있는 권리, 상대로 하여금 나에게 빚을 지고 있게 만드는 일종의 채권 증서 같은 것이다.

유럽의 역사까지 들먹이면서 이 이야기를 이렇게 길게 쓰는 이유는, 결국 '돈이란 늘어날 수밖에 없는 존재'라는 말을 하기 위해서다. 왜냐하면 통화를 발행하는 것 자체가 빚을 토대로 하는 것인데, 그 빚에 대해서 이자를 줘야 하기 때문이다. 1년 후에 3%의 이자를 주는 국채 100만 원을 발행했다고 치자. 1년 후에 이자 3만 원은 어디서 만들까? 그렇다. 그 이자만큼 또 돈을 찍어내야 한다. 이 이상하고도 해괴한 무한증식을 멈추는 순간 자본주의는 붕괴한다. 아이러니하게도 자본주의는 모두가 가지고 있는 빚을 다 갚는다면 파산(?)하게 되는 이상한 제도인 셈이다.

시중의 돈은 늘어날 수밖에 없다

즉 시중의 돈은 앞으로 더 늘면 늘었지 줄어들 일은 결국 없다는 이야기다. 하지만 그건 어디까지나 미국의 경우이지 않느냐고 반문할 수도 있다. 물론 그렇다. 하지만 세계에서 가장 많이 유통되는 돈이 바로 달러다. 자본 시장은 이미 다 개방되어 있고 달러는 수시로 각국에 들어오고 나간다. 주식 시장에서 매일 외국인의 매매 현황에 신경 쓰는 이유도, 달러 환율에 주목하는 이유도 그래서다.

시중에 돈이 늘어난다는 건 물가가 오르고 인플레이션이 지속적으로 이어진다는 의미다. 금과 달러를 교환해주던 시절에는 금이 고삐가 되어주었는데, 이제는 그 고삐조차 풀린 지 오래다. 1971년 미국이 금과 달러의 태환(교환)을 거부하면서부터 전 세계의 지폐들은 말 그대로 각 국가의 중앙은행이 그 가치를 보증하게 되었다. 따라서 금과의 연계가 끊어진 상황에서 이제 이론적으로 달러를 발행하는 데는 아무런 제약이 없어졌다. 달러 발행량은 제2차 세계대전 후부터 닉슨쇼크가 있었던 1971년까지는 25년 동안 2배로 늘었지만, 그 이후로는 45년 동안 약 45배가 늘었다고 한다. 결국 전 세계의 돈은 늘어날 수밖에 없고, 시중의 자산 가격은 궁극적으로 우상향할 수밖에 없다는 뜻이다. 적어도 원론적으로는 말이다.

하지만 세상은 이론대로만 돌아가지는 않는다. 경기에 따라서 그리고 통화 정책에 따라서 시중의 돈은 일시적으로 줄거나 디플레이션이 생겨나기도 한다. 하지만 더 큰 이유는 따로 있다. 지금까지는 이해를 돕기 위해서 세상에 풀려 있는 돈들을 전부 중앙은행에서 찍어낸 것처럼 묘사했지만 실상은 그렇지 않다. 알고 보면 중앙은행이 찍어내는 돈은 실제 시중에 떠도는 돈 중에서 극히 일부분에 지나지 않는다. 그게 무슨 소리냐고? 그러게 말이다. 돈처럼 쓰이되 진짜 돈은 아닌 신묘한 것이 있더란 말이다. 자본주의의 치트 키 같은 녀석이….

유동성을 만드는 신용의 마술

있다면 있고 없다면 없다고 할 수 있는 돈, 바람처럼 나타났다가 바람처럼 사라지는 것, 자본주의를 부풀리고 굴리는 자본주의의 치트 키 같은 녀석, 그게 바로 '신용'이다. 이때까지 막연히 '돈'이라고 불렀지만 돈의 본질은 결국 '구매력'이다.

이 구매력은 크게 두 가지로 나눌 수 있다. 하나는 우리가 매일 사용하고 있는 실물로 존재하는 화폐다. 이건 중앙은행에서 찍어낸다. 우리 지갑에 있는 돈 그리고 은행에서 당장이라도 꺼내 쓸 수 있는 돈, 이 두 가지를 합해서 흔히 '본원통화'라고 부른다.

그리고 다른 하나는 바로 빚을 낼 때 생겨나는 '신용'이다. 이 신용이라는 게 참 재미있는 이유는 세상에 없는 돈이 바로 돈처럼 쓰인다는 특징이 있기 때문이다. 그러니까 결국 시장에 떠도는 구매력은 아래와 같이 나눠볼 수 있다.

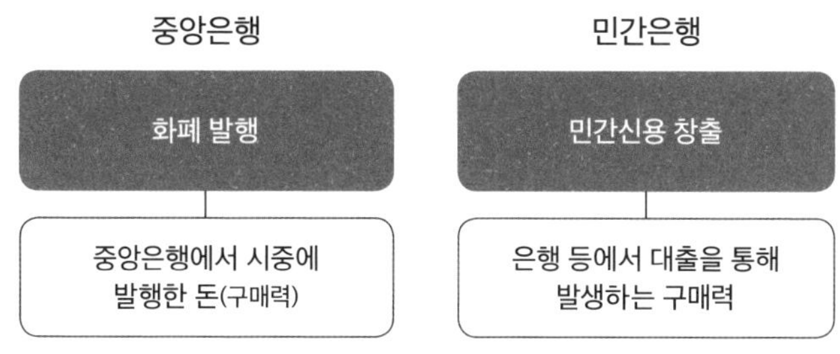

우리가 매일 사용하는 것 중에서 '신용'이라는 단어가 들어가는 게 있다. 바로 신용카드다. 예를 들면 내 계좌에 100만 원밖에 없지만 신용카드 혹은 마이너스 통장 한도가 100만 원이라고 한다면 나는 200만 원을 쓸 수 있다. 하지만 신용카드 한도로 부여받은 100만 원이라는 액수는 실제로는 내가 가지고 있는 돈이 아니다. 이것은 내가 벌 것으로 추정되는 미래의 돈(구매력)을 미리 당겨와서 쓰는 것이다. 신용은 바로 그런 것이다. 실제로는 없지만 당겨 쓸 수 있는 돈, 물론 나중에 갚겠다는 약속을 하고서 말이다.

그 많은 돈은 다 어디서 왔는가?

거시 경제를 다룰 때 정부는 시중에 유통되는 돈의 양을 '통화량'이라는 형태로 관리한다. 우리나라에서는 통화량을 다음 표처럼 본원통화(M0), M1, M2, Lf로 구분한다.

[단위 : 조원, %,전년동월비]

		2011	2012	2013	2014	2015	2016	2017	2018	2019
Lf	평잔	2,208.2	2,379.5	2,543.2	2,721.5	2,986.7	3,229.9	3,445.7	3,686.4	3,979.1
	평잔증가율(%)	5.3	7.8	6.9	7.0	9.7	8.1	6.7	7.0	7.9
M2	평잔	1,709.0	1,798.6	1,885.8	2,009.6	2,182.9	2,342.6	2,471.2	2,626.9	2,809.9
	평잔증가율(%)	4.2	5.2	4.8	6.6	8.6	7.3	5.5	6.3	7.0
M1	평잔	425.7	442.0	484.1	536.7	636.6	734.4	802.0	841.0	876.9
	평잔증가율(%)	6.6	3.8	9.5	10.9	18.6	15.4	9.2	4.9	4.3
본원통화	평잔	75.2	82.1	91.4	103.3	120.7	137.4	151.9	165.0	178.9
	평잔증가율(%)	11.3	9.2	11.3	13.1	16.8	13.9	10.5	8.6	8.5

▲ 통화량 추이　　자료: 한국은행 경제통계시스템

'본원통화'는 말 그대로 앞에서 말한 화폐라고 생각하면 된다. 한국은행이 지폐나 동전 등으로 발행해서 시중에 뿌려둔 돈과 금융권에서 한국은행에 맡겨둔 돈을 합한 것이다.

'M1'은 협의(狹義)통화라고 불린다. 좁은 의미에서의 통화라는 뜻이다. 시중에 실물로 떠도는 돈과 금융권에 들어가 있는 돈 중에서 언제라도 시중에 풀릴 수 있는 돈을 합한 것이다. 예를 들면 수시입출금식 예금이나 CMA에 들어 있는 돈처럼 쉽게 인출할 수 있는 돈이라고 생각하면 된다. 'M2'는 광의(廣義)통화로, M1에 비해서 좀 더 넓은 의미의 통화다. 즉 M1을 비롯해 만기가 긴 예적금이나 채권처럼 중장기로 묶여 있는 돈까지 다 포함한다. 시중에 얼마나 쉽게 풀릴 수 있는가를 기준으로 M1, M2가 나뉜다고 보면 된다.

우리는 경제학 시험을 치려는 게 아니니 각 통화의 정의까지 상세히 눈여겨볼 필요는 없다. 다만 위의 표에서 2018년의 본원통화와 M2의 비율을 보면 당황스럽다. 본원통화 대비 유통되는 돈은 16배 가량이나 된다. 그럼 대체 저 많은 돈은 어떻게 생겨난 걸까?

'신용 창조'라는 멋진 신세계

앞에서 영국 근대 은행이 런던의 금세공업자들에서부터 시작되었다고 했다. 상인들이 자신이 번 금을 맡기면 금세공업자들은 보관증을 써주고 그것이 일종의 어음처럼 유통된 것이다. 그런데 금세공업자들이 금을 보관하며 가만히 지켜보니 특이한 점을 하나 발견할 수 있었다. 금을 맡긴 사람들 모두가 동시에 모든 금을 찾으러 오는 경우는 없더라는 점이다. 따라서 100kg 정도의 금을 보관하고 있다면, 1천kg 정도에 해당하는 보관증을 뿌리더라도 문제가 없었다. 그리하여 있지도 않은 900kg의 보관증을 이자까지 더해 발행했다. 실제 보관하고 있는 금보다 더 많은 액수의 보관증을 발행하고 이자를 받는 새로운 사업 모델을 만들어낸 것이다.

어디서 많이 본 것 같다고? 그렇다. 요즘 시중은행에서 하는 것과 똑같은 모습이다. 최소한의 지급준비금(고객이 인출을 요청할 때를 대비해서 준비해둬야 하는 돈)만 있으면 된다. 중앙은행이 지급준비율*을 어떻게 조정하느냐에 따라 시중에 도는 돈을 조절할 수 있다. 실제로 시중의 화폐는 100만 원이 늘었다고 해도 대출을 통해서 그보다 더 많은 돈이 시장에 풀려나갈 수 있다. 대출을 받으려는 사람이 있고 은행이 기꺼이 대출을 해줄 의향만 있다면 말이다.

• 은행이 고객으로부터 받아들인 예금 중에서 중앙은행에 의무적으로 적립해야 하는 비율. 고객에게 지급해야 할 돈을 준비하게끔 하는 제도로 고객 보호 차원에서 시작되었다.

신용, 미래의 '나'를 믿을게

그렇다면 '신용'은 어떻게 시중에 풀리게 되는 걸까? 부동산 폭등장에 눈이 뒤집힌 내가 은행에 가서 3억 원을 빌리면, 은행은 내 계좌에 3억 원을 넣어준다. 그럼 내 계좌의 예금 부분에는 당장 쓸 수 있는 돈 3억 원이 들어오고, 대출 계좌에는 갚아야 할 돈이 3억 원 생긴다.

자, 이제 내가 이 돈으로 집을 사든 혹은 다른 것을 사든 그 돈은 시중에 풀리게 된다. 대출받은 돈은 나중에 갚으면 되고, 당장 사용 가능하므로 시중의 구매력(수요)은 또 이렇게 늘어난다. 시중의 돈은 이런 식으로 점차 늘어난다. 흔히 '신용 창조'라는 거창한 단어를 쓰지만, 실은 은행이 대출을 통해서 만들어낸 돈이다. 결국 시중에 늘어난 통화량은 어떻게 보면 우리가 '빚'이라는 형태로 미래에서 가져온 돈인 셈이다.

앞서 이야기한 것처럼 신용카드는 일종의 대출과 같은 시스템이다. 내가 한 달 후에 갚을 것을 예상하고 신용카드 회사에서 돈을 빌려주는 것이니까. 우리가 은행에서 돈을 빌리는 경우에도 마찬가지다. 훨씬 더 큰 액수의 돈이, 더 긴 만기를 전제로 시중에 돌아다닌다는 것만 다를 뿐.

이제 상상력을 발휘해보자. 내가 은행에서 돈을 빌리면 그 돈은 누가 갚을까? 미래의 내가 갚아야 한다. 한마디로 저 돈들은 신용이라는 형태로 우리가 미래에서 가져온 것이다. "에라 모르겠다. 지금의 나는 망했지만 2030년의 나를 믿을게." 따라서 '신용, 부채, 빚, 레버리지, 미래에서 당겨온 돈'은 결국 다 같은 말이다. '신용 증가=부채 증대=레버리지 확대=미래에서 돈을 많이 당겨옴'이라고 생각하면 된다.

유동성을 만든 게 '나'라고?

흔히 시중의 돈에 대해서 '유동성'이라는 표현을 쓴다. "갈 곳 없는 유동성, 부동산 시장 유입 우려"라는 제목의 기사들을 종종 볼 수 있다. 시중에 유동성이 넘쳐난다는 말은 시중에 돈이 차고 넘친다는 뜻이다. 나는 먹고 죽을래도 돈이 없는데 갈 곳 없는 유동성이라니…. 이상하게 돈은 항상 나만 없다. 그런데 더 충격적인 게 있었다. 결국 세상의 그 많은 유동성은, 은행에 가서 대출을 받은 '나' 같은 사람들이 모여서 만들어진 결과라는 점이다. 그렇다. 우리가 빚을 많이 질수록, 기업이 빚을 많이 질수록 시중의 유동성은 더 증가한다.

말 많고 탈 많은 부동산 시장을 한번 보자. 어떤 이유로 시중에 신용이 증가하는 사건이 생겼다. 예를 들면 빚내서 집을 사라고 대출 기준이 완화된 것이다. 원래는 집값의 40%만 대출이 가능했으나 앞으로는 80%까지 해주겠다고 한다. 이 말은 부동산 시장에 유입될 수 있는 자금이 순식간에 40%가 증가했다는 이야기다. 앞서 설명한 욕조를 떠올려보자. 이제 물이 콸콸 들어오기 시작할 때다.

이 순간부터 신용이 시중의 자산 가격을 끌어올리는 사이클이 시작된다. 너도 나도 빚을 내서 집을 사겠다고 마음먹으면, 부동산 시장에는 미래에서 가져온 돈(신용)이 서서히 증가하기 시작한다. 그런데 집의 공급량은 갑자기 증가할 수 없으니 집값이 오른다.

그렇게 집값이 올라서 5억 원 하던 아파트가 10억 원이 되었다 치자. 이제 이 아파트를 담보로 받을 수 있는 대출은 이론적으로 기존 대출액의 2배가 된다. 아파트값이 5억 원일 때 80% 대출을 받으면 4억 원이지만, 10억 원일 때는 8억 원이 된다. 자산 가격이 올랐기 때문에 신용을 창출할 수 있는 여지가 커지고, 이렇게 추가로 낸 대출이 부동산 시장으로 다시 들어가면 자산 가격이 또 상승하는 구조가 시작된다. 시장의 신용이 증가할수록 자산 가격은 오를 수밖에 없는 것이다. "빚내서 집 사라!"에서 시작된 우리나라 부동산 가격의 급등도 이와 크게 다르지 않다.

신용을 기억해둬야 하는 이유는 신용이 시장 경기의 호황과 불황 사이클과 그 변동성을 증폭시키는 역할을 하기 때문이다. 단순하게 생각해도 시중에 돌고 있는 통화량은 본원통화 대비 16배다. 그 크기는 지급준비율이나 금리에 따라서 출렁인다. 그에 따라 시장에 미치는 영향도 출렁이게 된다. 레버리지의 크기만큼이나 시장의 충격도 커질 수밖에 없다.

지금까지는 시중의 돈, 즉 수요 측면에서 구매력을 만드는 화폐와 신용에 대해서 알아보았다. 소위 말하는 유동성의 구성 요소들이다. 그렇다면 그다음은 이렇게 생겨난 유동성의 물줄기를 좌우하는 것들에 대해서 알아볼 차례다. 바로 금리와 환율이다. 금리는 한 국가 내에서의 돈의 흐름을, 환율은 전 세계적인 관점에서 돈의 흐름을 좌우하는 요소라고 볼 수 있다.

돈의 물줄기를 좌우하는 금리

경제 및 금융과 관련된 책들을 읽다 보면 빠지지 않는 내용이 있다. 바로 '금리'다. 모두가 금리가 돈의 흐름을 좌우한다며 금리를 이해하는 게 중요하다고 열변을 토한다. 하지만 40여 년을 사는 동안 뉴스에서 금리가 오르네 내리네 하는 걸 보고도 아무 생각이 없었다.

금리가 바뀐다 한들 내 인생이랑 무슨 상관이 있을까 싶었다. 뉴스에서 금리가 내렸다는 이야기를 들으면 드는 생각은 '안 그래도 얼마 안 되는 예적금 금리가 또 낮아지겠네.' 정도였다. 어느 날 대출을 받고 나서는 또 조금 다른 생각이 들기는 했다. '아싸, 이제 대출이자 적게 나가겠다.'

이제 보니 고작 그런 생각만 하고 있었으니 인생이 이 모양이었던 것이다. 사실 금리 하나만 제대로 알고 있었어도 세상이 어떻게 돌아가는지 조금이나마 더 잘 이해했을 텐데 말이다.

금리란 무엇일까?

미국의 연방공개시장위원회(FOMC; Federal Open Market Committee)•가 기준금리를 발표할 때면, 며칠 전부터 전 세계의 금융계가 숨을 죽이고 지켜본다. (이제는 이해할 수 있겠지만, 바로 전 세계라는 욕조에 달러라는 돈을 얼마나 풀고 거두어갈지를 정하는 게 바로 저 FOMC다.)

금리는 흔히 '돈의 값'이라고 한다. 우리는 어떤 상품을 빌리면 그에 대한 비용, 일종의 대여료를 지불하게 된다. 그런데 가끔은 우리가 빌리는 상품이 돈 자체인 경우가 있다. 금리(이자율)는 돈을 하나의 상품으로 생각했을 때, 그걸 빌리면서 내는 대여료의 기준이 되어주는 지표다.

자, 그럼 자동차를 한 대 빌린다고 생각해보자. 그 대여료를 정하는 첫 번째 기준은 뭐가 될 수 있을까? 자동차를 빌려주는 사람 입장에서 그 자동차를 빌려주지 않고 '다른 곳에 썼을 때 얻을 수 있는 수익'이 아닐까? 돈도 마찬가지다. 빌려주는 사람 입장에서 금리는 바로 '그 돈을 다른 곳에 썼을 때 얻을 수 있는 수익'의 기준점이 되어주는 것이다.

• 미국의 중앙은행인 연방준비제도(Fed) 산하에 있으며 공개시장조작의 수립과 집행을 담당한다. 1년에 8번 회의를 가지고, 통화공급량이나 금리조정 여부를 결정한다.

금리를 볼 때 떠올려야 하는 것들

우리가 투자를 할 때 가장 먼저 떠올리는 것이 있다. 바로 '이 투자를 해서 얼마나 벌 수 있을까?' 즉, 기대수익률이다. 금리는 기대수익률에 영향을 미친다. 이걸 돈을 빌리는 사람과 돈을 가지고 있는(혹은 빌려주는) 사람 각각의 관점에서 한번 생각해보자.

1. 돈을 빌리는 사람: 금리 = 자금조달 비용의 기준

금리가 오른다는 건, 돈을 빌리는 입장에서는 돈을 빌리는 데 드는 비용이 늘어난다는 의미다. 간단하게 생각해보자. 아파트 한 채를 사기 위해서 1억 원을 빌려야 하는 상황이다. 이때 금리에 따라 1억 원을 빌리는 데 부담해야 하는 비용은 다음과 같다. (세금이나 부동산중개비 등은 우선 제외하고 생각하자.)

- *금리가 5%일 때: 1년에 500만 원의 이자*
- *금리가 2%일 때: 1년에 200만 원의 이자*

금리가 5%라면 아파트를 사서 500만 원 이상의 수익이 나야 겨우 본전이 된다. 그런데 금리가 2%라면 200만 원 이상의 수익만 나도 이득이다. 금리가 내린다는 건 내가 원하는 자산을 사든 사업을 하든 대출을 받든 그 일을 하는 데 드는 자금을 마련하는 비용이 줄어든다는 뜻이다.

즉 금리 수준에 따라 돈을 빌려 새로운 사업이나 투자를 하려는 이들의 손익분기점이 바뀌는 것이다. 자금을 비싸게 빌리면(금리가 높으면) 그만큼 많은 수익을 내야 하고, 저렴하게 빌리면(금리가 낮으면) 수익을 조금 덜 내도 괜찮다.

2. 돈을 가지고 있는 사람: 금리 = 기회비용의 기준

그럼 이번에는 돈을 가지고 있는(그래서 빌려줄 수 있는) 사람의 입장에서 생각해보자. 금리는 돈을 지닌 이들에게는 그 돈을 가지고서 자신이 벌 수 있는 수익의 기준점이 된다. 동시에 그 돈을 다른 곳에 썼을 때 벌어들일 수 있는 기회비용의 기준이 되기도 한다. 예를 들어 은행 예금 금리가 5%라면 은행에 1억 원을 가만히 넣어두기만 해도 1년에 500만 원의 수익이 생긴다. 그렇다면 이런 상황에서 은행만큼 안전하면서 5% 이상의 수익을 주는 곳이 아니라면, 굳이 리스크를 감당하면서 누군가에게 돈을 빌려주거나 투자를 해야 할 이유가 없어진다. 즉 자신이 가지고 있는 돈에 대한 기대수익률이 최소 5%라고 생각하게 되는 것이다.

금리가 낮아지면 투자가 활성화된다

금리에 따라 사람들의 투자 심리가 어떻게 바뀌는지를 정리하면 다음과 같다.

금리가 낮아지면 사람들은 상대적으로 공격적인 투자에 나서게 된다. 자금조달 비용이 줄어드니 사업을 하기에도 부담이 덜하다. 주식이

나 부동산을 사려고 해도 마찬가지다. 그러니 자산을 사려고 하는 사람들이 많아지고 따라서 자산 가격이 오른다. 몇 년 새 급등한 우리나라의 부동산 시장도 저금리 기조가 일정 부분은 영향을 미쳤다.

그렇다면 부동산 시장을 잡으려면 금리를 마구마구 올리면 되지 않을까 하는 생각이 들 수도 있다. 까짓것 금리를 10%로 올리면 나의 소박한 예적금 이자도 많아지고, 부동산 가격도 잡을 수 있으니 얼마나 좋은가. 하지만 세상 일이 그렇게 간단하지 않다는 게 문제다.

금리를 내렸는데 왜 돈이 안 돌아?

신문 기사들을 읽다 보면 이런 헤드라인을 볼 수 있다. "부동자금

넘치는데 돈은 안 돌아….” “금리 인하 효과, 실물경제에까지 온기 못 미쳐.” 같은 제목들이다. 금리를 그렇게 내렸는데도 시중에 돈이 돌지 않고 있다는 내용이다. 투자를 활성화시키고 경기를 살리고자 금리를 내렸음에도 정작 경기가 나아지지 않는 이유는 뭘까?

금리를 올리고 내리는 건 자동차로 따지자면 브레이크를 밟고(금리를 올리고) 액셀을 밟는 것(금리를 내리는 것)과 같다. 경기가 지나치게 과열되면 버블이 생길 수도 있고, 경기가 침체되는 것도 당연히 바람직하지 않으므로 그 중간에서 잘 조절해야 한다. (항상 계획대로 되는 건 아니지만 말이다.)

다만 자산 시장은 기본적으로 금리가 내려가는 걸 선호하는 경향이 있다. 일반 개인의 관점에서 접근해봐도, 은행 금리가 낮아지면 대출이자의 부담이 줄어드니 집을 살 때도 부담이 덜하다. 더 나아가 세계 금융 시장의 중심인 월스트리트 또한 금리가 낮아지면 좋아하는 경향이 있다. 미국의 기준금리가 내려갈 때마다 미국 증시가 급등하는 것도 그런 이유다. 가끔은 경기 지표가 좋게 나오는 것이 주식 시장에 악재가 되기도 한다. 경기가 좋으면 금리를 내릴 명분이 사라지기 때문이다.

물론 이런 논리들이 공식처럼 딱딱 맞아떨어지는 건 아니다. 사실 금리 인하는 반대로 말하면 경기가 나빠질 수도 있다는 의미이기 때문이다. 그러니 실물경기가 좋지 않은 상황에서 금리를 내린다고 해서 주가가 마구마구 오르지는 않을 것이다. 경기가 안 좋은 상황이라면 기업들의 실적도 좋지만은 않을 것이다. 부동산도 마찬가지다. 금리를 아무리 내린다고 해도 사람들이 보기에 경기가 나빠져 집값이 떨어질 것 같다는 심리가 팽배하다면 부동산 가격이 오를 리가 없다.

경제의 체력 '펀더멘털'

자, 그럼 시중에 돈을 풀었는데도 실물경제에까지 돈이 풀리지 않는 이유는 무엇인지 살펴보자. 우선 행복한 상상을 한번 해보자. 여러분이 로또에 당첨되어 상금 20억 원이 생겼다. 이 상금으로 무엇을 하고 싶은가? 사실 인간이 돈으로 하는 일은 뻔하다. 무언가를 사거나 가진 돈을 좀 더 불려보고 싶을 것이다. 무언가를 사는 건 소비를 하는 것이고, 돈을 불리는 건 사업이나 자산(부동산, 주식 등)에 투자를 하는 것이다. 그런데 이런 생각을 로또에 당첨된 우리만 하지는 않는다. 이미 돈이 많은 사람들이나 기업들도 같은 생각을 한다. 결국 돈이 흘러갈 수 있는 길은 다음에 나올 그림과 같이 나뉠 것이다.

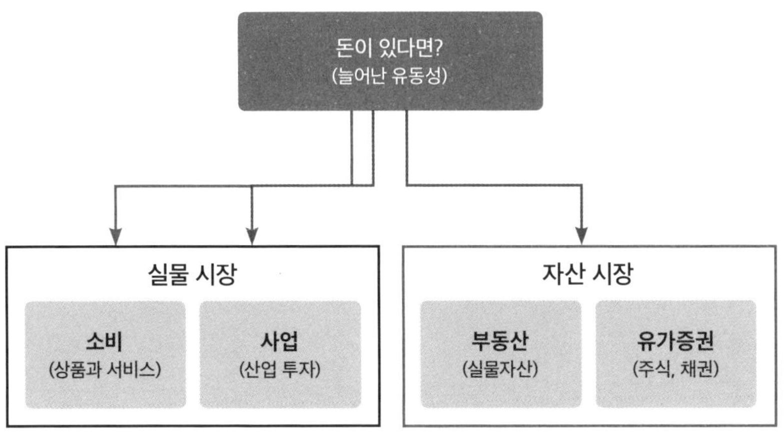

그렇다면 돈의 흐름을 좌우하는 요소는 무엇일까? 그렇다. 돈을 들고 있는 개개인의 '내 마음'이다. 그게 바로 소위 '소비와 투자 심리'라고 말하는 것이다. 우선 소비 측면에서 생각해보자. 똑같이 20억 원이 생겼다고 해도 각자의 상황이나 경기에 따라 행동은 달라지게 된다. 여러분이 직장에서 돈을 잘 벌고 있고 경기도 안정적이라면 그 돈을 이래저래 쓰는 것(소비하는 것)에 부담이 없을 것이다. 반면 경기가 좋지 않아 회사도 위태위태하고 언제 잘릴지도 모르겠다 싶으면 일단 소비는 주춤하게 된다.

이번에는 사업을 한다고 가정해보자. 만약 경기가 좋아서 아무 일이나 시작해도 잘되는 호황기라면 어떨까? 은행에서 예적금 이자를 5%씩 준다고 해도, 동네에 치킨집만 차려도 그것보다 더 잘 벌 수 있겠다는 생각이 들면 사업을 시작할 것이다. 반면 경기가 좋지 않아 일을 벌리기에 위험하다는 생각이 들면 사업을 시작하는 대신 '은행 금리 5%라니, 땡큐!'라는 마음으로 은행에 돈을 맡길 것이다. 즉 '소비'와 '사업'으로 흐르는 돈의 흐름은 경제 상황 혹은 전망에 따라 좌우되기 마련이다.

지금까지 개인 관점에서 보았지만, 기업이 새로운 사업에 투자를 할 때도 마찬가지다. 금리가 5%여도 경제가 해마다 10%씩 성장한다면 돈을 빌려서라도 투자를 해야 할 이유가 생긴다. 이자를 5%씩 주더라도 그보다 큰 이익을 남길 수 있기 때문이다. 반면 금리가 5%인데 경제성장률이 3%라면 수익을 내기가 어렵다는 생각이 드니 투자를 줄여야 한다.

이는 소비자와 투자자의 마음을 건드려서 실물경제에서 돈의 흐름을 정하는 요소는 금리뿐만이 아니라는 이야기다. 어쩌면 그보다 더 중요한 것은 경제적 체력, 소위 말하는 '펀더멘털(fundamental)'이다. 그리고 그로 인한 경제성장률이다.

금리가 자금을 조달하는 비용이라고 한다면, 펀더멘털은 지금의 시장 상황이 그 비용을 지불하기에 충분할 만큼의 기대수익을 줄 수 있느냐가 관건이다. 그러니까 손에 돈을 들고 있는 사람들은 의식적이든 무의식적이든 다음과 같은 산식을 머릿속에 넣어두고 있다는 이야기다.

$$\frac{\textit{성장 가능성(펀더멘털)}}{\textit{금리}} = \frac{\textit{기대수익}}{\textit{자금조달 비용}}$$

저런 경제적 체력은 어떻게 알 수 있을까? 한 번에 바로 알 수 없으니 다양한 경기지수들을 참고해야 한다. 예를 들면 다음 뉴스들에서 말하는 지수들이다.

"미국의 3분기 고용보고서에 따르면 실업률이 최저치에 이르러…."

"미국 제조업구매자지수(PMI)에 따르면…."

"소비자 물가상승률이 전월 대비 크게 반등해…."

이런 지수들이 경제의 펀더멘털에 대한 시그널을 주고 이에 따라 시장이 반응하는 것이다.

실물 시장과 자산 시장은 따로 놀 수 있다

흔히 실물 시장과 자산 시장에 연관성을 둔다. 경기가 이렇게 안 좋은데 어떻게 주가가 오르고 집값이 오를 수 있느냐고. 하지만 실물 시장과 자산 시장은 충분히 따로 놀 수 있다. 아이러니하게도 실물 시장이 좋지 않기 때문에 오히려 자산 시장은 더 좋아질 수도 있다. 시중의 유동성을 사이에 두고, 두 시장이 종종 제로섬 게임을 벌이기 때문이다.

실물 시장이 얼어붙어 있는 상황에서 굴려야 할 돈이 있다면, 그 돈은 자연스레 자산 시장으로 흐른다. 시중의 돈은 어딘가로 흘러갈 수밖에 없고, 결국 수익을 조금이라도 더 주는 쪽으로 흘러가게 된다.

따라서 자산 시장이 뜨거워지는 이유는 돈을 들고 있는 사람들이 소비를 하거나 사업에 투자하기보다는 자산에 투자하는 게 더 낫다고 생각하기 때문이다. 실물 경기를 진작하기 위해 낮춘 금리가 자산을 구매하는 데 드는 비용을 낮춰주어 자산 시장은 더 매력적인 투자처가 된 것이다.

예를 들면 지금 더 투자해서 공장을 지어도 매출이 날 것 같지 않다면, 아무리 쉽게 돈을 빌릴 수 있다고 해도 사업자 입장에서는 돈을 빌릴 이유가 없다. 하지만 부동산이라면 어떨까? 2% 이자로 돈을 빌려 아파트 한 채 사두면 10%는 오를 것 같다는 생각이 드는 것이다. 시장에 그런 생각을 하는 사람들이 많아질수록 부동산 시장으로 더 많은 돈이 투입되고, 자연스럽게 자산의 가격이 오른다. 이처럼 금리는 사람들이 자산 시장을 대하는 투자 심리에 가장 큰 영향을 줌으로써 돈의 흐름을 결정하는 가장 중요한 요소가 된다.

금리를 사이에 둔 중앙은행과 시중은행의 신경전

금리를 조정하고 시중에 풀리는 돈의 양을 조절하는 주체는 중앙은행이다. 각국 중앙은행의 가장 큰 목표는 경기 진작이 아니라 '물가안정'이다. 경제를 위해서는 물가가 완만하게 상승하는 게 제일 좋다(보통 선진국은 2%, 개도국은 3% 정도로 설정한다). 물가가 급작스럽게 올라가면 경제가 불안정해지고, 물가가 내려가면 경제가 침체하기 때문이다. 예를 들어 오늘 1만 원인 물건을 내일이면 9천 원에 살 수 있다고 생각해보자. 그렇다면 모두가 소비를 연기할 것이다. 한마디로 시장에 돈이 돌지 않게 되면서 산업이 침체될 수밖에 없다. 이것이 바로 디플레이션이 위험한 이유다.

전통적으로 중앙은행이 시중에 풀리는 돈의 양을 조절하는 방법은 크게 두 가지다. '기준금리 조절' 그리고 '지급준비율 조절'이다. 기준

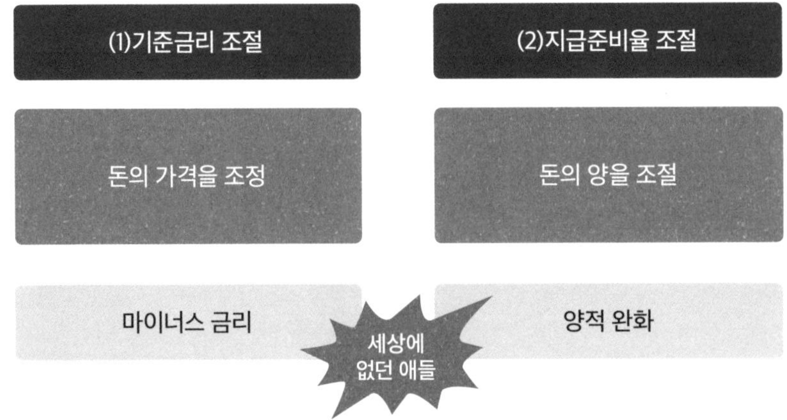

금리는 돈의 가격을 조절하는 것이라면, 지급준비율은 시중에 풀리는 돈의 양을 조절하는 것이다.

첫 번째 방법인 '기준금리 조절'은 말 그대로 돈의 가격, 즉 돈을 빌려 쓰는 데 대한 비용을 조절하는 것이다. 각국의 중앙은행이 정기적으로 발표하는 정책금리가 전체 시장의 기준금리가 된다. 미국 FOMC나 한국은행이 발표하는 정책금리는 말 그대로 시중의 통화량을 조절하려고 정책적으로 추구하는 금리의 수준이다. 주로 은행끼리 돈을 빌려주거나, 은행이 기업에 돈을 빌려줄 때의 기준이 된다. 무엇보다도 중앙은행이 시중은행에 돈을 빌려줄 때 이 기준금리를 적용한다.

FOMC의 금리 정책에 대해 모두가 촉각을 세우는 이유는 무엇일까? 자, 다시 욕조를 떠올려보자. 욕조에 물을 공급하는 수도꼭지와 물이 빠지게 만드는 배수구를 전부 관리하는 기관이 바로 FOMC다. FOMC가 금리를 내리면 수도꼭지를 더 틀어서 돈을 공급하겠다는 의

〈중앙은행과 시중은행의 대차대조표〉

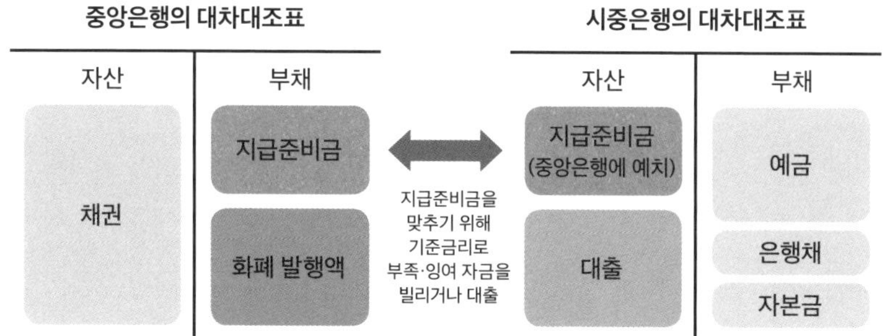

미이고, 금리를 올리면 배수구를 열어서 돈을 내보내겠다는 의미다. 종이배의 위치, 즉 자산 가격이 FOMC의 한마디에 따라 좌우되니 신경 쓰지 않을 수가 없는 것이다.

두 번째 방법은 '지급준비율 조절'이다. 시중은행이 중앙은행에 의무적으로 맡겨둬야 하는 돈의 비율, 즉 지급준비율이 높을수록 은행이 시중에 대출을 해줄 수 있는 양이 줄어든다. 이는 곧 은행이 신용을 창출할 수 있는 양이 줄어든다는 뜻이다. 예를 들면 지급준비율이 10%라고 해보자. 은행에 예금이 100만 원 들어와 있다면, 은행은 10만 원을 중앙은행에 맡기고 90만 원을 대출해줄 수 있다. 하지만 지급준비율이 20%로 올라가면 은행은 20만 원을 중앙은행에 맡기고 80만 원만 대출에 활용할 수 있다. 지급준비율을 올리면 한마디로 은행의 신용 창출을 억제하는 효과가 생긴다. 즉 시중에 돈이 덜 풀린다는 뜻이다. 시중은행 입장에서는 영업에 활용할 수 있는 자산 자체가 줄어드는 것이다. 위의 대차대조표를 보면 쉽게 이해할 수 있다.

시장금리: 역시나 수요와 공급이 작용한다

기준금리는 내렸는데 시장금리가 올랐다는 이야기를 간혹 들을 수 있다. "한은 기준금리 내렸는데 대출금리는 왜 오르나?" 같은 기사를 볼 때마다 '어떻게 그럴 수 있지?'라는 궁금증이 들 수밖에 없다. 착각하면 안 되는 것 중에 하나는 기준금리는 어디까지나 '기준'일 뿐이라는 사실이다. 중앙은행이 금리를 내린다고 했을 때 "시중은행, 너희 오늘부터 금리는 이것만 받아!"라고 한다고 해서 이것이 시장금리에 그대로 반영되지는 않는다. 중앙은행은 실제로는 시장금리가 자연스럽게 내려가도록 시중의 통화량을 조절하는 역할을 한다. 시중은행들 사이에서 지급준비금을 맞추기 위해 서로 돈을 빌려주고 빌리는 거래가 이루어지는데, 중앙은행은 이 거래에 개입해 그 대출의 금리를 기준금리 수준에 맞추는 식으로 기준금리를 조절한다. 은행 간 금리가 기준금리보다 더 오르면 돈을 풀고, 내리면 돈을 거두어들이는 방식이다. 이런 방식으로 먼저 초단기금리(콜금리)에 영향을 미치고, 자연스레 장단기 시장금리, 예금 및 대출금리까지 그 효과가 이어지게 만드는 것이다.

따라서 기준금리를 인하한 효과가 서서히 나타나기는 하지만 시차가 존재할 수밖에 없다. 시장에는 이미 거래되고 있는 채권들이 있고, 정부, 은행, 회사 등 개별 주체들의 사정이 각각 다르기 때문이다. 중앙은행에서 기준금리를 낮추겠다고 발표하더라도, 만약 정부에서 재정적자 등의 이유로 국채를 많이 발행해야 한다면 결국 이자를 많이 줘야 한다. 돈이 필요한 입장에서는 가산금리를 더 줄 수밖에 없기 때문이다. 정리하자면 기준금리가 시장금리의 기본 하한선을 정해주긴 하지만 시장에 돈을 공급하고 필요로 하는 주체들의 상황에 따라 시장금리는 상승할 수도 있다.

양적 완화와 마이너스 금리

그런데 2008년 서브프라임 모기지 사태가 터지고 난 이후로 새로운 일이 벌어진다. 바로 '양적 완화' 그리고 상식적으로 말이 안 되는 '마이너스 금리'라는 신세계가 펼쳐진 것이다. 중앙은행이 시중의 통화량을 조절하는 가장 쉬운 방법은 국채를 사거나 파는 것이다. 시중의 국채를 사면 돈을 푸는 것과 같고, 가지고 있는 국채를 팔면 돈을 흡수하는 것 같은 효과를 낼 수 있다. 그러나 이 경우 보통 매매의 대상이 되는 것은 초단기 국채다. 초단기 국채만 매매하는 이유는 채권 중에서도 가장 안전한 자산으로 간주되기 때문이다. 시중에 돈을 풀면서 위험한 자산을 기반으로 할 수는 없는 일이다. 7일 만기 국채라고 하면 일주일 안에 한 나라가 망할 가능성은 희박하므로 상대적으로 안전하다고 여겨진다. 반면 30년 만기 국채라고 하면 같은 국채라도 느낌이 달라진다. 30년이면 그 안에 무슨 일이 벌어질지 알 수 없으니 말이다.

양적 완화(QE; Quantitative Easing)는 이런 공개시장운영•의 변형

• 중앙은행이 공개 시장에 개입해 일반 국채 및 기타 유가증권 등을 매매함으로써 시중의 통화량을 조절하는 일을 뜻한다.

이다. 중앙은행에서 초단기 국채가 아니라 10년 이상의 장기 국채까지 사들이는 것이다. 어쨌거나 국채를 사들였으니 그만큼 시중의 유동성은 증가한다. 일본은 여기서 더 나아가 아예 회사의 주식이나 부동산까지 사들이며 질적 완화(QE; Qualitative Easing)를 해왔다. 질적 완화는 통화량 조절을 넘어서 시중의 자산 가격에 직접 개입하면서 돈을 풀어대는 것이다. 아예 회사 주식이나 부동산까지 사들였다. 경기가 바닥이거나 불황의 조짐이 보일 때 돈을 풀어서 시중의 경기를 살리기 위함이다. 보통 질적 완화를 진행할 정도면 양적 완화는 기본으로 하고 있는 상황이기에 이를 양적질적 완화(QQE; Quantitative and Qualitative Easing)라고 부르기도 한다. 최근 들어 코로나19로 힘든 기업들의 회사채나 회사채 ETF를 미국 연방준비제도가 사들이기 시작했는데, 이런 것들이 대표적인 양적질적 완화 정책이라고 보면 된다.

그렇다면 마이너스 금리는 어떻게 생겨난 걸까? 우선 아래의 그림을 보자.

〈양적 완화의 과정〉

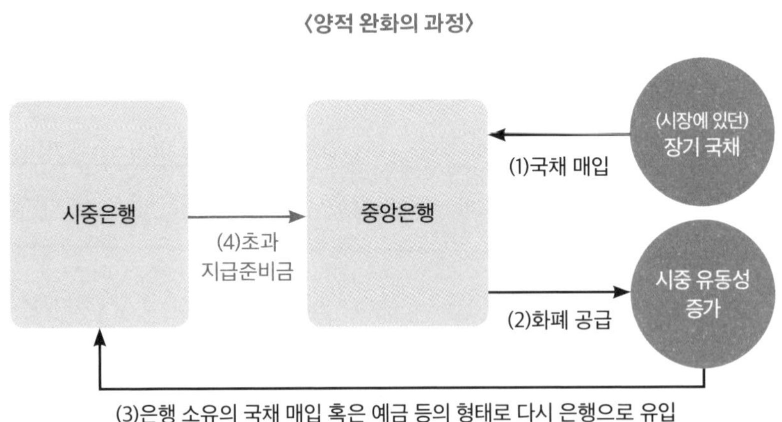

3번까지는 중앙은행이 양적 완화를 하면서 예상했던 과정이다. 중앙은행은 돈이 풍부해진 시중은행들이 이 돈을 시중에 공급해줄 것을 기대했다. 그런데 문제는 이렇게 시중에 공급한 돈을 시중은행이 다시 중앙은행에 입금해버리는 상황이 벌어지기 시작한 것이다. 시중에 돈은 넘쳐나는데 마땅히 대출해줄 곳이 없으니 그 돈을 가지고 있을 바에는 중앙은행에 다시 맡겨버리는 것이다.

중앙은행이 원래 예상했던 그림은 아래와 같았다.

그런데 실제로 벌어진 일은 아래와 같았다.

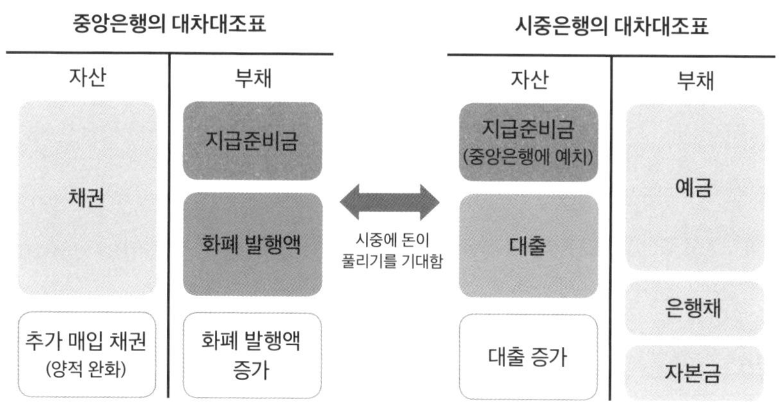

- ***중앙은행:*** *"돈을 이만큼이나 풀었으면 이제 충분하겠지?"*
- ***시중은행:*** *"돈만 풀면 뭐해. 돈을 빌려줄 만한 사람이 없어. 다시 중앙은행에 맡길 거야."*
- ***중앙은행:*** *"뭐라고? 안 돼. 나한테 다시 맡기면 보관료 받을 거야!"*

〈양적 완화 이후 – 예상대로 안 되었을 때〉

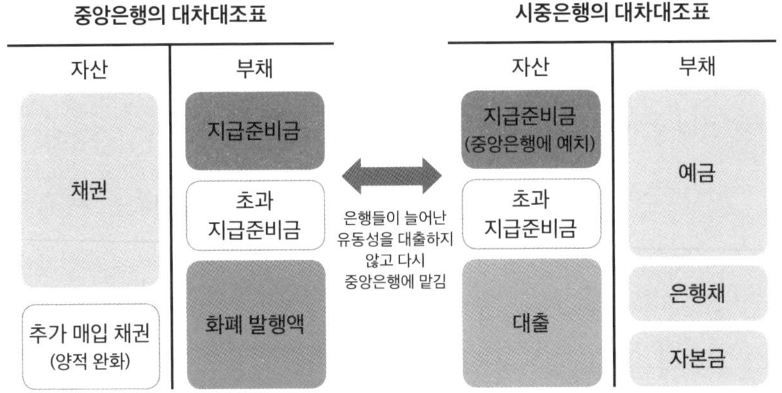

이러한 실랑이 끝에 중앙은행은 시중은행이 예치하는 초과 지급준비금에 대해 보관료 명목의 수수료를 부과한다. 따라서 금리가 0% 이하인 상태, 즉 돈을 맡길 때 그 대가로 이자를 받는 것이 아니라 오히려 일종의 수수료를 내야 하는 상태가 되며 이를 '마이너스 금리'라고 한다. 이렇게 되면 시중은행은 보관료를 내면서까지 중앙은행에 돈을 맡기기보다는 낮은 이자를 받더라도 대출을 해주는 게 훨씬 나은 상황이 된다. 즉 마이너스 금리는 시중은행으로 하여금 적극적으로 대출을 하도록 유도해 시중에 돈을 풀어 유동성을 증가시키고자 탄생한 것이다.

돈이 넘쳐났을 때의 문제점

한마디로 2008년 금융위기 이후 전 세계에는 유동성이라는 유령이 떠돌고 있다. 그나마 조금씩 금리를 올리고 있었으나 이 또한 코로나19 사태로 다시 원점으로 돌아갔다. 오히려 새롭게 각국의 중앙은행들이 양적질적 완화를 하고 있는 모양새다.

물론 유동성이 늘어나는 것만큼 시중의 물가나 자산 가격이 그대로 고스란히 오르지는 않는다. 하지만 오를 가능성이 크다. 부동산 시장을 예로 들어보자. 부동산 시장에 유입되는 자금이 2배로 늘어나는 속도에 맞춰 아파트나 주택이 똑같이 2배로 늘어난다면 집값이 오를 일은 없다. 하지만 신용 팽창은 회계적으로 한순간에 가능한 반면, 아파트를 지어 올리는 데는 오랜 시간이 걸릴 수밖에 없다.

이때까지는 욕조를 그냥 하나의 덩어리처럼 이야기했지만, 사실 이 욕조에는 칸막이가 있다. 각각의 칸에는 실물경제, 실물자산, 금융상품, 파생상품 등이 적혀 있다. 시중에 돈이 똑같이 풀려도 어느 칸막이에 더 많이 흘러들어갈지는 앞 장에서 설명한 것처럼 경제의 성장 전망과 금리에 따라 달라진다. 아래 그림에서 2008년 이후의 모양새는 오른쪽 욕조와 같다. 시중에 돈이 풀렸지만 실물경제가 아닌 자산

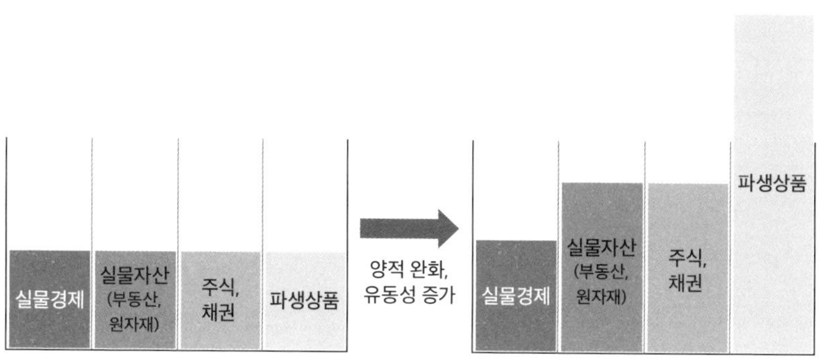

시장으로 줄줄줄 흘러들어갔다.

세상의 돈은 궁극적으로 많아질 수밖에 없고, 그렇다면 적어도 자산들의 명목 가격은 우상향할 가능성이 크다. 시중에 '미래에서 가져온 돈(신용=부채)'이 많아질수록 더욱 그렇다. 쉽게 생각하자. 10년 치 연봉을 가진 구매자들이 경쟁하는 곳과 20년 치 연봉을 가지고 경쟁하는 곳 중 어디에서 더 높은 낙찰가가 나올지는 뻔하다.

환율, 국가 간의 돈의 흐름을 좌우한다

앞에서 금리는 '한 국가 내에서의 돈의 값'이라고 했다. 환율은 '국가 간에 오가는 돈의 값'이라고 생각하면 좋다. 금리는 한 나라 안에서 돈의 흐름을 좌우하는 반면, 환율은 국가들 사이의 돈의 흐름을 좌우하는 요소가 된다. 그래서 금리가 일차방정식이라면, 환율은 이차방정식에 가깝다.

어떤 물건이든 파는 사람은 자신이 가진 것을 비싸게 팔고 싶게 마련이다. 그런데 특이하게 자신이 가진 것을 싸게 팔고 싶어 하는 것이 한 가지 있다. 바로 자국의 통화, 즉 자국의 화폐 가치다. 왜 서로 앞다투어 자신의 돈의 가치를 낮추고 싶어 하는 걸까? 그래야 수출하기가 수월하기 때문이다.

즉 서로가 이런 말을 하는 것이다.

"우리가 팔 때는 비싸게 팔지만, 당신들이 살 때는 싸게 해주겠다."

이게 무슨 말도 안 되는 소리인가 싶지만, 대부분의 국가에서 이를 이루기 위해서 노력하고 있다. 바로 '환율'이 개입하는 순간, 저 이율배반적인 명제는 현실이 된다. 환율이란, 말 그대로 한 나라의 돈과 다른 나라의 돈의 교환 비율이다. 1달러가 1천 원이라고 치자. 그런데 환율이 올라 1달러가 1,100원이 되었다면, 이제 1달러를 살 때 더 많은 한국 돈(원화)을 내야 한다는 의미다. 그만큼 내가 갖고 있는 원화의 가치가 떨어졌다(절하)는 의미다. 그래서 '환율인상=원화절하'라고 표현한다. 반대로 환율이 떨어져 1달러가 900원이 되면, 1달러를 이전보다 더 적은 원화로 살 수 있으니 그만큼 원화의 가치가 올랐다(절상)는 뜻이다. 그래서 '환율인하=원화절상'이 된다.

그렇다면 "우리가 팔 때는 비싸게 팔지만, 당신들이 살 때는 싸게 해주겠다."라는 앞뒤 안 맞는 말이 어떻게 가능해지는지 한번 살펴보자. 우리나라에서 어떤 물건을 만들어 수출한다고 생각해보자. A라는 제품을 만드는 데 1천 원이 드는데, 이 제품을 미국에 팔면 2달러(=2천 원)를 받을 수 있다고 하자. 그럼 제품을 하나 팔아서 1천 원을 벌 수 있다. 환율이 올라서 1달러가 1,100원이 된다면 어떨까? 제품을 만드는 데 드는 비용은 똑같이 1천 원인데, 이를 팔아서 2달러를 받으면 2,200원이 되니 200원을 더 벌 수 있다.

이제 제품 하나에 2달러가 아니라 1.90달러를 받아도 2,090원이 되니 제품 가격을 내려도 90원은 더 버는 셈이다. 환율이 오르면 "우리가 팔 때는 비싸게 팔지만, 당신들이 살 때는 싸게 해주겠다."라는 말이 현실이 된다. 반대로 1달러가 900원이 되면 이 제품을 팔았을 때 1,800원을 받게 되니 원래보다 200원 손해다. 그만큼 기업의 수익성이 떨어지고, 어떤 상황에서는 제품의 가격을 올려야 하므로 국제 경쟁력이 떨어질 수도 있다.

지금까지는 수출을 하는 기업의 입장이고, 일반 소비자의 관점은 조금 다를 수 있다. 그냥 쉽게 외국에 여행 갈 때를 생각하면 된다. 환율을 떠나서 '원화절상, 원화절하'라는 단어만 봐도 이미 알 수 있다. 내가 갖고 있는 게 가치가 오르면 일단 뭐든 좋은 것이다. 기본적으로 벌고 쓰는 게 원화인데 그 가치가 올라갔으니 외국에서 무엇을 사든 좀 더 싸게 살 수 있다. 똑같은 돈을 벌어도 더 높은 구매력을 갖출 수 있는 것이다. 꼭 외국에 나가지 않더라도 국내에 수입되는 제품도 더 싸게 살 수 있으니 소비자 입장에서는 이득인 셈이다.

이렇다 보니 수출을 통해 자국 산업을 부양하고 싶은 각국 정부의 입장에서는 자국의 통화 가치를 낮추고 싶은 속내가 있게 마련이다. 미국이 중국을 '환율조작국'으로 선포하고 미중 무역 분쟁으로 대립하고 있는 것도 다 이러한 이유 때문이다.

환율은 어떻게 결정되는 것일까?

고정환율제도, 단일변동환율제도, 복수통화바스켓제도 등등 다양한 환율제도가 있었지만, 1997년 IMF 사태 이후 우리나라는 자유변동환율제도를 택하고 있다. 자유변동환율제도란 곧 통화 또한 수요와 공급에 의해서 그 가치가 정해진다는 뜻이다. 그렇다면 그 통화에 대한 수요와 공급은 어떻게 정해질까? 앞에서 살펴본 '펀더멘털'과 '금리'를 떠올려보자. 한 나라의 환율을 결정하는 것도 결국 이 두 요소다.

1. 한 나라의 경제 펀더멘털(성장률)

2. 한 나라의 금리

우선 그 나라의 경제가 매력적이어야 한다. 외국인이 우리나라에 투자할 때 달러로 할 수는 없으니 원화로 환전해야 한다. 우리가 외국에 투자할 때도 마찬가지다. 예를 들어 전 세계적으로 경기가 좋지 않아 경제성장률이 2%를 웃돌고 있을 때 우리나라만 연 경제성장률이 10%인 상황이라고 치자. 외국 투자자들 눈에는 우리나라 기업의 주식이 매력적으로 보일 것이다. 우리나라의 자산을 사기 위해서 달러를 원화로 바꾸려 할 것이고, 따라서 원화의 수요가 증가할 것이다. 자연스럽게 원화의 가치가 올라가고 환율은 내려간다.

두 번째는 금리다. 이론적으로는 금리가 높은 나라의 통화가 매력적일 수밖에 없다. 예를 들어 A국은 금리가 5%인데, B국은 금리가 1%라고 하자. 그렇다면 B국의 사람들은 A국의 화폐로 바꾸어 그 나라 통장에 넣어두면 자국에 투자하는 것에 비해 4%의 수익이 남는다.

환율은 두 통화 간의 교환 비율이고 일종의 상대 가격이다. 즉 자국의 경제 상황이나 금리뿐만 아니라 타국의 경제 상황도 영향을 미치게 되어 있다. 또한 제3국의 경제 상황조차도 영향을 미친다.

똑같은 재화를 사올 때 각 나라의 환율 등에 의해서 가격 차이가

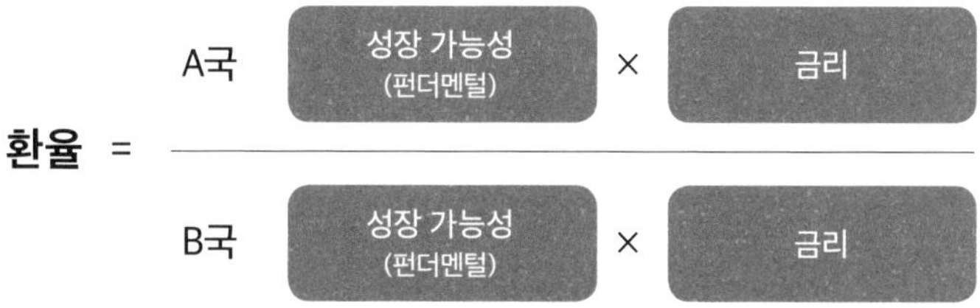

환율 = A국 성장 가능성 (펀더멘털) × 금리 / B국 성장 가능성 (펀더멘털) × 금리

생긴다면 조금이라도 더 싼 곳에서 사게 될 것이다. 외국에서 컴퓨터를 한 대 산다고 생각해보자. 환율을 계산해봤더니 똑같은 컴퓨터가 미국에서는 80만 원인데 일본에서 70만 원이라면 더 저렴한 비용으로 구매할 수 있는 일본에서 사게 된다. 이런 식으로 제3국의 환율이 나와 거래 상대 사이에 영향을 끼쳐서 원화에 대한 수요-공급을 흐트러트릴 수도 있다.

위에서 설명한 것은 기본적인 상관관계다. 세상 모든 일은 맥락이 중요하다. 특히 과학적인 법칙으로 설명하기 어려운 경제는 주요한 요소들이 시장의 흐름을 만들어내지만 그와 동시에 상황에 따라 끊임없이 예외적인 상황들이 벌어지기 때문이다.

예를 들면 경기가 불황인데도(펀더멘털이 나쁜데도) 원화가 강세가 될 수도 있다. 불황 때문에 수출보다 수입이 더 큰 폭으로 줄어든다면, 수요와 공급의 법칙에 따라 들어오는 달러보다 나가는 달러가 더 적으니 환율이 올라갈 수 있다. 또는 한국은행에서 금리를 올린다고 해서 당장 원화가 강세가 되지는 않는다. 기본적으로 금리를 올리면 주가에는 부정적으로 작용한다. 주식 이외에 채권 등이 상대적으로 매력적인 투자처로 떠오르기 때문이다. 외국인의 입장에서는 국내주식을 팔고 국내 채권을 사는 방향으로 움직일 수 있다. 그런데 국내 채권 시장은 국내주식 시장만큼 활성화되지 않았으니 주식에서 빠져나가는 돈에 비해서 채권 시장으로 들어오는 돈은 적어진다. 한마디로 금리를 올렸음에도 불구하고 외국인이 국내에 투자한 자산의 속성에 따라 이탈하는 달러가 더 많아지는 것이다.

결국 환율은 두 통화 간의 수요와 공급이라는 큰 법칙에 따라 움직인다. 펀더멘털과 금리라는 두 개의 주요한 요소가 있긴 하지만, 각국의 사정과 경제 상황에 따라서 현실에서는 다른 형태로 반영되기도 하는 것이다. 특히나 원달러 환율의 경우 국내의 내부적인 이슈보다도 미국의 경제 이슈에 따른 달러화의 흐름에 더 많이 좌우받는다. 마치 질량이 더 큰 행성이 다른 행성과의 관계에서 더 큰 인력을 발휘하듯 환율의 흐름 또한 경제 규모에 따라 그렇게 움직인다.

앞으로의 금리 전망과 시장에 미칠 영향

미국의 FOMC는 코로나19 사태 초기였던 2020년 3월 15일, 경기 침체를 우려해 연 기준금리를 0.00~0.25%로 1%포인트 전격 인하한 후 '제로 금리' 상태를 유지하고 있다. 제로 금리뿐만 아니라 양적 완화는 물론 회사채 매입 등 질적 완화까지 이어지고 있는 상황이다. 경기가 나아질 때까지 금리를 올리지 않겠다는 입장을 공공연히 밝히고 있다.

〈미국 기준금리 변동 추이〉

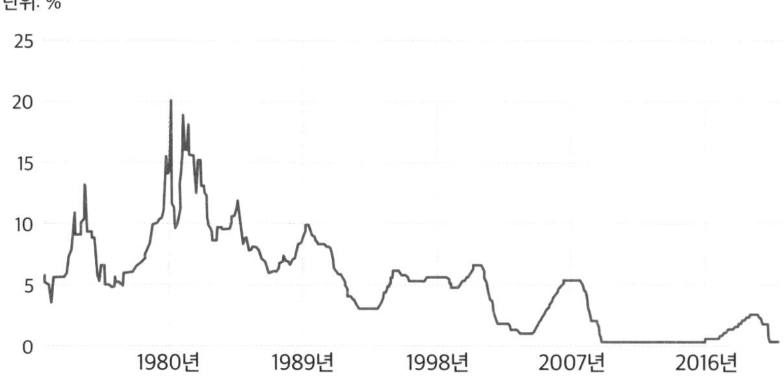

그렇다면 미국의 기준금리는 언제쯤 다시 올라갈 수 있을까? 우선 1970년대부터 지금까지 최근 50년간의 미국 기준금리를 한번 살펴보자. 어떤 느낌이 드는가? 기준금리가 꾸준히 하락하고 있다는 인상을 지울 수 없다. 그렇다. 경제적 체력이 나아져야 금리를 올릴 수 있기에, 한번 내려간 금리는 다시 올리기가 쉽지 않다.

초저금리 시대의 지속

금리가 오르면 빚이 많은 이에게는 불리하다. 하다 못해 마이너스 통장의 이자율이 조금만 올라도 속이 쓰리게 마련이다. 그렇다면 전 세계에서 가장 빚이 많은 이들은 누구일까? 바로 각국의 정부다. 코로나19 사태처럼 경제 위기 상황이 닥치면 세계 각국은 다양한 재정 정책을 실시한다. 시중에 돈을 풀어서 경기를 살리려고 하는 것이다. 문제는 이 과정에서 정부의 부채가 늘어나게 된다는 점이다.

만약 여러분이 빚을 많이 낸 상황에서 대출이자를 스스로 정할 수 있다면? 당연히 이자를 적게 내고 싶을 것이다. 그래서 빚이 잔뜩 늘어난 상태에서 각국의 정부들은 금리를 높이기가 힘들어진다. 그 증거가 바로 일본이다. 일본은 정부 부채가 국가 GDP의 200%가 넘는다. (참고로 우리나라는 50%도 안 된다. 우리나라 신용등급이 일본보다 더 높다.) 그래서 2016년부터 마이너스 금리까지 도입한 상황이다. 특히 미국은 자국의 경기가 좋아졌다고 해서 금리를 높이면, 대외 부채(달러 빚)가 많은 신흥국들의 이자 부담이 올라가면서 신흥 시장에서 부채 위기가 발생할 위험성이 높아진다.

그럼 이런 위기는 어떻게 해야 사라질 수 있을까? 부채 부담을 줄이는 방법은 몇 가지가 있다. 첫째, 못 갚겠다고 버틴다. 소위 말하는 디폴트 선언이다. 이는 당연히 좋은 방법이라고 할 수는 없다. 둘째, 돈을 아껴서 갚는다. 들어오는 세금보다 나가는 지출을 줄여서 돈을 모은 다음에 갚는 것이다. 그런데 이렇게 세금만 많이 걷는다면 민간에 돈이 부족해지면서 난리가 날 것이다.

그나마 현실적인 방법이 바로 셋째, 인플레이션을 활용하는 것이다. 100만 원의 빚이 있는데 해마다 물가상승률이 10%씩 오른다고 생각해보자. 1년만 지나도 그 빚에 대한 실질적인 부담이 10% 줄어들게 된다. 부채 자체의 실질적인 가치를 줄여버리는 것이다. 코로나19 사태 이후 인플레이션을 예상하는 이들이 많은 것도 이런 이유 때문이다. 무엇보다 시중에 뿌려진 유동성이 경기가 좋아지면서 새롭게 신용창출을 하면 시중의 유동성은 더 커질 가능성이 많다. 화폐의 가치는 떨어질 것이고, 이에 대한 반대급부로 최근 들어 금값이 오르고 있는 것도 다 이런 맥락이 있어서다.

자산 가격은 지속적으로 오를까?

초저금리 시대는 유동성을 불러온다. 간단하게 생각해보자. 금리가 0%라면 1억 원을 빌리든 100억 원을 빌리든 내야 할 이자가 없어진다. 자금을 조달하는 비용이 줄어드니 다들 투자에 열을 올리게 된다. 그럼 우리나라의 대표 자산인 부동산과 주식의 향방은 어떻게 될까?

우선 한동안 주구장창 오른 부동산 시장을 살펴보자. 부동산 가격을 왜 못 잡느냐고들 하지만, 이것은 비단 우리나라만의 문제는 아니다. 전 세계 주요 도시의 부동산 가격은 다 천정부지로 치솟고 있다. 이

걸 잡자고 금리를 올리면 안 그래도 어려운 경제가 더 어려워지니 올리기도 쉽지 않다. 정부에서 부동산 가격 급상승에 각종 대출 규제와 세금 정책만으로 대응할 수밖에 없는 이유이기도 하다. 일단 부동산 시장으로 들어가는 돈줄을 차단하고, 세금을 올림으로써 실제로 들어간 돈의 기대수익률을 낮춰서 부동산 버블을 잡고자 하는 것이다.

이렇게 수요 측면을 붙잡아두면서 동시에 공급을 늘려 집값을 안정화하겠다는 게 정부 정책의 큰 방향성이다. 사실 이전 정권에서 택지 공급을 거의 하지 않았기에 신축 주택을 공급하기 위해서는 시간이 걸릴 수밖에 없다. 마치 재건축·재개발을 막아서 집값이 오른다는 듯 이야기하는 이들도 많지만, 그렇지 않아도 집이 부족한데 재건축·재개발의 멸실 수요까지 더해지면 오히려 더 큰 혼란을 야기할 수도 있다.

반대로 공모펀드 시장을 통해 시중의 자금을 주식 등으로 흐르게 할 가능성이 크다. 적어도 기업 활동에 도움이 되고, 또 우리나라 주식 시장은 전 세계적으로 봤을 때 항상 저평가인 상황이었다. 2020년 7월 기준으로 대한민국의 집값 시가총액은 5천조 원인데, 코스피와 코스닥을 합쳐 주식 시장에 상장된 기업들의 시가총액을 다 합쳐도 2천조 원에도 미치지 못한다. 2020년 하반기 들어 주식 시장이 상승랠리를 펼쳤지만 여전히 2천조 원 언저리다. 부동산 시장보다 주식 시장이 저평가되어 있다는 생각이 드는 이유 중 하나다.

PART

3

부의 도움닫기:

무엇을 어떻게 사는가

지금까지는 경제를 수요 측면에서 살펴보았습니다. 이제부터는 공급 측면, 그중에서도 자산 시장을 구성하는 기초자산과 금융상품들에 대해서 알아보려고 합니다. 아무래도 이 책의 주제는 '투자'에 한정된 것이니까요. 그전에 매번 접하는 '금융'이라는 단어를 살펴봅시다.

금융(金融): 금전을 융통하는 일.

이 뜻대로라면 금융은 '돈이 흐르게 만드는 일'입니다. 세상 모든 것에는 수요와 공급이 있고, '돈' 또한 수요와 공급의 법칙이 적용됩니다. 누군가는 돈이 필요하고, 또 누군가는 그것을 빌려주는 대가로 어떤 이익을 취하고 싶게 마련입니다. 금융은 다름 아닌 '돈'의 수요와 공급이 서로 맞아떨어지게 돕는 일이라고 할 수 있습니다.

그런데 돈을 필요로 하는 이와 돈을 공급하려는 이들은 제각각 원하는 바가 다릅니다. 돈을 빌려줄 때 누군가는 위험을 조금 감수하더라도 더 많은 대가(이자나 수익)를 받고 싶어 하고, 또 누군가는 그냥 원금을 최대한 지키는 선에서 소소한 수익에 만족하기도 합니다. 빌리는 사람 또한 마찬가지입니다. 자기 회사의 지분을 대가로 돈을 모으고 싶어 하는 사람이 있고, 그저 단기간 돈이 필요한 사람도 있습니다. 세상의 수많은 금융상품들은 주식, 채권, 부동산과 같은 자산을 현물, 선물, 옵션, 스왑 등의 다양한 거래방식을 통해서 각자의 필요에 맞게 수익성과 리스크를 다변화하고, 시장에서 유통 가능하게 만든 것이라고 볼 수 있습니다.

주식이나 채권을 사고 펀드나 ELS에 투자하는 행위를 조금은 다른 관점에서 볼까요? 이런 행위도 결국은 나의 비용을 들이는 것이니 무언가를 사는 것이나 마찬가지입니다. 그러니 금융'상품'이라고 부르는 것이겠죠. 다만 금융상품을 사는 일이 옷이나 자동차를 사는 것과 다른 점은, 이런 자산이나 금융상품은 실체가 없고 따라서 당장의 사용가치가 없다는 점입니다. 대신 우리는 일종의 '가능성'을 사는 것일지도 모릅니다. 일종의 럭키 박스 같은 것이지요. 그 안에 어떤 '수익'의 가능성(그리고 동시에 손실의 가능성)을 담고 있는 럭키 박스. 그 수익과 손실의 가능성이 자산이나 금융상품의 속성에 따라 차이가 있을 뿐입니다. 예를 들면 이렇게 생각할 수 있습니다.

- ***연이율 3% 정기예금:*** *지금 1만 원을 내면 1년 후에 100% 확률로 1만*

300원을 주는 상품

- ***배당금 3%인 5만 원짜리 주식:** 1년에 배당금 1,500원을 받을 수 있지만, 원금 5만 원이 얼마나 오를지 내릴지 모르는 상품*
- ***표면이자율 12%짜리 하이일드 채권:** 1년 후에 12%의 이자를 받을 수 있지만, 회사가 부도 나면 원금도 못 찾을 수 있는 상품*
- ***연이율 4%짜리 고정금리 대출:** 400원을 내고 1만 원을 1년 동안 사용할 수 있는 상품*

그렇습니다. 자산, 투자, 수익 등의 단어들에 현혹될 필요는 없습니다. 이것들 또한 일종의 '상품'일 뿐입니다. 물건을 구매할 때 필요에 따라 이것저것 따져보는 것처럼, 금융상품을 구매할 때도 그 쓰임이 내가 원하는 바와 적합한지를 따져봐야 합니다. 하지만 우리는 그저 '수익률'이 얼마인지만 신경을 쓰는 경우가 많습니다. 노트북 하나를 사더라도 무슨 브랜드가 있고 CPU와 RAM을 따지고 SSD는 몇 GB를 할지 그렇게 사양을 따지는데, 이상하게 금융상품을 살 때는 그게 잘 안 됩니다.

우리는 무엇을 모르는가?

티셔츠 하나를 사도 포털에서 브랜드끼리 가격을 비교하고 구매후기를 꼼꼼히 살펴보게 됩니다. 최저가로 사지 못했다는 사실을 나중에라도 알게 되면 왠지 억울한 기분이 들기도 합니다. 그런데 정작 더 큰돈을 들여서 투자하는 것들에 대해서는 잘 모르는 사람이 많습니다.

겨울이 다가와서 외투를 한 벌 사야 한다고 생각해봅시다. 코트를 살 것인지 패딩을 살 것인지 종류를 고른 후 충전재가 구스다운인지, 덕다운인지, 소재가 울인지 폴리에스테르인지 등을 따져가며 고릅니다. 그런데 투자를 할 때는 자신이 살 수 있는 자산과 상품이 무엇이 있는지조차 잘 모르는 경우가 많습니다. 그러니 다음과 같은 일이 벌어집니다. 한겨울이 다가오는데 시장 상인이 요즘 제일 유행하는 상품이라며 얇은 바람막이 하나를 추천합니다. 패딩같이 따뜻한 옷이 분명 어딘가에 있는데, 그걸 모르니 얇은 바람막이를 사서 입고는 감기에 걸립니다.

그렇다고 상인이 거짓말을 한 것은 아닙니다. 날씨의 사계절과 달리 '회복기→호황기→후퇴기→침체기'로 이어지는 경기의 사계절(사이클)은 눈에 보이는 게 아니니, 그들은 1·3·6개월 단위의 과거 수익률을 기반으로 추천할 수밖에 없는 것이지요. 하지만 여름에 많이 팔렸거나 유행한 옷이 겨울에 입기 좋다고 하기는 어렵습니다. 예를 들면 하이일드 채권펀드(투자부적격등급의 채권을 운용하는 펀드)의 경우 전년에 마이너스였던 상품은 다음 해에 플러스가 될 확률이 높다고 합니다. 그런데 단기 수익률만 놓고서 소비자에게 펀드를 제안하게 되면 이런 기회는 눈치챌 수가 없는 것입니다.

투자 스타일도 마찬가지입니다. 알고 보면 각자 취향이 다른데 투자에서는 종종 다들 같은 옷을 입고 있습니다. 개개인의 자금 사정과 목적, 변동성을 감내할 수 있는 성향이 다른데, 추천해주는 상품이나 구매하는 상품은 거기서 거기인 경우가 많습니다. 중국이 뜬다 하면 중국펀드에 돈이 몰리고, 베트남이 뜬다 하면 또 그쪽으로 몰립니다. 서글픈 것은 두더지 잡기 게임을 하는 것처럼 내가 살 때가, 그리고 그런 뉴스가 나올 때가 고점인 경우가 많습니다.

이런 일이 벌어지는 이유는 어떻게 보면 두 가지 이유 때문입니다.

1. 내가 무엇을 살 수 있는지 모른다(자산의 선택 범위)

시장에 무슨 상품이 있는지 잘 모르니 누가 추천하거나 요새 수익률이 좋다고 하면 다들 몰려듭니다. 다양한 자산의 종류를 알아두는 것은 내가 구사할 수 있는 투자 방식을 다양화하는 계기가 됩니다. 보통 직장에 취직하고 월급을 받는 때부터 재테크를 고민하기 시작합니다. 예적금에 가입하고, 보험 몇 개 들고, 그러다 또 괜찮은 재테크가 없나 살펴보다 주식이 눈에 띕니다. 리스크와 기대수익률의 측면에서 보자면 예적금이라는 보수적 투자에서 주식 중에서도 이머징 시장으로 분류되어 변동성이 큰 국내주식으로 갑자기 훅 넘어가버립니다. 그 중간 범위에 어떤 선택지들이 있는지 안다면 차근차근 단계라도 밟아 나갈 수 있을 텐데 그런 기회를 놓쳐버립니다.

2. 내가 뭘 사는지 잘 모른다(자산의 속성)

자산과 금융상품들을 공부하다 보면 머리가 아픕니다. 펀드만 해도 주식형, 채권형, 혼합형, 가치주형, 성장주형, 이머징, 선진국, 리츠,

원자재, 인컴형, 멀티에셋 등등 종류가 엄청 많습니다. 최근에는 '사모재간접 공모펀드'같이 이 무슨 '뜨거운 아이스 아메리카노'인가 싶은 상품명도 있습니다. 어렵고 다양한 상품명에 지레 겁을 먹고, 어떤 상품인지 잘 알아보지 않은 채 수익률만 보고 구매하는 경우가 많습니다. 그러다 보니 주식형 펀드만 한 10개 사놓고 분산투자를 하고 있다는 착각에 빠지기도 합니다.

자산의 선택 범위를 파악하다 보면 그 자산들의 속성도 자연스레 알게 됩니다. 어떤 자산군은 경기가 나쁠 때 오르고, 다른 자산군은 기대수익률과 변동성은 어떻게 되는지를 깨닫습니다. 그런 속성과 상관관계를 알아야 내가 원하는 안정적인 포트폴리오를 구축할 수 있습니다.

따라서 이번 파트에서는 자산을 바라보는 큰 틀을 잡아볼까 합니다. 우리가 시장에서 구매할 수 있는 자산과 금융상품들은 무엇이 있는지, 그리고 그것들이 어떠한 과정으로 만들어지는지를 살펴봅시다.

기초자산이란 무엇인가?

투자를 한다는 것은 결국 무언가를 산다는 것이다. 그러니 일단 우리가 살 수 있는 것들을 한번 나열해보자. 아래 상품들은 우리가 흔히 접

〈우리가 그나마 알고 있는 자산 범위〉

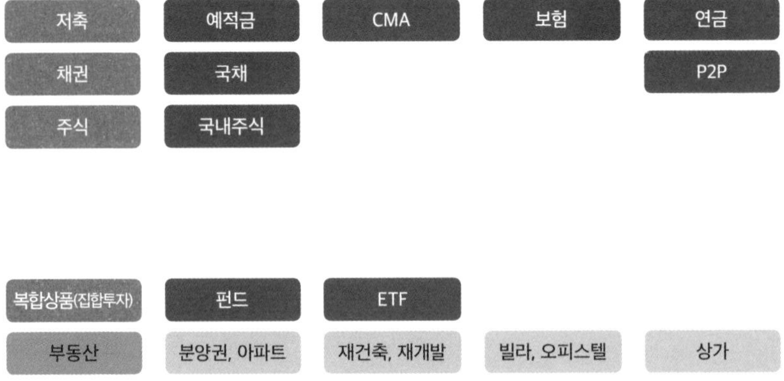

하거나 현재 투자하고 있는 것들이다.

우선 모두가 다 하는 예적금이 시작이다. 가끔 이자에 민감한 이들은 증권사 CMA 통장을 활용하기도 한다. 보험도 한두 개씩은 있게 마련이고, 연금이야 따로 개인연금이나 퇴직연금을 가입하지 않더라도 국민연금에 가입되어 있다. 채권의 경우 집을 살 때 국민주택채권, 자동차를 살 때 공채를 사기도 하지만 대부분 바로 할인해서 파는 경우가 많다. 종종 발 빠른 이들이 P2P 투자를 하기도 하는데, 이 역시 돈을 빌려주고 이자를 받는 것이니 일종의 채권 투자라고 볼 수 있다. 그다음으로 익숙한 것은 펀드고, 투자에 좀 더 관심 있는 사람들이 국내주식이나 ETF 투자를 한다. 여기까지가 우리같이 평범한 사람들이 손대는 부분이다. 여기에 각자의 관심사에 따라 부동산을 실수요 혹은 투자 관점에서 접근하기도 한다.

그럼 전문 투자자나 자산이 많은 이들이 투자하는 상품의 종류로는 무엇이 있을까? 이들이 우리와 가장 다른 점은 '채권과 주식'이라는

〈부자들이 생각하는 자산 범위〉

저축	예적금	CMA	보험	연금
채권	국채	투자적격 회사채	하이일드	P2P
주식	국내주식	선진국주식	신흥국주식	
상품	금	원유	각종 상품	외환(달러)
파생	선물	옵션		
복합상품(집합투자)	펀드	ETF	ELS, DLS	
부동산	분양권, 아파트	재건축·재개발	빌라, 오피스텔	상가

전통자산을 보다 세분화해 투자한다는 점이다. 그리고 일반인은 잘 투자하지 않는 상품(원자재)에 대한 투자도 병행한다. 그들이 활용할 수 있는 패들은 확실히 더 많다.

앞서 본 그림처럼 나열해봐도 조금 헷갈린다. 예를 들면 펀드는 주식형도 있고 채권형도 있다. ETF도 마찬가지다. 파는 사람들이 자신들이 팔기 좋은 방식으로 분류해뒀으니 사는 사람 입장에서는 헷갈릴 수밖에 없다.

포트폴리오를 정리하려면 자신이 투자하는 자산의 성향에 따라 상품을 분류해야 한다. 그래야 안정적인 자산 관리가 가능하다. 펀드니 ETF니 하는 것은 그냥 상품의 형태일 뿐이다. 그 안에 무엇이 담겨 있느냐에 따라 자산의 안정성은 달라진다. 국내채권형 펀드인가 중국주식형 펀드인가에 따라 기대수익률과 리스크(예상손실률)가 다르기 때문이다. 따라서 우리가 먼저 알아야 할 것은 지금 내가 사는 게 '무엇인가'를 먼저 파악하는 것이다.

결국은 '무엇을 어떻게 사는가'의 문제다

우리가 어떤 투자를 할 때 확인해야 할 것은 딱 하나다. 바로 '무엇'을 '어떻게' 사느냐다. 복잡해 보이는 금융상품도 결국은 저 기초적인 매매에 대한 변용일 뿐이다. 그렇다면 우리가 알아둬야 할 것은 다음과 같이 귀결된다.

- ***무엇**을 사는가? = 금융상품의 기초자산이 지닌 특징은 무엇인가?*
- ***어떻게** 사는가? = 금융상품의 구조가 지닌 특징은 무엇인가?*

여기서 한 가지 짚고 갈 것이 있다. 지금까지는 '기초자산'과 '금융상품'[•]이라는 용어를 뭉뚱그려 사용했지만 지금부터는 이 두 단어를 구분해 사용하고자 한다.

- ***기초자산:** 주식, 채권, 상품(금, 원유, 농산물 등 각종 원자재), 통화, 부동산 등*
- ***금융상품:** 기초자산을 복합적으로 구조화해서 만들어낸 것, 즉 펀드, ETF, ELS 등*

이 정의는 금융업계에서 하는 방식으로 구분한 것은 아니다. 일반적인 소비자 입장에서 이해하기 쉬운 형태로 분류해본 것이다.

기초자산을 매매하는 데 금융업자들의 역할은 중개를 해주는 정도라고 생각하면 된다. 생각해보면 주식 시장은 일종의 중고 시장이다. 내가 가진 주식을 팔고자 하면 증권사에서 그걸 살 사람을 찾아주는 것이다.

• 원래 금융상품은 한쪽 거래당사자에게는 금융자산을 발생시키면서, 다른 한쪽에는 금융부채를 발생시키는 계약을 통칭한다. 따라서 주식, 채권을 비롯해서 일반적인 예적금도 다 포함된다. 하지만 이런 식의 분류는 너무 포괄적이기 때문에, 이 책에서 투자의 기본 대상이 되는 유가증권이나 실물은 '기초자산', 이러한 기초자산을 구조화해 상품화한 것은 '금융상품'으로 정의했다.

금융상품은 이와 조금 다르다. 앞서 거래되는 기초자산들을 버무려서 새로운 형태의 상품으로 만들어낸다. 기초자산이 그냥 생닭이라면, 금융상품은 치킨이라고 비유할 수 있다. 누군가 손을 대서 기존에 없던 새로운 형태의 기대수익률과 예상손실률을 담은 럭키 박스를 만든 것이다.

무엇을 사는가? 기초자산의 종류

기초자산은 크게 세 가지로 분류할 수 있나. 바로 금융자산, 실물자산, 통화자산이다.

금융자산은 우리가 흔히 전통자산이라고 부르는 주식과 채권이 해당된다. 실물자산은 말 그대로 실물이 있는 것이다. 단독주택, 아파트 같은 부동산이나 금 혹은 석유 같은 상품이다. 마지막으로 달러, 유로 같은 통화도 일종의 통화자산으로 분류할 수 있다.

일반적으로 금융자산이라고 하면 펀드, ETF 등 금융상품을 포함하지만 이 책에서는 가장 기초적인 형태의 주식, 채권만 금융자산으로 표현하고자 한다. 왜냐하면 부동산을 리츠 형태로 투자하거나, 원자재에 펀드 혹은 옵션 등의 형태로 투자하면 금융자산의 형태를 띠기 때문이다. 일단은 자산의 성격을 파악하는 것이 우선이기 때문에 한정적으로 표현해보는 것이다.

이 자산들의 성격은 간단하다. 나중에 자세히 소개하겠지만 기본 콘셉트는 다음과 같다.

- ***주식:*** *나한테 투자하면 수익을 이만큼 나눠줄게.*
- ***채권:*** *나한테 돈 빌려주면 이자를 이만큼 줄게.*
- ***실물자산:*** *돈을 주면 물건을 줄게.*
- ***통화:*** *우리나라 돈 줄 테니까 너희 나라 돈으로 바꿔줘.*

기초자산들의 수익 구조: 자본수익 + 인컴수익

어떤 자산을 산다는 건 그 자산을 통해 어떤 수익(현금흐름)을 얻고자 하는 것이다. 자산 투자를 통해 얻을 수 있는 수익은 크게 두 가지로 나뉜다.

1. 자본수익(capital gain)

시세 변동에 따라 매매했을 때 얻게 되는 수익 및 손실을 의미한다. 쉽게 말해 싸게 사서 비싸게 팔아 얻는 시세차익을 떠올리면 된다. 자본수익이라고 표현하니 항상 수익이 있는 것처럼 느껴질 수도 있으나 반대로 비싸게 사서 싸게 팔면 손실을 볼 수밖에 없다. 따라서 매매손익이라고 생각하면 좀 더 직관적이다.

2. 인컴수익(income gain)

특정 자산을 소유하는 데서 생기는 수익을 말한다. 채권이라면 이자, 주식은 배당금, 부동산이라면 임대료 같은 수익을 떠올리면 된다. (일반적으로 상품자산의 경우 실물을 사서 보관하면 보관료가 들기 때문에 오

〈자산의 기본적인 수익 구조〉

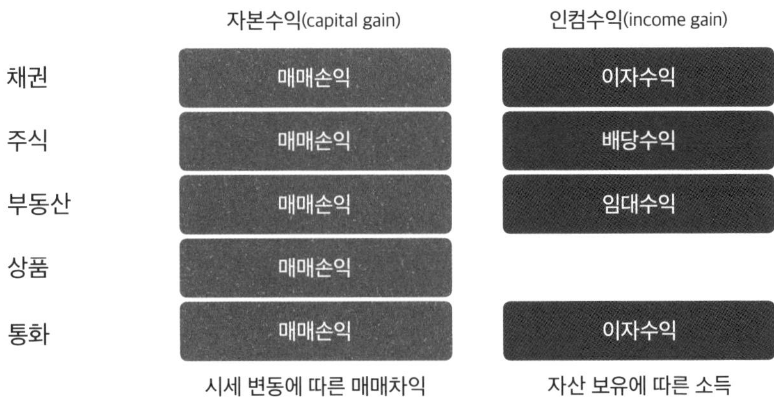

자본수익(capital gain)
인컴수익(income gain)
채권
매매손익
이자수익
주식
매매손익
배당수익
부동산
매매손익
임대수익
상품
매매손익
통화
매매손익
이자수익
시세 변동에 따른 매매차익
자산 보유에 따른 소득

히려 손실이라고 생각해야 한다. 하지만 개인 투자자가 실물로 상품 투자를 할 일은 거의 없으니 자본수익만 생각하면 된다.)

세상에는 공짜가 없으므로 매매를 통해 큰 수익을 올리면서 인컴수익까지 함께 낼 수 있는 자산 역시 별로 없다. 예를 들면 이자를 많이 주는 하이일드 채권은 그만큼 가격 변동성이 크기 때문에 상황에 따라 손실이 크게 발생할 수도 있는 리스크를 감당해야 한다. 배당금을 많이 주는 배당주는 성장주에 비해 가격 상승의 여지가 적은 경우가 많다. 기본적으로 큰 자본수익이 기대될수록 인컴수익은 적게 마련이다. 투자에도 항상 트레이드오프(trade-off)의 관계가 있다. 하나를 택하면 하나를 포기해야 한다.

자산도 성격이 있다

지금까지 기초자산의 종류와 그 종류에 따라 발생할 수 있는 수익(현금흐름)에 대해 간단히 개괄해보았다. 이는 옷으로 비유한다면 상의와 하의를 나누고, 상의 중에서도 외투, 와이셔츠, 티셔츠 정도로만 분류해 둔 것이다. 하지만 이 정도 분류만 해서는 그 옷의 특징을 제대로 안다고 할 수 없다. 소재가 무엇인지, 사이즈는 어떻게 되는지 등 그 속성을 알아야 원하는 옷을 살 수 있다. 기초자산 역시 그런 속성을 파악해야 한다.

돈 공부를 해보겠다고 마음먹은 후로 경제기사를 관심을 가지고 보다 보니 다음과 같은 문구들이 눈에 들어왔다.

"금리 인하에 따라 시장의 위험자산 선호 현상이 강해지고…."

"미국과 이란의 갈등이 증폭되면서 안전자산에 대한 관심이 더욱 높아지고…."

"대체 투자 선호에 따라 공모펀드 중에서도 대체 투자 공모펀드의 비중이 늘어나고 있으며…."

"달러 약세에 따라 신흥국 시장에 우호적인 환경이 조성되며…."

위험자산은 무엇인지, 왜 금리가 인하되면 사람들이 위험자산을 사려고 하는 건지, '대체 투자'란 대체 무슨 투자이고, 달러 약세가 왜 신흥국 시장에 좋은 건지 등등 기사를 꼼꼼히 읽어봐도 드는 생각은 오직 한 가지였다. '아, 무슨 소리인지 하나도 모르겠다.'

사실 자산의 속성이라는 건 그 자체의 특징도 있지만, 결국은 월스트리트를 포함한 전 세계의 투자자들이 시장 상황을 어떻게 판단하는가, 그래서 그 자산에 대해 어떤 태도를 취하는가에 따라 정해지는 경우가 많다. 자산은 속성에 따라 크게 세 가지로 나눠볼 수 있다.

1. 안전자산 vs. 위험자산

경제 위기에 얼마나 강한가?

2. 전통자산 vs. 대체자산

예전부터 있던 투자자산인가, 아니면 새로운 투자자산인가?

3. 선진국자산 vs. 신흥국(이머징)자산

자산의 원산지가 어디인가?

안전자산 vs. 위험자산

안전자산과 위험자산은 그 이름에서부터 알 수 있다. 말 그대로 위기가 닥쳤을 때 안전한 자산인가 아닌가의 차이다. 기본적으로 안전자산은 위기가 닥치면 가격이 오른다. 가장 대표적인 게 미국 국채와 금이다. 통화 중에서는 달러나 엔화 등의 가치가 오른다. 많은 사람들이 아무리 심각한 경제 위기가 닥쳐도 미국이 망할 리가 없다고 생각하므로 미국의 국채와 달러에 대한 수요가 늘어나는 것이다. 금은 예부터 세상 천지 어디에 가든 쓸 수 있는 자산이었다. 심지어 화폐조차도 금과의 교환을 보증해야만 했던 시절이 있었다. 그렇기에 양적 완화와 같은 방식으로 시중에 돈이 많이 풀리면 실물인 금의 가격은 오르게 된다.

경제 위기 상황에서는 월스트리트에서 신흥국에 투자한 자산들을 회수하기 시작하는 경향이 있다. 이것도 달러에 대한 수요가 증가하는 데 영향을 준다. 한편 엔화는 조금 특이한 경우다. 일본은 국가 신용등급(A1)이 우리나라 신용등급(A2)보다 낮다. 그럼에도 불구하고 장기간 초저금리였기 때문에 엔화를 빌려서 세계 곳곳에 투자된 돈들이 많다. 그렇다 보니 미국처럼 자본을 회수하면 엔화 수요가 증가하면서 강세를 띠게 된다.

반면 가장 대표적인 위험자산으로 주식이 있다. 경제가 나빠지면 제일 먼저 타격을 받고 그만큼 변동성이 큰 자산이기 때문이다. 소위 하이일드라고 불리는 투자부적격 채권과 신흥국의 국공채, 이머징 통화도 마찬가지다. 경제 위기가 닥치면 결국 기축통화인 달러와의 교환

비율이 떨어지니 가치가 하락한다.

즉 얼마나 더 신뢰할 수 있는 자산인가에 따라 안전자산과 위험자산으로 나뉜다고 볼 수 있다. 정말 단순하게 설명하자면, 기관 투자자들의 자산 배분이라는 것도 결국 시장 상황에 따라 안전자산과 위험자산의 비중을 어떻게 하는지가 관건이다.

하지만 안전자산이라는 이름에 현혹되어서는 안 된다. 안전자산이라고 해서 변동성이 적은 것은 아니기 때문이다. 예를 들면 금의 경우 2011년에 온스당 1,800달러를 찍고 내려와 2015년에는 1천 달러대에 머물기도 했다. 최근 들어 다시 고점을 경신하고 있지만, 2011년에 금을 샀다면 10년이 지나서야 겨우 본선을 찾게 되었다는 의미이기도 하다. 또 최근 코로나19 사태처럼 다들 현금이 필요해 유동성 자체가 말라버리면 안전자산의 가격도 급락하는 경우가 생긴다.

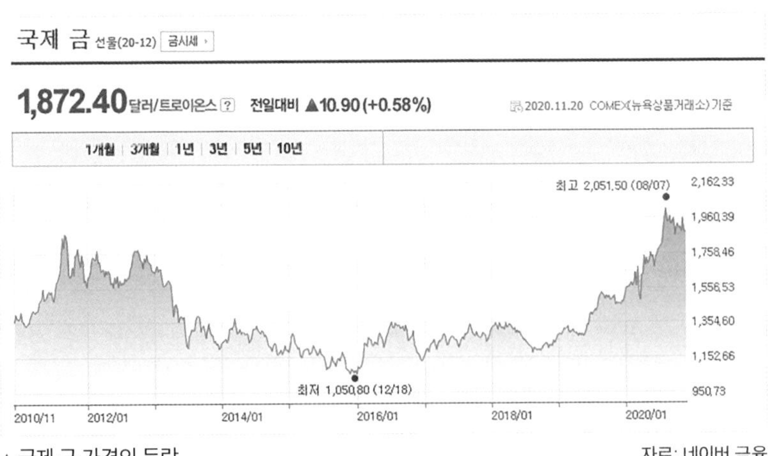

▲ 국제 금 가격의 등락 자료: 네이버 금융

전통자산 vs. 대체자산

전통자산은 말 그대로 예전부터 해오던 투자자산으로, 바로 채권과 주식을 의미한다. 가장 고전적인 투자 포트폴리오는 시장 상황에 따라 채권과 주식의 비중을 조절하는 방식이었다. 불황이 다가오면 상대적으로 안전한 채권의 비중을 늘리고, 경기가 좋으면 주식의 비중을 늘리는 식이었다.

문제는 채권은 저위험 저수익, 주식은 고위험 고수익 자산이다 보니 그 중간의 중위험 중수익에 대한 시장의 니즈를 채워줄 수 없었다는 점이다. 또 무엇보다도 둘 다 금융자산이다 보니 금융 시장이 붕괴할 때는 가치가 동시에 하락하는 문제가 발생했다. 2008년 금융위기 당시 금융 시장이 붕괴되면서 모든 전통자산의 가치가 하락하는 일이 벌어졌다. 그러고 나니 새로운 투자자산과 방식에 대한 니즈가 커질 수밖에 없었다.

'대체 투자'는 비전통자산에 대한 투자는 물론 기존과 다른 형태의 투자 방식, 그런 투자를 주로 하는 자산운용 형태를 통칭해서 부르는 경우가 많다. 자산의 종류로만 보자면 부동산, 비행기, 선박처럼 임대료를 받을 수 있는 실물자산이나 금, 원유 같은 상품자산이 대표적이다. 투자 방식이나 전략에 있어서는 롱숏 전략(공매도를 통해 시장 하락 시에도 수익을 내는 방식)이나 시장중립적인 절대수익을 추구하고, 일반적인 주식이나 채권이 아닌 전환사채(CB)나 신주인수권부사채(BW) 같은 신종 증권에 투자하는 메자닌 투자 또는 기업레버리지인수(LBO) 투자를 하기도 한다. 보통 이런 식의 투자를 하는 곳들은 헤지펀드나 사모펀드인 경우가 많다. 하지만 모든 헤지펀드나 사모펀드가 대체 투자를 하는 것은 아니다.

선진국자산 vs. 신흥국자산

이번에는 결국 원산지의 문제다. 셔츠라고 다 같은 셔츠가 아니다. 브랜드에 따라 다를 수밖에 없다. 주식, 채권과 같은 자산도 결국 해당 지역, 해당 국가의 경제력이나 자본 시장의 형태에 영향을 받을 수밖에 없다. 기본적으로 선진국에 비해 신흥국의 변동성이 더 크다고 간주된다.

사실 선진국과 신흥국을 분류하는 기준은 지극히 월스트리트의 관점을 따른다. 전 세계의 자산운용사들이 자산을 운용할 때 벤치마크로 가장 많이 삼는 것이 바로 미국의 모건스탠리캐피털 인터내셔널사가 발표하는 MSCI 지수다. MSCI 지수는 글로벌 지수, 지역별 지수, 국가별 지수 등 다양한 지수를 제시하는데 우리나라는 이 지수에서 이머징 국가(신흥국)로 분류된다. 단순히 경제의 크기만으로 선진국과 신흥국을 나눌 수는 없겠지만, 국내총생산(GDP)이 세계 12위(2019년 기준)에 이르는 우리나라가 신흥국으로 분류되는 것은 조금 이해하기 어렵다.

가끔 뉴스에서 "MSCI 지수 중국 추가 편입… 한국주식 약세 예상" 같은 기사를 보게 될 때가 있다. 보통 MSCI EM(신흥국) 지수 내에서 중국주식의 비중이 커지면, 이 지수를 벤치마크로 하는 자산운용사들은 중국의 비중을 늘리고 그만큼 다른 나라의 비중을 줄일 수밖에 없다.

참고로 MSCI 선진국 지수(MSCI WORLD)와 MSCI 신흥국 지수(MSCI EM)의 각국 비중은 아래와 같다(2020년 6월 기준).

〈MSCI 선진국 지수 국가별 편입 비중〉

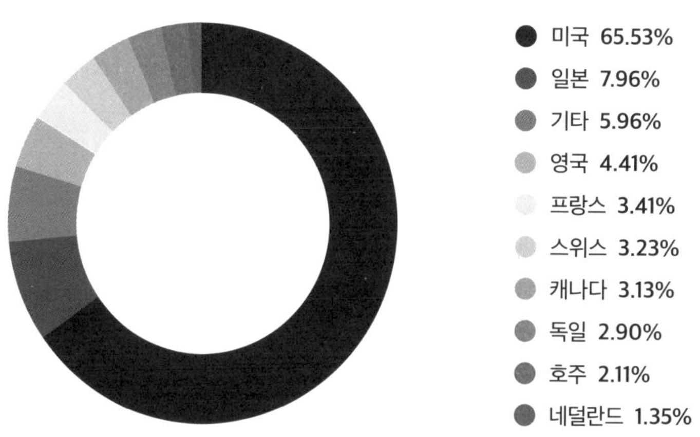

〈MSCI 신흥국 지수 국가별 편입 비중〉

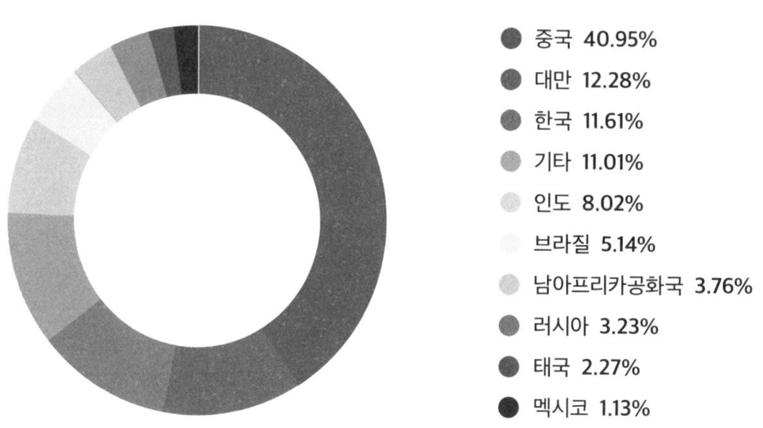

각각의 변동성을 고려했을 때 외국인 투자자나 기관 투자자들이 자산을 바라보는 시선을 단순화하면 다음과 비슷하다.

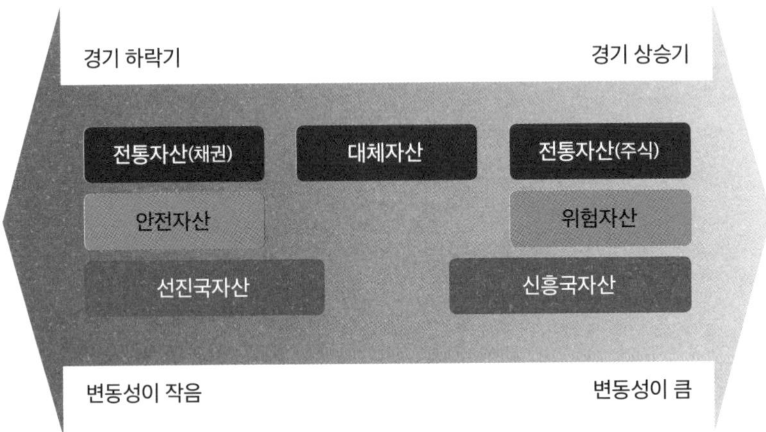

기초자산이 상품이 되기까지

그럼 이제부터 앞에서 본 기초자산이 어떻게 다양한 금융상품으로 진화하는지를 살펴보자. 우선 닭 요리를 만드는 과정을 떠올려보자. 가장 기본적인 재료인 생닭이 있다. 요리사의 마음에 따라서 닭을 삶을 수도, 구울 수도, 튀길 수도 있다. 똑같은 재료지만 요리 방식에 따라 맛도 칼로리도 달라진다. 마찬가지로 기초자산인 주식을 투자자의 마음에 따라 현물로 바로 살 수도 있고, 선물이나 옵션으로 거래할 수도 있다. 똑같은 자산이지만 거래 방식에 따라 기대수익률과 리스크는 크게 달라진다.

요리사가 생닭을 튀겨 치킨을 만들었다고 치자. 그냥 프라이드치킨으로 먹을 수도 있고, 다른 식재료를 가미해 파닭을 만들 수도 있고, 매운 양념치킨을 만들 수도 있다. 이에 따라서 역시나 맛도 칼로리도 다른 하나의 요리가 나오게 된다. 투자자도 요리사와 마찬가지로 새로운 기초자산이나 파생상품을 활용해 또 다른 기대수익률을 추구하는 금융상품을 만들어낼 수 있다.

이 원리를 단계별로 정리해보면 다음과 같다.

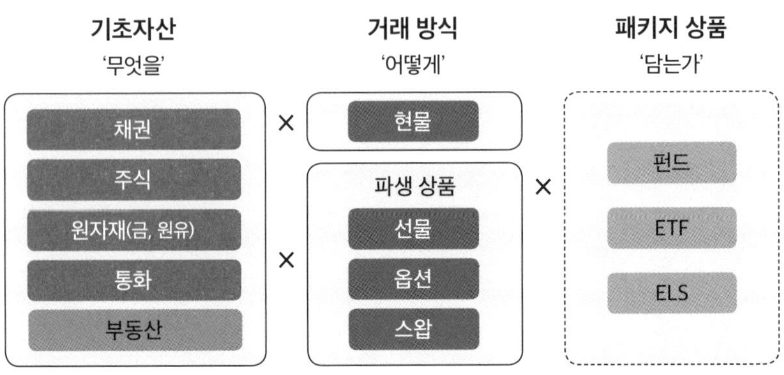

첫 번째는 자산의 종류를 택하는 것이다. 예를 들어 본격적인 요리에 앞서 요리 재료로 닭을 살 것인가, 돼지고기를 살 것인가를 결정하는 단계다.

두 번째는 그것을 거래하는 방식이다. 현물 거래를 할 수도 있지만, 선물이나 옵션과 같은 파생형 거래를 할 수도 있다. 이런 거래를 통해 기초자산은 파생상품이 된다. 삶을 것인가, 구울 것인가, 튀길 것인가와 같이 요리 방식을 정하는 단계다.

마지막은 앞에서 준비된 기초자산과 파생상품을 버무려서 일종의 패키지 상품을 만들어내는 단계다.

기초자산은 어떻게 거래되는가

이조차도 복잡하게 느껴진다면 좀 더 단순하게 생각해도 좋다. 기초자산을 어떻게 거래하는가에 따라서 파생상품과 금융상품이 생겨난다고 생각하면 된다. 간단하게 정리하면 아래와 같다.

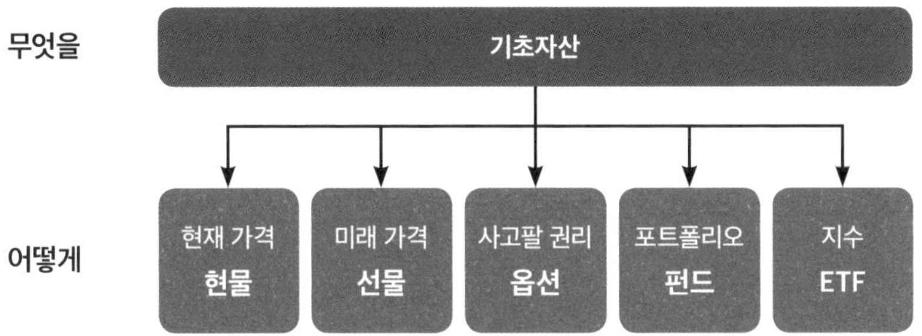

우선 현물은 말 그대로 현재 가격을 보고 그 가격을 지불해 사는 것을 말한다. 돈을 내고 바로 사는 직접 거래 방식이다. 가장 대표적인 예가 주식 시장에서 주식을 사는 것이다.

반면 선물과 옵션은 시간의 관점을 더한 것이라고 보면 된다.

- **선물:** *"물건은 나중에 받을 건데, 일단 지금 가격에 사둘게."*

이런 거래를 하는 이유는 사려고 하는 물건의 가격이 오르거나 내리는 위험을 피하기 위해서다. 김치 공장 주인 A와 배추 농사를 짓는 B가 배추를 거래하는 대화를 예로 들어보자.

A: 내가 김장철에 배추가 필요한데, 나중에 배추 가격이 어떨지 모르겠네. 한 포기에 천 원이면 괜찮은데 더 비싸면 안 되는데…. 내가 지금 천 원을 줄 테니 그 배추 나중에 나한테 팔면 어때?

B: 그래. 나도 천 원에 팔면 좋은데! 배추 가격이 떨어져 900원에 팔면 손해거든. 그냥 지금 천 원에 팔게.

이러한 거래 방식이다. 옵션은 여기서 좀 더 나아간다. 인간의 욕심은 끝이 없고 어떻게든 손해를 보고 싶지 않은 상황에서 다음과 같은 거래를 하게 된다.

- **옵션:** *"내가 그 물건을 나중에 사거나 팔 수 있는 권리를 갖고 싶어. 대신 지금 얼마(옵션 프리미엄)라도 미리 줄게. 만약 내가 이 권리를 포기하면 그 돈은 네가 가져도 돼."*

가격 변동에 대해서 '옵션 프리미엄'이라는 형태로 보험료를 내고 일종의 보험을 드는 것과 마찬가지다. 옵션 프리미엄을 내는 거래 방식은 다음과 같다.

A: (올해 배추가 풍년이라 나중에 천 원보다 더 저렴할 것 같긴 하지만 혹시 모르니까 일단 보험 드는 셈 치자.) 김장철에 배추를 천 원에 살 수 있게 해주면 지금 100원을 줄게. 근데 그때 가서 다른 데서 1천 원보다 싸게 살 수 있으면 너한테 안 살 거야. 그렇게 되면 이 100원은 너 가져."

B: (김장철에 배추가 천 원보다 떨어질 리가 없잖아. 그때 가서는 천 원에 제값

받고 팔고 지금 100원까지 받으니 나야 좋지.) 그래!

펀드와 ETF는 자산을 선택하고 구매하는 방식들을 조합해 포트폴리오를 만들어 개인들에게 쪼개서 파는 상품이라고 보면 된다. 펀드와 ETF는 각각의 운용 콘셉트에 따라 주식과 채권 같은 자산군 혹은 다른 파생상품(선물, 옵션 등)을 담아서 거래하는 방식이다.

- ***펀드:*** *"내가 전문가니까 여러 사람들의 돈을 모아서 투자해줄게. 나는 ○○ 콘셉트로 포트폴리오를 관리할 거야. 대신 수수료만 조금 줘."*

ETF는 여기서 좀 더 나아간다.

- ***ETF:*** *"이건 펀드이긴 한데, 주식처럼 네가 알아서 실시간으로 사고팔 수 있어. 지수가 오를 것 같으면 사고, 내릴 것 같으면 팔면 돼."*

금융상품의 리스크는 어떻게 생성되는가?

결국 우리가 구매하는 금융상품의 리스크는 '무엇'을 '어떻게' 사는지 이 두 가지 요소에 의해서 성해진다.

1. ***무엇을(자산의 속성):*** *기초자산이 지닌 리스크*
2. ***어떻게(거래 방식의 구조):*** *자산을 거래하는 방식이 지닌 리스크*

〈금융상품의 리스크〉

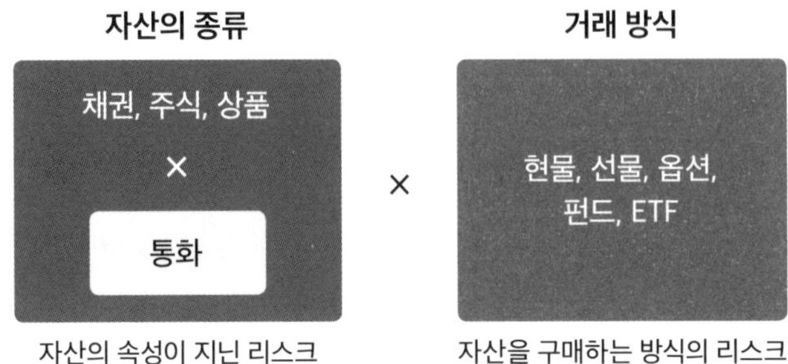

통화는 그 자체로 일종의 자산이기도 하지만, 해외자산에 투자할 때는 거래 방식이 되기도 한다. 원화를 달러로 바꿔서 그냥 가지고 있으면 자산이지만, 달러로 바꿔 미국주식을 산다면 구매 수단이 된다. 따라서 해외자산 투자 시에는 자연스레 환율 리스크가 따라붙게 되어 있다.

결국 기초자산이 아무리 안전하다고 하더라도 거래 방식에 따라 리스크가 커질 수도 있다. 그리고 선물이나 옵션은 레버리지가 너무 크기 때문에 개인 투자자라면 되도록 하지 않는 것이 좋다. 주식이나 채권은 손실을 아무리 많이 보더라도 원금을 잃는 데 그치지만, 이런 파생상품은 원금 이상의 손실이 날 수도 있기 때문이다.

투자도 쇼핑이다

흔히 투자하는 자산을 투자의 대상, 즉 수익을 돌려주는 것이라는 관점에서만 접근하는 경우가 많다. 단순히 수익률을 얼마나 얻을 수 있을 것인가에만 집착하기 때문이다. 또 은행 같은 금융기관을 일종의 공기업처럼 생각하는 경향도 있다. 하지만 금융업 또한, 아니 금융업이야말로 무엇보다도 시장 논리에 충실한 산업이라고 봐야 한다. 따라서 수익을 추구하기 위해 구매하는 금융상품 또한 특정한 산업의 이해관계에 의해 생산되는 산물이라는 사실을 잊어서는 안 된다.

예를 들어 장난감 공장은 끊임없이 장난감이라는 '상품'을 만들어서 판매해야 한다. 금융업도 마찬가지다. 끊임없이 금융'상품'을 만들어서 팔아야 한다. 그래야 돈을 벌 수 있다. 금융상품도 역시 상품이기 때문에 끊임없이 만들어서 팔아야 그 산업이 성장하고 수익이 생긴다.

그것들을 지속적으로 확대재생산해야 금융이라는 산업이 성장할 수 있기 때문이다.

금융상품이란 결국 '돈'을 상품화한 것이다. 돈을 공급해서 수익을 얻고자 하는 사람과 돈을 필요로 하는 사람 사이에서 서로가 원하는 예상수익과 리스크를 맞춰줄 수 있도록 다양한 상품을 만든 것이다.

은행, 증권사, 자산운용사 등 금융업이 하는 일은 크게 보면 아래 세 가지로 정리할 수 있다.

1. ***기초자산 발행:*** *채권을 발행하고 주식을 상장시키는 일*
2. ***기초자산 유통:*** *채권이나 주식을 매매할 수 있는 시장 조성*
3. ***금융상품 제조 및 유통 판매:*** *기초자산을 활용한 금융상품(펀드, ETF 등)을 만들고 판매하는 일*

자산운용사의 상품 판매 방식

기업을 IPO•하거나 회사채 발행 업무를 대행하는 일은 결국 주식이나 채권을 제조해서 파는 것과 마찬가지다. 그리고 그 가운데서 수수료를 받는다. 또 그것들이 채권 시장이나 주식 시장에서 거래되는 과정에서 수수료를 받는다. 펀드도 마찬가지다. 자산운용사에서 펀드

• 외부 투자자가 주식을 살 수 있도록 기업이 자사의 주식과 경영 내역을 시장에 공개하는 것.

〈펀드의 유통 구조〉

를 만들어 운용수수료를 받고, 은행이나 증권사는 이걸 팔아서 판매수수료를 받는다. 보험회사는 보험을 만들어서 팔고 그 중간에서 사업비(수수료)를 뗀다.

기본적인 맥락은 똑같다. 제조사는 상품을 만드는 데 드는 제작원가에 마진을 붙이고, 유통사는 거기에 마진을 또 붙인다. 당연히 유통과정에 따라 마진(수수료)의 금액은 다르다. 같은 브랜드에서 똑같은 옷을 하나 사도 백화점에서 사느냐 인터넷에서 사느냐에 따라 가격이 다른 것과 마찬가지다. 그런 일이 금융상품에서도 똑같이 벌어진다. 펀드의 경우 가입한 채널이 온라인이냐 오프라인이냐에 따라 수수료가 다르다. 자동차 보험도 비대면으로 가입한 다이렉트 보험이 20% 정도 더 싼 것처럼 말이다. 증권사 애플리케이션을 통해서 본인이 직접 거래할 수 있는 금융상품을 은행 직원을 통해 거래하면 더 많은 수수료가 붙는 경우도 있다. 예를 들어 ETF는 애플리케이션으로 직접 거래하면 0.2% 정도의 수수료가 나오는 상품을, 은행 창구에서 특정금전신탁이라는 형태로 판매하면서 선취수수료를 1%나 떼어가기도 한다.

증권사나 은행 애플리케이션을 옥션, 쿠팡 같은 일종의 '커머스' 애플리케이션이라고 생각하면 이해하기 쉽다. 주식을 거래하는

MTS(Mobile Trading System)는 일종의 '당근마켓'이나 '중고나라'다. 각자 자기가 가지고 있는 걸 서로 팔고 사려고 한다. 증권사는 그 거래를 매개해주면서 수수료를 받는다. 공모주 청약은 신상품 예약 판매다. 펀드 섹션을 가보자. 패션 쇼핑몰이나 마찬가지다. 이런저런 자산운용사들이 자신들의 브랜드를 걸고 상품을 판매하고 있다.

내가 사는 자산의 본질은 무엇인가?

상품에 유행이 있는 것처럼 자산 시장에도 유행이라는 게 있다. 어떨 때는 2차전지 테마가 유행하고, 또 어떨 때는 브릭스(BRICs)펀드, 때로는 4차 산업혁명이나 글로벌리츠 등이 유행이다. 좋게 이야기하면 특정한 금융상품이나 자산군을 투자하기 적절한 시기에 추천해주는 것이라 할 수도 있다. 하지만 앞서 말했다시피 이 산업도 끊임없이 새로운 상품을 만들고 팔아야 하기 때문에 '투자 추천'이라는 명목하에 이뤄지는 마케팅의 일종이라고 볼 수도 있다.

내 귀는 얇고 인간의 마음은 간사한지라 항상 이런 일이 벌어진다. 미국 배당주 설명회를 다녀오면 '그래, 미국은 세계에서 제일 잘나가는 나라고, 4차 산업혁명도 이끌고 있고, 배당을 많이 주는 우량주도 많잖아. 적금하듯 차근차근 사두면 배당금도 받을 수 있고, 달러 자산도 있으니 좋지.'라고 생각한다. 그러다 중국주식 설명회를 가면 또 이런 생각이 든다. '그래, 저 큰 땅덩어리에 인구가 그렇게 많으면 지금보다 더 잘살 일만 남은 거 같은데, 저 많은 사람들이 돈을 써대면 주식이

안 오르고 배기겠어? 특히나 소비주 같은 걸 사놓으면 경기가 좀 꺾여도 중장기적으로는 쭉 오르겠지?'

각각의 금융상품들은 제각각의 가능성을 담고 있고, 듣다 보면 모두 그럴싸하게 들린다. 그렇게 펀드에 가입하고 관련 주식들을 하나둘 사서 모으게 되는 경우가 많다. 뭐랄까, 마치 건강 기능성 식품들의 장점을 듣고 하나둘 사서 먹다 보니 나도 모르게 책상 위가 온갖 영양제로 가득 차는 것과 비슷하다. 하지만 그들이 우리에게 파는 건 '수익률'이 아니라 일종의 '시나리오'다. 이러이러한 가정들이 계속 이어지면 '이 나라가, 이 산업이, 이 종목이 잘될 것이다.'라는 일종의 가설들이다. 물론 그런 시나리오들이 일종의 투자 아이디어로서 가치가 있기는 하다. 하지만 동시에 우리는 그들이 판매하려고 하는 상품의 기초자산군이 무엇인지, 그 자산군의 기대수익률과 리스크가 무엇인지를 파악하는 게 먼저다. 그 정보를 기반으로 나의 포트폴리오에서 이 기초자산들과 금융상품들이 해줄 수 있는 역할이 무엇일지 고민해야 한다.

대체 투자란 무엇인가?

자산운용사에는 AI부서가 있다. 인공지능(Artificail Intelligence)의 AI가 아니라 대체 투자(Alternative Investment)의 약자인 AI. 대체 투자는 어떤 정의가 있다기보다는 기존의 전통 투자(주식, 채권 등)와는 다른 방식의 투자를 모두 포괄한다고 보는 게 낫다. 투자자산, 투자 방법, 심지어는 그런 자산과 방법을 많이 사용하는 자산운용 주체까지 포괄적으로 지칭하기 때문이다. 즉 아래 세 가지 측면에서 기존과 다른 방식의 투자를 통틀어 대체 투자라고 부른다.

1. 투자자산

2. 투자 방법

3. 자산운용 주체

우선 대체 투자는 다음과 같은 자산들에 투자한다.

- *부동산, 인프라, 비행기, 선박 등*

- *원자재(상품): 금, 원유 등*
- *메자닌(mezzanine) 투자: 전환사채, 신주인수권부사채 등*

부동산이나 인프라(도로, 다리, 항만 등), 비행기, 선박 등에 투자하는 경우는 임대료를 받아서 인컴수익을 통해 중위험 중수익을 추구한다고 볼 수 있다. 원자재 투자의 경우 주식, 채권 등과 상관관계가 낮다는 점을 이용해 전체 포트폴리오의 변동성을 줄일 수 있다. 메자닌 투자는 전환사채나 신주인수권부사채 같은 신종 증권에 투자한다. 이러한 증권들은 주식과 채권의 중간 형태이므로 나름대로 중위험 중수익 전략을 추구할 수 있다.

투자 방법 측면에서는 단순히 주식이나 채권을 사서 보유하는 것이 아니라, 공매도를 하거나 선물, 옵션 등을 활용해서 절대수익을 추구하거나(롱숏 전략), 기업 자체를 인수해서 재매각하는 방법(LBO; Leveraged Buy-Out) 등이 활용된다.

이 같은 형태의 투자를 주로 헤지펀드나 사모펀드에서 많이 하다 보니, 그런 펀드에 투자하는 것 자체를 대체 투자로 분류하기도 한다. 헤지펀드는 현물과 선물, 옵션을 결합해 다양한 투자 전략을 사용하는 경우가 많다. 사모펀드는 일반적인 공모펀드와 달리 소수의 전문투자자들에게 거액을 투자받아 중간에 환매할 수 없는 폐쇄형으로 운용하는 경우가 많다. 아무래도 부동산이나 인프라, 선박 등의 실물자산에 투자하거나 기업인수합병 등으로 수익을 창출하는 경우에는 장기간 투자가 필요할 때가 많기 때문이다.

개인 투자자라면?

개인 투자자는 어떻게 대체 투자에 접근할 수 있는지 알아보자.

- **부동산**: 리츠주식이나 리츠 관련 펀드에 투자하는 방법이 있다. 리츠는 부동산에 투자해 수익을 거두는 걸 목적으로 운영하는 회사라고 생각하면 된다. 롯데리츠, 신한알파리츠, NH프라임리츠 등이 국내에 상장되어 있다. 2019년부터 큰 규모의 리츠가 하나둘 상장하더니 2020년 들어 10개 내외의 리츠가 상장하거나 상장 예정이다. 국내 리츠 시장도 서서히 활성화되는 분위기다.
- **원자재(상품)**: 금, 원유, 구리 등의 원자재는 대부분 ETF를 통해 투자할 수 있다. 금은 KRX금시장이 있어서 증권사 애플리케이션에서 주식처럼 거래할 수 있다.
  - 금, 은: KODEX 골드선물(H), KODEX 은선물(H), TIGER 금은선물(H)
  - 원유: KODEX WTI원유선물(H), TIGER 원유선물Enhanced(H)
- **공매도**: 시장 지수와 반대로 움직이는 인버스 ETF를 활용하면, 포트폴리오에 일종의 공매도 같은 포지션을 더할 수 있다.
  - KODEX 인버스, TIGER 인버스, KODEX 코스닥150선물인버스

PART

4

부자의 속도로 달려라:
투자는 나의 힘

우리는 쇼핑을 할 때 사고 싶은 상품의 스펙을 따지고 가격을 비교하기 위해 노력합니다. 그런데 이상하게 금융상품을 살 때는 그게 잘 되지 않죠. 더군다나 은행이나 증권사의 투자 관련 애플리케이션의 구조는 일반적인 커머스 애플리케이션과 비교할 때 무척 불편합니다. 카테고리도 엉망이고, 구성도 어렵고, 설명도 자기들끼리 이해할 수 있는 말로만 적어놓은 느낌이 듭니다. 하지만 용어가 어렵고 불친절할 뿐이지 조금만 공부해보면 금융상품 투자 또한 일반적인 쇼핑과 크게 다르지 않다는 것을 알 수 있습니다.

이 파트에서는 개인 투자자들이 접근할 수 있는 기초자산과 금융상품의 특징과 리스크를 분석하고자 합니다. 기초자산 중에서는 주식과 채권을 살펴볼 것이고, 금융상품 중에서는 펀드, ETF, ELS 정도만 다루려고 합니다. 대체 투자의 자산으로 활용되는 부동산이나 실물상품(금, 원유 등)은 앞서 대체 투자와 관련한 파트에서 다루기도 했고, 개인 투자자 입장에서는 펀드나 ETF가 아닌 다른 방식으로는 접근하기 어려워 따로 분량을 할애하지 않았습니다.

가치를 판단하는 세 가지 질문

세상엔 무수히 많은 운동 방법들이 있습니다. 하지만 처음에는 맨몸운동부터 시작해도 어지간한 수준까지는 올라갈 수 있게 마련입니다. 투자도 마찬가지입니다. 세상엔 무수히 많은 투자 방법들이 있지만, 처음에는 투자 대상에 대한 기본적인 지식만 갖춰도 충분합니다. 기초자산과 금융상품만 잘 이해해도 어느 정도 감을 잡을 수 있고, 은행 예적금보다 나은 수익률을 기대할 수 있습니다. 투자가 되었든, 쇼핑이 되었든 결국 무언가를 산다는 건 '내가 지불하는 비용만큼의 가치를 얻을 수 있는가?'에 대한 답을 찾아야 가능한 일입니다. 그리고 '지금 이 물건을 사는 게 적절한가?'라는 판단을 해야 합니다. 즉 '비용' '성과' '시장 환경'과 관련된 세 가지 질문의 답을 찾아야 합니다.

먼저 비용은 내가 지불하는 가격입니다. 주식이라면 적절한 가격대인지, 펀드라면 수수료가 적절한지 등이 될 것입니다. 성과는 금융상품이 나에게 돌려줄 가치(수익률)를 의미합니다. 주식이라면 기업의 실적, 펀드라면 벤치마크 대비 성과 등이 될 수 있습니다. 시장 환경은 '이걸 지금 사는 게 맞는가'에 대한 판단입니다. 한여름에 패딩을 사는

것이 현명한 쇼핑이라고 할 수는 없습니다(역시즌 구매 특가라고 생각하고 장기 투자를 한다면 또 모르겠지만 말이죠). 또한 경기 호황의 초입에 국채나 금을 사둔다면 시장의 수익에서 소외될 수 있을 겁니다.

이 파트에서 다룰 내용은 그런 것들을 고민하며 담아낸 '어느 쇼퍼홀릭의 금융상품 쇼핑 후기'라고 할 수 있습니다. 일상에서 투자를 고민하는 초보 투자자들의 여정에 도움이 되었으면 좋겠습니다.

주식,
인생의 한 방을 꿈꾸다

주식, 그 애증의 대상. 애초에 주식을 시작한 계기부터가 웃겼다. 직장 생활을 시작하고 2년 정도가 지난 그해 여름은 하루하루가 무료했다. 조금씩 다른 듯하면서도 비슷비슷한 하루의 연속이었다. 그러다 생각했다. '매일매일 바뀌는 게 뭐가 있을까?'

그렇다, 주가 지수. 왜 그게 불현듯이 떠올랐는지는 모르겠다. 그러고 보니 대학 시절 같이 자취했던 동기 녀석은 학업도 제쳐두고 주식 공부를 했었는데, 매일 새벽 3시면 일어나서 미국의 주식 시장에 관한 뉴스를 듣고, 차트를 출력해 자를 대고 줄을 긋던 그의 모습이 떠올랐다. 그 친구에게 대뜸 전화를 했다. "마, 주식 계좌 우째 만드노?" 답변은 이랬다. "마, 하지 마라."

우리의 통화는 짧게 끝났다. 그리고 그 통화는 그렇게 짧게 끝나서는 안 될 통화였다. 다 그의 잘못이다(라고 남 탓을 해본다). 아니 말리려면 제대로 뜯어말리거나, 그게 아니라면 적어도 주식에 대한 최소한의 정보는 줬어야 했다.

내가 사서 그래, 글로벌 금융위기

그 친구는 그날 내게 끝까지 아무것도 알려주지 않았다. 하지만 그 후로 주식을 하면서 직접 알아낸 '주식의 비밀'은 바로, 초보 주식 투자자에게는 세상에 딱 두 가지의 주식만 있다는 것이다. 바로 '내가 사면 내리는 주식'과 '내가 팔면 오르는 주식'이다.

우여곡절 끝에 모 증권사를 통해서 계좌를 만들고 HTS를 깔았다. 하지만 첫 화면을 보는 순간 질렸다. 뭔 놈의 창이 그렇게 많은지….

나름 봐둔 주식이 하나 있었다. 한때는 세계 최초로 MP3플레이어를 만들며 잘 나가던 모 전자업체였다. 호시절에 비하면 주가는 반의 반토막도 안 되었다. 가끔 신제품과 관련된 보도자료가 날아왔는데, 이번에 나온 신제품이 꽤 괜찮아 보였다. 여기저기 뉴스나 리포트를 봐도 지금이 바닥이라고들 했다. 그래서 일단 샀다. 소액이었지만 주식을 사고 나니 시도 때도 없이 매일매일 들여다보게 되었다.

그렇게 주식계좌를 만든 지 일주일이 조금 지났을까. 갑자기 주식시장 전체가 폭락하기 시작했다. 이게 뭔 일인가 싶었다. 나란 인간은 그런 인간이었다. 하필 주식을 시작해도 서브프라임 모기지 사태가 터지기 일주일 전에 시작한 것이었다. 이제 어떻게 해야 하나 고민하고 있는데 누군가가 이럴 때는 물타기, 아니 분할 매수를 해야 한다고 조언했다. '오, 그렇지. 지금은 싸니까 이때 더 사두면 손실률도 줄어들고, 가격이 오르면 더 많이 먹을 수 있겠군.'

가치 투자 vs. 모멘텀 투자

그렇게 물타기를 했다. 그리고 한 달 내내 시장은 무섭게 폭락했다. 물을 타도 너무 일찍 탔다. 내 주식도 덩달아 폭락했다. 물타기 덕분에 손실 금액은 더 커져 있었다. 그래도 한 달이 지나니 주식 시장이 조금씩 회복하기 시작했다. 하지만 다른 주식들은 하나둘 오르는데 내가 산 주식은 그대로였다.

그때 누군가 그랬다. "주식은 가치주를 사서 장기 투자를 해야지." 나는 그 말을 듣고 이번에는 비자발적 가치 투자자의 길을 걸어보기로 했다. 하지만 내가 간과한 것이 하나 있었다. 나는 그리 심지가 굳은 인간이 아니라는 사실을. 내가 산 주식은 요지부동인데 당시 주식 시장은 소위 '중국 수혜주'라고 불리는 조선주, 철강주, 중공업주 등으로 훨훨 날아오르기 시작했다.

또 누군가 그랬다. "추세는 의외로 오래 간다." "달리는 말에 올라타라." 이왕이면 잘나가는 놈이 더 살나갈 가능성이 많다는 것이다. 한 달을 더 버티다 갈아탔다. 그리고 결과는 과연 그러했다. 한때 -50%를 찍었던 계좌가 '물타기 신공'과 '주도주 갈아타기'를 통해 서서히 본전을 찾더니, 어느새 수익률이 플러스로 돌아서 있었다. 11월 초에 이르

니 수익률이 30%에 가까웠다. 갑자기 온갖 생각이 들었다. '뭐지? 주식이 이렇게 쉬운 건가?'

시장이 너무 좋으니 '주도주'라고 이름 붙은 것은 아무거나 사도 수익이 나는 모양새였다. 하지만 마음 한 구석에서는 무언가 불안한 마음이 스멀스멀 스며들기 시작했다. '이게 이렇게 쉬울 리가 없는데….'

아니나 다를까, 운명의 날이 오고야 말았다. 미국의 서브프라임 모기지 사태가 다시 불거진 것이다. 주가는 쭉쭉 흘러내렸다. 일주일 새 30%였던 수익률이 -50%가 될 때까지 아무것도 할 수 있는 게 없었다. 인간의 마음은 간사했다. 왠지 다시 30%의 수익률이 되어야 본전인 것 같다는 생각이 들었다. 아직 수익권일 때는 떨어지는 와중에도 '5%만 다시 오르면 팔아야지.'라고 생각했고, 그러다 마이너스가 되었을 때는 '본전만 되면 팔아야지.'라고 생각했다. 하지만 결국은 버티다 못해 팔아치우고 말았다. 가만히 있다가는 정말 깡통을 찰 것 같다는 느낌이 들었다.

그 와중에 누군가는 또 "주식은 손절을 잘해야 한다." "떨어지는 칼날은 잡는 게 아니다."라고 말했다. 그리고 또 "주식은 예측이 아니라 대응이다."라고 했다. 그래서 손절로 '대응'이라는 걸 했고, 내 계좌의 푸른 손실은 그렇게 일단락되었다.

이처럼 나를 흔들어대는 주식의 격언은 너무나 많았다. 그것들은 언제나 옳았으나, 또 언제나 서로 상충했다. 뒤늦게 그 말들의 의미를 깨닫고 나서야 그 모든 게 허황되게 느껴졌다. 나는 그 주옥같은 격언들을 잘못된 선택을 합리화하는 데만 사용하고 있었다. 그렇게 반토막이 난 잔고를 멍하니 보고 있자니 이번에는 주식 격언이 아니라 시 한

구절이 떠올랐다.

오월 어느 날, 그 하루 무덥던 날,
떨어져 누운 꽃잎마저 시들어 버리고는
천지에 모란은 자취도 없어지고,
뻗쳐 오르던 내 보람 서운케 무너졌느니
모란이 지고 말면 그뿐, 내 한 해는 다 가고 말아,
삼백 예순 날 하냥 섭섭해 우옵내다.
모란이 피기까지는,
나는 아직 기다리고 있을 테요, 찬란한 슬픔의 봄을.

'모란이 피기까지는' (김영랑, 1934)

11월 어느 차갑던 날. 떨어져 누운 낙엽마저 바람에 휩싸이고, 천지에 수익은 자취도 없어지고, 뻗쳐 오르던 내 수익률은 서운케 무너졌다. 계절이 가면 모란은 다시 피기라도 하겠지만, 구멍이 난 내 계좌는 다시 필 가망이 없어 보였다. 찬란한 슬픔의 봄이 언제 올지, 아니 그 봄이 와도 나는 주식 시장에 없을 것 같은 기분이었다.

안 한 놈은 있어도 한 번만 한 놈은 없다

그런데 주식이란 게 그랬다. 안 해 본 사람은 있어도, 한 번만 하고 마는 사람은 없었다. 투자라고 하지만 초보 주식 투자자에게 단기 트레이딩은 일종의 도박과 비슷해, 어느새 수익을 떠나 사고파는 행동 그 자체에 중독되고 만다. 그래서 『심리투자법칙』이라는 책을 쓴 알렉산더 엘더는 주식 투자를 알코올 중독에 비유하기도 했다.

고객의 편의를 위해 만들어둔 HTS와 MTS의 수많은 기능들도 사실 마찬가지다. 쇼핑 애플리케이션의 UX/UI가 고객의 구매전환율을 높이기 위해 기능을 더하듯, 증권사 애플리케이션도 그런 느낌이었다. 분명 더 편하고 좋으라고 만든 기능과 디자인이었지만, 그 이면에는 거래회전율을 늘리기 위한 의도가 숨겨져 있는 듯했다. 쉴 새 없이 숫자가 바뀌는 호가창은 나를 자꾸만 유혹했다. '이래도 안 살래? 이래도 안 팔래?'

아무튼 그 첫 번째 충격적인 사건을 겪은 이후로 한동안은 주식을 쉬었지만 끊을 수는 없었다. 누가 좋다고 추천한 종목에 들어가서 조금 먹기도 하고, 왕창 털리기도 했다. 재무제표도 하나 볼 줄 모르면서 그저 동전의 앞뒷면을 맞추는 기분으로 주식이라는 걸 했다. 경제학자들이 고른 종목과 침팬지가 고른 종목을 비교했더니, 오히려 침팬지가 고른 종목이 더 나은 수익률을 보이더라는 이야기를 들먹이며 내 무지함을 합리화하기도 했다. '그래, 어차피 주식은 아무도 모르는 거야.'

그러던 어느 날, 아는 동생에게서 연락이 왔다. "형, 이 종목 괜찮아요. 저는 여윳돈이 없어서 못 사지만 형이라도 좀 사세요." 그냥 속는 셈 치고 조금 사봤다. 다음 날 눈을 떠보니 그 주식이 상한가에 가 있었다. 정작 소스를 준 녀석은 사지도 못했는데 상한가를 친 것이다. 왠지 두려운 마음이 들어 곧바로 매도했다. 그런데 다음 날도 그다음 날도 연일 상한가를 갱신하는 것이었다. 적게 산 것도 억울한데 팔고 나서 더 오르다니 정말이지 배가 아팠다.

하지만 수상한 주식답게 몇 주 지나지 않아 상승분을 고스란히 다 토해냈다. 그때 팔아서 그나마 다행이라고 생각했다. 그렇게 잊고 지내고 있는데 두어 달 후 다시 연락이 왔다. "형, 이번에도 한 번 튈 것 같아요." 이번에는 기회를 놓치지 않겠다는 생각에 다른 주식들까지 다 팔아치우고 소위 '몰빵'을 했다.

"그래, 인생 한 방이다. 가즈아!"

그렇게 갔다. 한 방에 갔다. 다음 날 오전에 쑤욱 치고 오르던 주가는 오후가 되자 쭉쭉 빠졌고, 그날 하루만 해도 최고점과 최저점이 30% 넘는 변동 폭을 보였다. 그리고 그다음 날부터 처음 산 가격을 다시는 회복하지 못하고 쭉쭉 빠졌다. 처음 소액으로 벌었던 수익의 몇 배를 날리고서도 헛된 기대를 잃지 않았지만, 결국에는 포기하고 손절할 수밖에 없었다.

그 뒤로도 불나방과 같은 짓을 계속했다. 애초에 재미 삼아 시작한 일이니 등락이 큰 종목만 눈에 들어왔고, 테마주나 문자로 날아오는 작전주에도 발을 담갔다. 남들 다 보는 차트도 좀 보겠다며 기술적 분석을 공부하기도 했지만 눈에 전혀 들어오지 않았다.

그러니까 그건 어떤 바닷가 같았다. 가만히 한곳에 앉아서 바다를 쳐다보면 파도의 패턴이 보인다. 조금씩 다 다르지만, 그래도 특정 지점의 파도는 비슷하다. 나름의 궤적이 있다. 그래서 그 궤적을 보고 이 정도면 젖지 않고 안전하겠지 싶어 그곳에 쪼그리고 앉아 있다 보면, 어느새 파도가 쑤욱 치고 들어와 발을 적신다. 그러다가 어떤 날은 쓰나미가 들이닥친다. 주식 계좌에는 그렇게 푸른 물결이 차고 넘치기만 했다.

배당금이라굽쇼?

그렇게 국내주식으로 죽을 쑤고 있는 동안 미국주식 시장은 연일 신고가 경신을 이어나갔다. 저거나 해볼까 싶어 공부를 하다 보니 충격적인 사실을 알게 되었다. 내가 세상의 전부로 알고 있었던 한국주식은 전 세계 주식 시장에서 끽해야 1~2% 비중에 불과하다는 것이었다. 미국에서 1~2위 하는 종목의 시가총액이 코스피 전체의 시가총액을 넘는다는 걸 그제서야 알았다(최근에는 애플 한 종목이 코스피와 코스닥 전체를 넘어섰다). 그리고 주식 시장은 선진국 시장과 신흥국 시장이 있고, 우리나라는 신흥국 시장이라 변동성이 큰 편이라는 것도 그제서야 알게 되었다. 그야말로 우물 안 개구리였던 것이다.

돈을 벌고 말고를 떠나서 미국주식을 적게라도 사보니 주식을 대하는 태도가 조금씩 바뀌기 시작했다. 제일 좋은 점은 '잡주'는 안 건드리게 된다는 점이었다. 애초에 정보를 줄 사람도 없고, 영어로 된 기사들을 읽는 것도 귀찮으니 그냥 이름만 대면 누구나 알 만한 주식들, 예를 들어 애플이나 마이크로소프트 같은 우량주만 사게 되었다.

우량주를 사니 크게 신경이 쓸 것이 없어 가만히 묵혀두게 되었다. 거래수수료가 한국보다 비싸니 거래를 자제하게 되는 면도 있었다. 자연스럽게 HTS도 들락거리지 않게 되었다. 또 국내주식 시장과 달리 소문에 휘둘리기보다는 실적에 따라 내리거나 오르는 느낌이었다.

어느 날, 증권사에서 문자가 왔다.

"배당금이 입금되었습니다.

종목명: ○○○○○

배당입금: USD 3.2"

배당금이라니…. 그러고 보니 국내주식으로는 배당금이라는 걸 받아본 기억이 없었다. 배당금이라는 걸 주는 회사 자체가 드물기도 하고, 삼성전자 같은 몇몇 회사를 빼고는 1년에 한 번 정도 배당을 하니 그 기간을 기다리기도 쉽지 않았다.

미국의 경우 기관 투자자(대형 자산운용사, 연기금 등)가 대기업의 대주주인 경우도 많고, 주주의 권리를 중요시하다 보니 배당금을 주는 회사들이 많았다. 그리고 배당을 주는 주기도 월, 분기, 반기 등으로 짧아 배당금을 기다리기가 지루하지 않다는 장점도 있었다. 그 뒤로는 증권사에서 오는 문자가 기다려지기 시작했다.

주식의 근본은 무엇인가?

'역시 미국은 달라!' 같은 이야기를 하고 싶은 게 아니다. 미국 시장도 2008년 글로벌 금융위기 때처럼 언젠가 또 다른 위기를 맞닥뜨릴 수 있다. 그러나 시장의 규모가 훨씬 크고 성숙하다 보니 새로운 시야를 갖게 해준 게 사실이었다.

공부를 하다 보니 새삼 주식회사의 역사가 참 오래되었다는 걸 알게 되었다. 여러 학설이 있지만 대개 16세기 네덜란드의 동인도회사를 주식회사의 기원으로 본다. 당시 해상무역 사업은 배가 난파라도 당하면 전 재산을 잃을 수 있는 고위험 고수익 사업이었다. 정말 부자가 아닌 이상 누구 한 명이 나서서 하기 힘든 사업이었고, 그래서 사람들의 돈을 모아 회사를 운영했다. "우리가 이러이러한 사업을 할 건데 투자 좀 해줘. 대신 수익이 나면 나눠줄게." 오늘날로 치면 일종의 벤처사업이랄까.

어쨌거나 처음에 이 회사는 3.5%의 배당수익을 약속했다. 그런데 1602~1696년 동안 평균 배당수익률이 20% 안팎이었다고 한다. 1천만 원을 투자하면 해마다 배당금으로 200만 원씩 따박따박 받을 수 있었다는 이야기다. 애플, 코카콜라가 부럽지 않은 수준이다.

애초에 주식이란 매매차익을 위해 생겨난 것이 아니었다. 어떤 회사에 투자를 하고, 그 회사가 성장하면서 발생하는 수익을 공유하자는 게 그 취지였다. 그런데 호가창을 보고 있으면 싸게 샀다가 비싸게 팔아야 돈을 번다는 생각에 사로잡힌다. 그런데 직장인이 과연 단기 투자의 세계에서 수많은 기관 투자자들을 제치고 살아남을 수 있을까? 이 바닥에서 단기 투자로는 그들을 이길 수 없다는 생각이 그제서야 새삼 들기 시작했다.

나름 의리(?)라고 좋은 정보가 생기면 서로 열심히 공유하던 지인들의 단체 채팅방을 다시 보고 있으니 괜히 웃음이 났다. 마치 서로 전교 꼴등을 다투는 하위권 애들끼리 모여서 '공부 잘하는 법'에 대해 토

론하는 모습 같았다.

문득 한 가지 확신이 들었다. '단타'로 돈을 벌 수도 있을지도 모르겠다고. 근데 그 사람이 적어도 나는 아닐 거라는 확신 말이다.

주식 투자는 어떻게 해야 하는 걸까?

요즘 서점에 가면 주식 관련 책들이 매대를 가득 채우고 있다. 차트를 따라잡는 기술적 분석, 재무제표를 기반으로 펀더멘털을 파고드는 기본적 분석 같은 분석의 방법론은 시작일 뿐이다. 퀀트 투자, 스마트 베타 전략, 올웨더 포트폴리오 등 다양한 투자 방법과 트레이딩 이론을 다룬 책들은 제목만 봐도 머리가 핑핑 돌 정도다. 누군가는 '저점 매수, 고점 매도'를 하라고 하고, 누군가는 '바이 앤 홀드' 전략을 고수하라고 외친다. 그렇기 때문에 처음 주식을 하는 이들은 뭘 어떻게 해야 할지 혼란스럽고, 이것저것 따라 하다가 망하기 일쑤다.

그렇다면 주식 투자는 어떻게 해야 하는 걸까? 정확한 답은 아직 나도 모른다. 그럼에도 불구하고 누군가 처음 주식 투자를 시작한다고 하면 배당주 위주로 시작해보라고 조언하곤 한다. 앞에서 살펴본 동인도회사의 이야기처럼 어쩌면 주주 친화적인 배당주야말로 가장 주식의 본질에 충실한 종목일지 모른다.

투자는 결국 지금 내가 가진 자산을 가지고 더 나은 수익률을 얻기 위한 방법을 찾는 것이다. 동일한 투자 원금을 가지고 정기예금, 채권, 배당주, 그리고 배당금이 없는 주식에 투자했을 때 우리가 얻을 수 있는 수익이 얼마만큼 다를지 고민해보자. 우선 투자 원금은 모두 100만 원이고, 금리는 3% 정도 된다고 가정해보자(수수료, 세금 등은 제한다). 먼저 정기예금은 원금 보장이니 투자 원금은 변하지 않는 상태에서 정해진 이자를 준다. 따라서 1년 후에는 103만 원이라는 금액을 안정적으로 받을 수 있게 된다.

채권의 경우 시장의 금리 변동에 따라서 채권의 가격이 변동될 수 있다. 금리가 1% 오르면 1% 정도 내리고, 금리가 1% 내리면 1% 정도 오르는 식이다. 반면 받기로 되어 있는 이자는 고정적이다. 그렇다면 1년 후에 받을 수 있는 돈은 102~104만 원 정도의 변동성이 있다(뒤에서 다시 자세하게 설명하겠다).

배당주의 경우 배당수익률을 살펴봐야 한다. 지금 해당 종목의 가격이 1만 원이고 배당금이 500원이라면, 배당수익률은 5%가 된다(일단 정기예금보다는 높다). 이 주식을 100주 산다면 주가가 1년 동안 바뀌지 않는다는 전제하에 1년 후 105만 원이 들어온다. 하지만 이 회사의 실적이 나빠지거나 주식 시장 자체가 폭락한다면 전체 수익이 마이너스가 될 수도 있다. 반면 실적이 좋아져서 주가가 오른다면 시장 금리보다 높은 배당수익을 얻으면서 동시에 매매차익도 얻을 수 있게 된다. 회사가 성장하면 다음 해에는 배당금도 오를 수 있다.

세 가지 자산의 차이는 결국 투자 원금의 변동성과 투자수익의 변동성의 차이다. 정기예금은 둘 다 고정되어 있고, 채권은 투자 원금에 변동성이 있지만 제한적이다. 배당주는 둘 다 변동성이 있지만 적어도 배당금이라는 투자수익이 최소한의 준거점이 되어준다. 반면 배당금을 주지 않는 주식은 그 최소한의 준거점조차 없기에 초보 투자자들이 가치를 산정하고 적정 가격에 투자하기가 쉽지 않다.

배당주 투자라고 해서 배당수익률이 높은 주식만 고를 필요는 없다. 그냥 배당금이 들어오는 종목이라면, 그리고 성장성이 있는 종목이라면 일단 뭐라도 소액으로 투자해보자. 자산이 자산을 불려주는 경험 자체가 우리 같은 초보 투자자에게는 드문 경험이고, 책으로 읽는 것과 달리 자신의 계좌에 단 몇백 원이라도 들어오면 투자를 대하는 시야가 달라질 수 있다.

그렇다면 배당금을 주지 않으면 무조건 나쁜 주식일까? 꼭 그렇다고 볼 수는 없다. 배당금은 결국 기업이 벌어들인 수익을 주주들에게 나눠주는 것이다. 만약 기업이 수익을 주주에게 나눠주는 대신 그것을 재투자해 더 높은 성장을 이룬다면, 그 또한 좋은 일이다. 당연히 배당금을 5% 주는 대신 주가가 10% 이상 상승하는 것이 주주 입장에서는 더 이익일 수 있다(아마존이 그런 경우다).

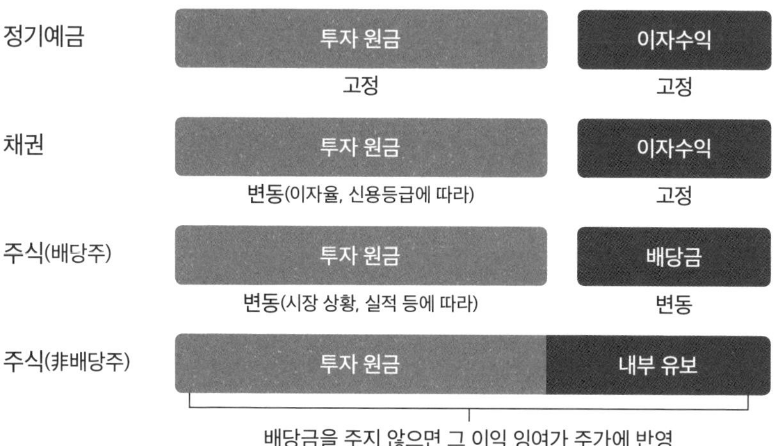

기업의 가치를 산정하는 방법은 너무 많고, 또 시장 상황에 따라 보다 유효한 가치 측정의 방식도 다 다르다. 처음 주식을 공부하다 보면 PER, PBR, ROE, EV/EBITDA, PSR, PEGR 등 숱하게 많은 지표들 사이에서 길을 잃게 된다. 'PER은 주가수익비율'이라고 밑줄 쫙 긋고 골백번 외운다고 해서 실제 수익을 내는 데 직접적으로 도움이 되지는 않을 것이다. 자신이 하나하나 직접 투자해보면서 지표들의 효용성을 깨우쳐야 조금이라도 감이 올 것이다.

부동산 투자를 좋아하는 분들을 보면 서울 일대의 아파트 이름과 시세를 외우고 있는 경우가 흔하다. "거기는 원래 분양가가 얼마였는데, 3년 전에는 얼마였고 요즘에는 얼마다." 하는 말들이 불쑥 나온다. 로얄층과 로얄동은 다른 곳과 가격 차이가 얼마나 나고, 주변 호재가 무엇이 있고, 학군과 생활환경이 어떤지 줄줄이 꿰는 경우도 많다.

주식 투자도 마찬가지다. 정말 열심히 하는 사람들은 상장 기업 2,400개를 섹터별로 나누고, 그 종목들이 어떤 산업에 속하고, 다른 종목의 실적과 어떤 연관이 있는지를 안다. 자신의 관심 종목이라면 최근 3년간의 매출과 영업이익, ROE 등을 줄줄 꿰고 있다. 처음부터 그렇게 되는 것은 아니고, 그냥 주식 투자를 오래한다고 해서 되는 것도 아니다. 지속적으로 관심을 가지고 꾸준히 체계적으로 공부하다 보니 그렇게 되는 것이다.

멋진 근육을 만들기 위해서는 처음부터 벤치프레스 100kg에 욕심을 내서는 안 된다. 소소하게 팔굽혀펴기라도 매일 하나씩 늘려가면 된다. 주식 투자도 그렇다. 조급해하지 말고 주식의 '본질'이 무엇인지를 항상 염두에 두고 차근차근 나아가보자.

채권,
알고 보면 누구나 하고 있다

사실 일반인이 채권 투자를 하는 경우는 드물다. 가격의 등락이 주식처럼 드라마틱하지 않고, 뉴스에서도 크게 다루지 않으니 그런 시장이 있든 말든 내 인생과 별 상관이 없다고 느껴진다. 그래도 경제나 금융 관련 뉴스와 책을 보다 보면 빠지지 않고 등장하는 게 바로 채권이다.

하긴 인류 최초의 금융상품은 결국 채권일 수밖에 없었다. 누군가가 옆집에서 보리를 한 되 빌려서 두 되로 갚는 일, 그러니까 뭔가 필요한 이가 그것을 가진 이에게 빌리는 행위는 먼 옛날부터 익숙한 일이었을 테니 말이다. 그래서 전통적인 투자자산의 가장 큰 축은 결국 채권이었다.

채권에 관심이 생긴 이유는 전 세계 채권 시장의 규모가 전 세계 주식 시장에 비해 2~3배 크다는 것을 알게 되었기 때문이다. 2018년 초를 기준으로 글로벌 주식 시장의 시가총액은 81.5조 달러 정도인 반면, 글로벌 채권 시장은 무려 215조 달러 규모에 달했다.

채권 시장이 주식 시장보다 클 수밖에 없는 근본적인 이유는 따로 있다. 주식 시장은 민간 기업들만이 참여하는 시장인 반면, 채권 시장은 국가와 지자체도 참여하는 시장이기 때문이다. 그러니까 우리 같은 개인 투자자들은 관심을 갖고 있지 않지만, 주식보다도 더 많은 돈이 몰려 있는 곳이 바로 채권 시장이다.

채권은 기본적으로 금리의 변화에 따라 수익률이 변하는 상품이다. 그래서 우리가 하는 모든 투자의 기준이 되어주는 상품이다. '채권'이라고 하니까 어렵게 들리지만, 쉽게 말하자면 '누군가에게 돈을 빌려주고 그 원금에 이자를 더한 값을 받을 수 있다는 약속을 담은 차용증서'일 뿐이다.

이렇게 생각하면 떠오르는 것이 있다. 서랍 속에 넣어둔 예적금 통장. 우리는 예금과 적금을 '든다'고 생각하지만, 그건 결국 은행에게 돈을 빌려주고 이자를 받을 자격이 있다는 증서를 받는 것과 마찬가지다. 그리고 은행은 예적금 금리보다 더 높은 금리로 누군가에게 돈을 빌려주고 그 차액만큼 수익을 번다. 또한 우리는 은행에서 대출을 '받는다'고 생각하지만, 이는 반대로 내가 가진 주택이나 신용을 바탕으로 채권을 파는 것과 같은 의미였다(미국의 서브프라임 모기지 사태를 떠올려보자. 누군가의 주택담보대출을 구조화해서 서로 사고팔다가 그 사단이 난 것이다). 그러니 알고 보면 우리 모두가 저 거대한 채권 시장의 참여자였다.

채권 한번 사보려고 했더니

이렇게 생각하니 채권이 조금은 만만하게 느껴졌다. 그래서 무엇을, 어떻게 살 수 있는지 살펴보기 시작했다. 뭐가 있는지도 모르고, 그걸 어디서 살 수 있는지도 몰랐기 때문이다.

소위 장내 채권이라고 하는 것들은 국내 대기업에서 발행한 회사채, 금융권에서 발행한 금융채, 그리고 나라에서 발행한 국채 등이었다. 그런데 이게 또 막상 사려고 보니 참 애매했다. 액면가 1만 원, 만기까지 남은 기간 2년, 이자 3%를 주는 채권이 10,500원에 팔리고 있었다. 그럼 사서 2년 가지고 있어봤자 이자는 600원(1만 원×2년×이율 3%)이고, 수익은 100원 남는다. '아니 이걸 누가 사나?' 싶은 생각이 들었다. 게다가 회사마다 발행일자, 이자 주는 방식 등이 달라 굉장히 복잡했다. '돈도 안 되는 게 공부는 많이 해야 하네.' 싶은 생각이 들었다. 하긴 그 당시 국내 기준금리가 1.5% 내외였으니 국내 채권이 높은 수익률을 줄 리가 없었다(최근엔 0.5%까지 떨어졌다).

그래서 이번엔 해외 국채를 뒤져봤다. 금리가 비싼 나라는 채권도 이자를 많이 주겠지 싶었다. 그런데 사실 개인이 직접 살 수 있는 해외 국채는 의외로 별로 없었다. 그나마 당시엔 브라질 국채가 각광받고 있었다. 우리나라와 비과세 협정을 맺어 이자수익에 세금을 떼지 않았기 때문이다. 표면이자율은 10%지만 당시 시장에서의 수익률은 6~7%였다. 그러니까 어쨌거나 100만 원어치 채권을 사면 6~7만 원의 이자를 받을 수 있다는 이야기였다.

그런데 이상하지 않은가? 표면이자율이 10%면 해마다 10%씩 이자를 주겠다는 의미다. 채권 증서에 1년에 분명 10%씩 주겠다고 적혀 있는데 수익률이 7%라니? 대체 무슨 이야기인가 싶었다.

채권의 가격은 금리와 반대로 움직인다

표면이자율과 수익률이 다른 이유는 채권의 가격이 금리에 영향을 받기 때문이었다. '금리에 따라 채권의 가격이 바뀐다고?' 이건 또 무슨 소리인가 싶었다. 나한테서 1만 원(가격)을 빌려가고 10%(수익률)의 이자를 주겠다고 증서에 뻔히 적어뒀는데, 나중에 상황에 따라 가격이 바뀐다는 게 좀 이상했다. 하지만 그 미스터리는 곧 풀렸다. 알고 보니 채권의 가격은 금리와 반대로 움직이는 거였다.

그러니까 채권을 일반적인 상품이라고 생각해보자. 예를 들면 내가 나이키 한정판 운동화를 매장에서 정가 10만 원에 샀다고 치자. 그런데 갑자기 유명 연예인이 같은 운동화를 신는 바람에 인기가 생겨서 중고 시장에서 20만 원까지 가격이 오를 수도 있고, 그냥 일반 중고상품처럼 싸게 팔아야 할 수도 있다. 요점은 채권이라는 것도 처음에는 정가로 발행하지만, '중고나라'처럼 이걸 서로 사고파는 유통 시장이 있어서 그곳의 수요와 공급에 따라 가격이 바뀐다는 것이다.

그렇다면 유통 시장에서 채권의 가격을 결정하는 가장 큰 요인은 뭘까? 그게 바로 기준금리다. 예를 들어 내가 어제 3% 이율의 1년짜리 정기예금을 100만 원 가입했다고 가정해보자. 그럼 1년 후에 3만 원의 수익이 생긴다. 그런데 한국은행이 기준금리를 올려서 똑같은 곳에서

4%짜리 정기예금을 출시하면 나는 4만 원의 이자수익이 생길 수 있는 기회를 놓치게 된 셈이다. 정기예금은 매매가 불가능하지만 채권은 매매가 가능하다. 그러니 이런 일이 벌어지면 기존에 발행된 3%짜리 채권의 가치는 떨어지게 된다. 가치가 떨어지면 당연히 가격도 떨어진다. 시장에서 돈을 가지고 있는 사람들은 4%짜리 채권을 살 테니 당연한 수순이다. 반대로 3%였던 기준금리가 2%로 떨어지면 채권의 가치는 올라가게 된다. 이제 다른 정기예금이 출시되더라도 3만 원의 수익이 확정된 채권보다 높은 수익을 기대하기 힘들기 때문이다.

앞서 언급한 브라질 국채도 예를 들어 발행가 100만 원에 10% 이자를 주는 것이었는데, 브라질의 기준금리가 내려가면서 가격이 오른 경우였다. 100만 원이었던 채권의 가격이 140만 원 정도가 되었다고 가정해보자. 처음 산 사람은 이자수익뿐만 아니라 매매차익으로만 40만 원을 벌게 된다. 해당 채권을 넘겨받은 사람은 연 이자가 10만 원이니 7.1%(10만 원/140만 원) 정도의 이자수익을 기대할 수 있게 된다.

해외 채권은 환율도 신경 써야 한다

그렇게 경험 삼아 '그냥 이자가 나올 때까지 가만히 있어보자.' 하는 마음으로 브라질 국채를 샀다. 그런데 이게 또 이상하게 채권 주제에 주식처럼 의외로 계좌의 평가 금액과 수익률이 매일매일 바뀌었다. 생각보다 변동 폭도 컸다.

생각은 했지만 설마 했던 요소가 생각보다 크게 작용했다. 바로 환

▲ 브라질 레알화 환율 그래프. 고점에서 1/3로 줄었다. 자료: 네이버 금융

율이었다. 외국의 자산을 살 때는 결국 달러 혹은 그 나라 통화로 살 수밖에 없다. 미국주식의 경우 당연히 달러로 샀고, 달러는 변동 폭이 있다 해도 기축통화니까 특별한 이슈가 없는 한 움직임이 그리 크지 않았다. 하지만 신흥국에 분류되는 브라질은 달랐다. 환율의 변동 폭이 컸다. 실제로 브라질 국채 투자 열풍이 한창 불던 2010~2011년도에 브라질 국채 투자를 감행했다면, 높은 이자율에도 불구하고 브라질 레알화의 환율이 폭락하면서 최대 50% 넘게 손실을 보았을 것이다.

브라질 국채를 사고 조금 지나니 이자가 들어왔다. 6개월 단위로

1년에 두 번 이자가 들어오는 채권이었다. 괜히 뿌듯했다. 큰돈을 벌어서가 아니라 안 해보던 것, 모르던 것에 대해 조금이라도 알게 되었다는 생각에 뿌듯했다. 그러나 그런 기쁨도 잠시였다. 레알화 환율이 뚝뚝 떨어지기 시작하더니 채권인데도 손실이 -20%를 넘어서기 시작했다. 어흑.

채권의 리스크와 특성

초보 개인 투자자가 실제로 회사채나 국채를 직접 매매하는 경우는 드물다. 특히 국채 같은 경우에는 기본 거래 단위가 100억 원 수준이다. 그만큼 채권은 규모가 클수록 더 효율적인 운용이 가능한 자산이다. 개인 투자자가 채권에 투자할 수 있는 가장 보편적인 방법은 결국 펀드 혹은 ETF다. 그렇다면 그 펀드 혹은 ETF에 담겨 있는 채권의 리스크와 특성 정도만 알면 족할 것이다.

1. 채권의 리스크

채권의 리스크는 크게 세 가지로 나뉜다. 첫 번째는 이자율 위험이다. 이건 세상의 모든 채권에 해당한다. 앞에서 설명한 것처럼 기준금리가 오르면 기존에 발행된 채권들의 가격은 내려가게 되어 있다. 즉 기존에 채권을 가지고 있었던 사람들은 매매차익에서 손실이 발생한다.

두 번째는 신용 위험이다. 채권은 한마디로 빚 문서다. 그런데 돈을 빌려간 사람이 부도가 나거나 파산하면 이자는 둘째 치고 원금까지

〈채권의 세 가지 리스크〉

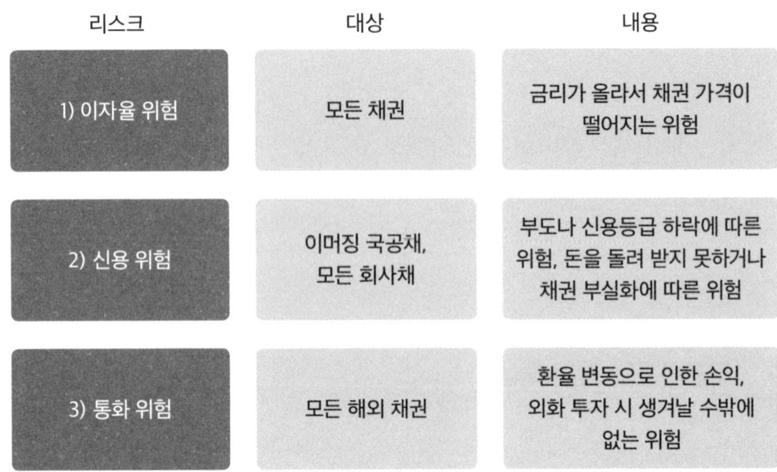

리스크	대상	내용
1) 이자율 위험	모든 채권	금리가 올라서 채권 가격이 떨어지는 위험
2) 신용 위험	이머징 국공채, 모든 회사채	부도나 신용등급 하락에 따른 위험, 돈을 돌려 받지 못하거나 채권 부실화에 따른 위험
3) 통화 위험	모든 해외 채권	환율 변동으로 인한 손익, 외화 투자 시 생겨날 수밖에 없는 위험

사라질 수 있다. 기본적으로 미국 국채 등 몇몇 선진국 국채를 제외한 신흥국 국공채와 회사채들은 이 위험에 노출되어 있다고 봐야 한다.

세 번째는 통화 위험(환 위험)이다. 앞에서 소개한 브라질 국채처럼 해외 채권의 경우 달러 혹은 현지 화폐와의 환율 변동으로 인한 손익을 고려해야 한다.

2. 채권의 특성

채권의 특성은 신용등급과 만기라는 두 가지 요소에 의해 정해진다. 우선 신용등급은 말 그대로 '돈을 갚을 능력'에 대한 평가다. 발행 주체의 신용 위험을 평가하는 것으로, 등급이 높을수록 이자수익이 적은 대신 변동성이 적고 안정적이다. 무디스, S&P 등 신용평가회사에서 등급을 매기고 크게는 '투자적격'과 '투자부적격' 채권으로 나뉜다. 이

때 투자부적격이라고 해서 아예 투자가 이루어지지 않는 것은 아니다. 위험도가 높을수록 그만큼 더 많은 이자를 약속하기 때문에 '하이일드 채권'이라는 이름으로 거래된다.

만기는 '몇 년 안'에 갚겠다는 의미다. 일반적으로 만기가 길수록 금리도 높고 변동성이 커진다. 간단하게 생각해도 누군가에게 돈을 빌려줄 때 10년 후에 갚겠다는 사람보다 일주일 후에 갚겠다는 사람이 더 믿음직스러울 수밖에 없다. 그래서 장기 금리가 단기 금리보다 일반적으로 금리가 더 높다. 또한 만기가 길수록 변동성도 더 커진다. 금리가 1% 움직인다면 1년 만기는 수익이 1% 차이가 나지만, 10년 만기라면 10배(1%×10년) 가까운 차이가 날 수 있기 때문이다.

다음의 그래프는 세계적인 펀드평가사 모닝스타에서 채권펀드를 분류하는 기준이다. 신용등급과 만기에 따른 변동성의 크기는 다음과

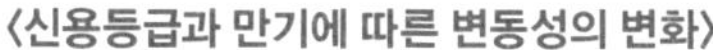
〈신용등급과 만기에 따른 변동성의 변화〉

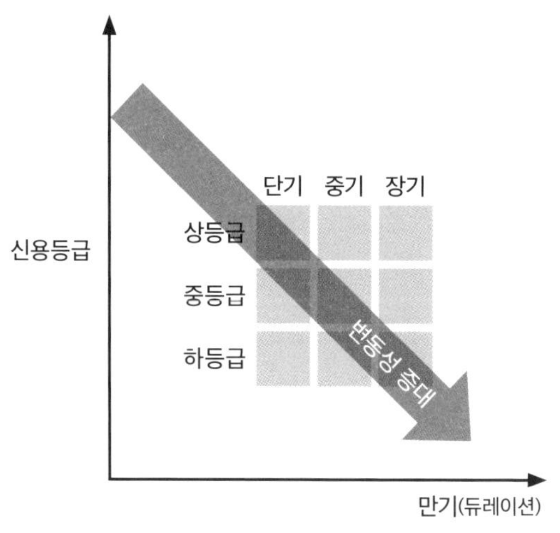

같다. 그리고 펀드나 ETF에서 채권을 기초자산으로 하는 상품들은 아래의 순서로 변동성이 커진다고 생각하면 좋다.

국내 채권 < 선진국 국공채 < 선진국 투자적격 회사채 < 선진국 하이일드 채권 = 신흥국 국채 < 신흥국 하이일드 채권

펀드,
포트폴리오를 구매하다

증권사 애플리케이션에 들어가서 내가 가진 자산들의 수익률을 확인해봤다. 주식은 마이너스, 그것도 심한 마이너스다. 과감하게 시도한 브라질 채권도 역시 마이너스다. 유일하게 플러스 수익률인 건 그래도 2년 넘게 넣어둔 해외 펀드상품들이었다. '흠, 역시 나란 녀석은 직접 투자를 하면 안 되는 걸까?'라는 생각이 스치고 지나간다.

요즘은 펀드가 찬밥 신세를 못 면하고 있지만 그래도 일반 투자자들에게 가장 친숙한 금융상품이긴 하다. 한때 중국펀드나 브릭스펀드를 가입하지 않으면 안 될 것 같던 시절도 있었다. 한 해에만 30% 넘는 수익이 난다는 소문에 다들 예적금을 깨고 펀드를 가입하던 때였다. 취직을 하고 얼마 안 되었을 때 군대 후임병이 증권사에 취직했다며 찾아왔다. 그의 권유로 그렇지 않아도 소문이 자자하던 차이나펀드에 가입했다. 그리고 1년 후, 그 펀드의 수익률은 -30%를 기록하게 된다. 그새 중국 증시가 고점을 찍고 거의 반토막이 나 있었다. 물론 적립식으로 따박따박 돈을 넣었다면 언젠가 수익률이 회복되었겠지만, 급하게 돈이 필요한 일이 생겨서 환매할 수밖에 없었다. 그렇게 슬픈 기억만 남기고 첫 펀드의 추억은 사라졌다.

하지만 요즘처럼 예적금 금리가 마땅치 않은 시기에는 다시 한번 펀드를 돌아보지 않을 수 없다. 미워도 다시 한번. 이번에는 제대로 공부해보기로 했다.

내 돈 좀 굴려주세요

뭐든 공부하려면 정의부터 알아야 한다. 살펴보니 펀드(fund)의 사전적 정의는 '다수의 투자자로부터 자금을 모아 증권 등의 자산에 투자하고 그 수익을 투자 지분에 따라 투자자에게 배분하는 집단적·간접적 투자 제도'라고 한다. 그냥 간단하게 생각해보자. 주식을 엄청 잘하는 사람, 소위 전문가(펀드매니저)를 만나면 이런 부탁을 하고 싶어진다. "네가 나보다 투자를 잘하니까 내 돈 좀 굴려줘. 그럼 수수료 줄게."

그렇다. 펀드의 본질은 결국 이 한 줄이다. 그렇게 펀드는 투자자들의 돈을 모아서 운용되고, 환매 시 각각의 투자 금액만큼 나눠서 투자자의 계좌로 입금된다. 펀드가 어렵게 느껴지는 이유는 특정 전문가가 아닌 전문기관에 돈을 맡기는 것이고, 또 돈을 맡기는 사람이 한 명이 아니라 여러 명이다 보니 다양한 제도와 규제가 생겨났기 때문이다.

펀드에 투자하거나 투자금을 회수할 때는 주식처럼 실시간으로 할 수 없고, 기준일자를 정해서 일괄적으로 투자하거나 환매된다. "오늘 오후 3시 반 전에 입금하시면, 오늘 시장이 끝나고 계산해 내일 발표하는 기준가격에 맞춰서 투자를 진행합니다." "오늘 오후 3시 반 전에 투자금 회수를 요청하시면, 오늘 시장이 끝나고 계산해 내일 발표하는 기준가격에 맞춰서 돌려드립니다." 같은 식이랄까.

포트폴리오를 구매한다

펀드는 일종의 커다란 '바구니' 같은 느낌이다. 하나의 바구니 안에 이런저런 자산들을 넣어서 운용하고, 그 개별 자산들의 수익과 손실을 합해서 가입자에게 돌려주기 때문이다. 따라서 펀드상품을 구매한다는 것은 개별 종목을 사는 것과 달리 일종의 포트폴리오를 구매하는 것과 같다. 투자 금액이 아무리 소액이라 하더라도 말이다.

일반 투자자의 입장에서 펀드는 자산운용을 전문가에게 맡길 수 있다는 점 외에도, 개별 종목에 투자하는 것에 비해 상대적으로 위험을 분산시키고 변동성을 줄일 수 있다는 장점이 있다. 주식이든 채권이든 개별 종목을 사고 나면 항상 불안할 수밖에 없다. 혹시라도 일이 잘못되면 100% 손실도 볼 수 있기 때문이다. 펀드는 적어도 그럴 가능성은 없다. 어쨌거나 여러 종목에 분산 투자를 했으니 개별 종목이 망한다 쳐도, 적립식으로 꾸준히 넣다 보면 원금 회복의 가능성이 있게 마련이다.

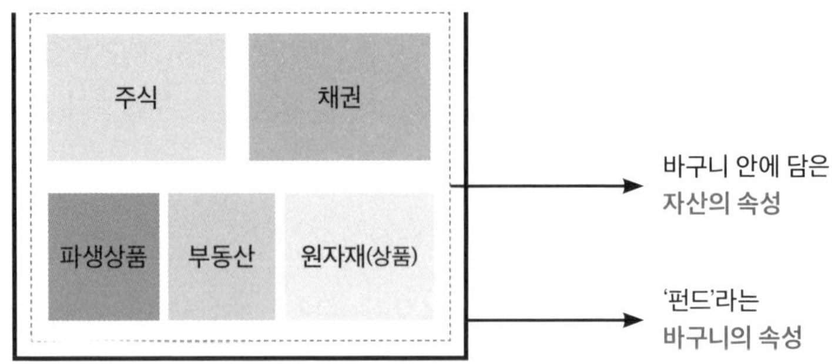

펀드상품의 기대수익률과 리스크는 두 가지에 의해서 정해진다. 펀드라는 '바구니' 자체의 속성과 그 안에 담긴 '자산'의 속성이다. 바구니가 지니고 있는 속성은 수수료는 얼마나 나가는지, 운용을 잘 하고 있는지 등이다. 바구니 안에 담겨 있는 자산의 속성은 어떤 기초자산(주식, 채권, 부동산, 원자재 등)들을 담았는지 확인하면 파악이 가능하다.

관건은 투자 지역과 자산의 종류

어쨌거나 수익률이 플러스인 게 펀드뿐이니, 이걸 좀 더 해보자는 생각이 들었다. 그래서 증권사 애플리케이션의 펀드 섹션을 살펴보니… 난감했다. 기타 인덱스, 테마주식, 일반주식, 배당주식, 중소형주식, 중국주식, 정보기술섹터, 글로벌신흥국주식, 금융섹터 등등….

세부 카테고리로 파고들수록 뭐가 많아도 너무 많았다. 그렇다고 해서 펀드명은 뭐 쉬운가. '○○○글로벌인프라증권자투자신탁' '○○○코어밸류증권자투자신탁' '○○○글로벌인컴증권자투자신탁' 등

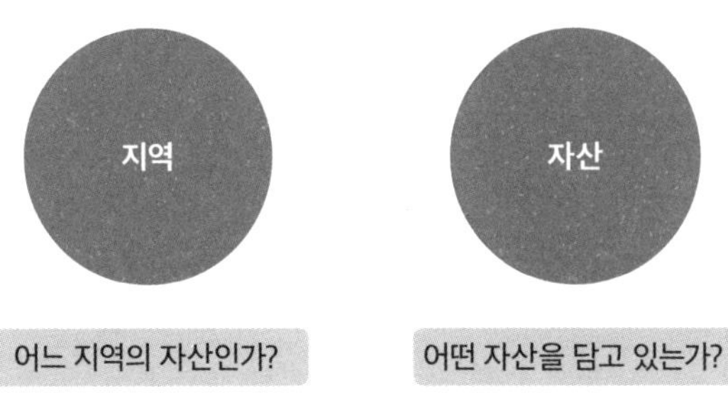

길고 복잡하다. 그래도 이 정도는 양반이다. 사실 그 뒤에 무슨 코드 네임처럼 알파벳도 붙는다. '○○○○아시아그레이트컨슈머증권자투자신탁1(주식-재간접형)C-Pe'라는 상품도 보았다. 이쯤 되면 '싸우자는 건가?'라는 생각이 들 지경이다(나중에 설명하겠지만 사실 이게 또 다 나름의 이유가 있는 작명이긴 했다).

그렇다고 해서 지레 겁먹을 건 없다. 어차피 저 이름들은 '투자 지역' '자산의 종류' 두 가지를 설명하는 것뿐이다.

펀드명에는 어떤 지역의 어떤 자산을 담겠다는 펀드의 전략이 담겨 있다. 예를 들어 '차이나그로스'라는 이름이라면 '중국에 있는 성장주' 위주로 투자를 하겠다는 의미다. 따라서 주식형 펀드 중에서도 무척이나 공격적인 투자 전략을 내세운다는 걸 알 수 있다.

1. 투자 지역

국내펀드 시장에서 마주할 수 있는 상품들은 거의 다음과 같다고 보면 된다.

- **글로벌:** *말 그대로 전 세계*

- ***선진국:*** *미국, 유럽, 일본 등의 선진국*
- ***신흥국:*** *중국, 브라질, 러시아, 인도 등의 신흥국*

'글로벌'이라고 이름이 붙으면 전 세계를 대상으로 관련된 테마 혹은 섹터의 자산 중에서 고르겠다는 의미다. '글로벌테크놀로지' '글로벌리츠' '글로벌고배당' 등은 말 그대로 전 세계에 있는 자산들 중에서 기술주, 리츠, 고배당주 등을 잘 골라 담아 포트폴리오를 구성하겠다는 의미다.

국가 단위로 들어가면 개별 국가에 투자하기도 하고, 몇몇 국가를 묶어서 투자하는 경우도 있다. 브라질, 러시아, 인도, 중국을 묶어서 투자하는 브릭스(BRICs)와 미국과 중국에만 투자하는 G2 등이 대표적이다.

2. 자산의 종류

앞서 펀드는 일종의 바구니라고 했다. 그 안에 담기는 자산에 따라 크게 네 가지 유형으로 나눌 수 있다.

펀드상품을 볼 때 가장 자주 마주치게 되는 단어가 주식형, 채권형, 혼합형(주식혼합형, 채권혼합형)이라는 단어다. 이름을 통해 말 그대로 펀드 안에 담겨 있는 자산의 종류가 주식인지, 채권인지, 둘이 섞여 있는지 구분할 수 있다. 그리고 담겨 있는 비중에 따라 명칭이 나뉘는데, 저 네 가지 유형을 통칭해서 '증권형'으로 분류하기도 한다. 주식이든 채권이든 둘 다 유가증권이기 때문이다.

펀드 재산의 60% 이상을 주식(또는 주식 관련 파생상품)에 투자하면

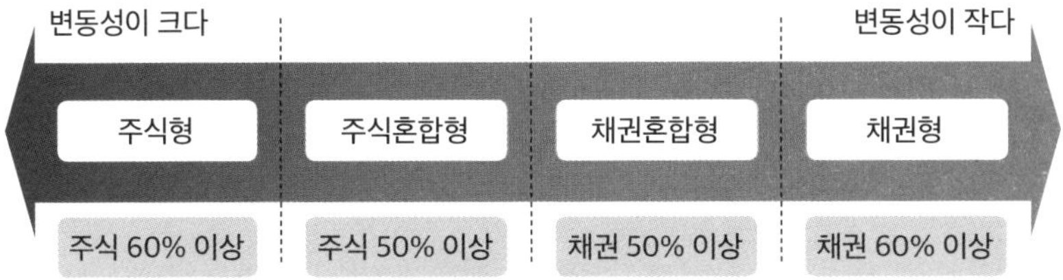

주식형, 채권(또는 채권 관련 파생상품)에 투자하면 채권형이다. 주식(또는 주식 관련 파생상품)이 50% 이상이면 주식혼합형, 그 미만이면 채권혼합형이라고 부른다. 주식의 편입 비중이 클수록 기대수익률이 높지만 그만큼 리스크도 커진다. 그냥 '짬짜면'을 떠올려보자. 취향에 따라서 짬뽕과 짜장면의 양을 고를 수 있는 것이다.

대체자산 관련 펀드

대체자산이란 기존의 전통적인 자산인 주식, 채권과 상관관계가 낮은 자산을 말한다. 주식, 채권의 변동성과 따로 움직이기 때문에 이에 투자함으로써 수익률의 변동성을 완화시킬 수 있다. 가장 대표적인 것이 부동산이나 금, 광물, 원유, 농산물과 같은 원자재(커머디티) 등의 실물자산이다. 펀드의 경우 실제로 이런 실물에 직접 투자하는 상품은 드물나. 대신 이런 시장의 영향을 받는 기업의 주식이나 채권, 파생상품 등을 포트폴리오에 편입하는 경우가 많다.

부동산형 펀드는 펀드 재산의 50% 이상을 부동산에 직접 투자하거나 혹은 부동산과 관련된 자산에 투자한다. 펀드의 상품명에서 가장 흔히 볼 수 있는 것은 리츠(REITs)라는 단어다. 리츠는 부동산과 관련한 사업을 목표로 설립된 주식회사로, 리츠라는 이름이 들어간 펀드는 이런 회사의 주식만 골라 담아 부동산 시장의 흐름을 따라간다.

원자재 관련 펀드는 그다지 많지 않다. 원자재와 관련된 기업의 주식이나 채권, 그리고 파생상품까지 포함해 특정 원자재의 가격 변동에 따라 수익에 영향을 받는 자산들로 포트폴리오를 구성하는 경우가 많다. 가장 많이 출시된 것은 경제위기가 닥치면 가격이 상승하는 금의 가격을 추종하는 펀드들이다.

이름으로 펀드의 성격을 알아보자

펀드의 이름을 통해 펀드의 성격을 분류할 수 있다. 우선 복잡해 보이던 펀드명들을 다시 한번 살펴보자.

1. 한화글로벌리츠부동산자투자신탁(리츠-재간접형)(A)
2. 미래에셋차이나그로스증권자투자신탁 1(주식)종류A
3. KB장기국공채플러스증권자투자신탁(채권) S 클래스
4. 삼성배당주장기증권투자신탁 1[주식](Ce)
5. 미래에셋인덱스로골드특별자산자투자신탁(금-재간접형)종류A-E
6. 피델리티유럽하이일드증권자투자신탁(채권-재간접형)종류C-e

보기만 해도 현기증 나는 이름들이지만 가만히 보면 파악이 가능하다. 우선 이 이름들을 하나하나 쪼개보자.

1. 한화+글로벌+리츠+부동산자투자신탁+리츠+재간접형+A
2. 미래에셋+차이나+그로스+증권자투자신탁+주식+A
3. KB+장기국공채플러스+증권자투자신탁+채권+S
4. 삼성+배당주장기+증권투자신탁+주식+Ce
5. 미래에셋+인덱스로+골드+특별자산투자신탁+금+재간접형+A-E
6. 피델리티+유럽+하이일드+증권자투자신탁+채권+재간접형+Ce

일종의 법칙이 보이지 않는가? 그렇다 나름의 작명 원칙이 있다.

운용사명	지역	투자 자산 (투자 전략)	법정 분류	투자 대상	수수료 클래스

- **운용사명**: 제일 처음에는 미래에셋, 삼성, KB 등 자산운용사의 이름이 나온다. 일종의 브랜드라고 생각하자.
- **지역**: 다음으로는 글로벌, 이머징, 차이나, 미국, 유럽 등 투자 지역이 나온다. 예시의 3~4번 펀드처럼 지역명이 없으면 그냥 국내에 투자한다고 보면 된다. 5번의 경우 골드(금)와 같은 원자재 자산은 어차피 전 세계의 시세를 따라가기 때문에 굳이 '글로벌'을 표기하지 않는다.
- **투자 자산(투자 전략)**: 다음으로는 이 펀드에 담아놓은 자산의 성격이 나온다. 인프라 관련 주식, 국공채, 리츠, 골드, 달러 우량 회사

채, 하이일드 채권 등에 투자했다는 뜻이다. 보통은 담아둔 자산 자체에서 전략이 드러난다. 혹은 투자 전략을 직접 표기하는 경우도 있다.

- **법정 분류**: 펀드는 거의 어차피 다 '투자신탁'이다. 그러니까 앞에 붙은 이름만 보자. 50% 이상의 자산을 여기에 투자한다는 의미다. 주식이나 채권 등의 유가증권에 투자하면 증권, 부동산 관련 자산에 투자하면 부동산, 증권과 부동산 외의 원자재 등에 투자하면 특별자산이라는 단어가 붙는다.
- **투자 대상**: 주식, 채권, 리츠, 금 등의 단어는 그래서 결국 여기에 투자한다는 의미다.
- **수수료 클래스**: A, C 등의 알파벳은 펀드수수료의 클래스에 대한 내용이다. 이에 대해서는 뒤에서 다시 한번 정리하겠다.

투자설명서와 운용보고서에 답이 있다

최대한 쉽게 설명했지만 아직까지 복잡하게 느껴질 수 있다. 그런데 펀드는 일종의 바구니이기 때문에 그럴 수밖에 없다. 이름을 통해 바구니를 관리하는 회사는 어디인지, 바구니에 무엇을 어떻게 담을 건지 다 설명해야 하기 때문이다. 예를 들어 '짜파게티'와 '너구리'를 섞어 '짜파구리'를 만든다고 가정해보자. 누군가는 '너구리' 대신 '오동통면'을 넣고서는 '짜파동통'이라 이름 붙일 수도 있는 것이다. 따라서 펀드명을 보고서는 해당 펀드가 추구하는 투자 콘셉트와 이 안에 담겨 있는 자산들이 내 입맛에 맞는지 대충 감만 잡으면 된다.

보다 자세한 정보를 확인하기 위해서는 투자설명서와 운용보고서를 읽어야 한다. 펀드에 가입하기 전에 약관(신탁계약서), 투자설명서, 간이투자설명서, 운용보고서를 확인해야 하는 이유는 해당 펀드가 본인의 투자 성향과 목적에 부합하는지 점검할 수 있기 때문이다. 약관의 경우 대부분의 펀드가 동일하니 넘어가더라도 투자설명서는 꼭 확인하자. 그런데 이를 열어보면 보통은 50페이지, 많게는 90페이지에 이르는 경우도 있어 머리가 아파온다. 제도적으로 필요해서 만들기는 했지만 소비자한테 읽으라고 만든 문서는 아닌 듯한 느낌이다. 소비자들이 이걸 읽지 않을 거라는 걸 만든 사람들도 안다.

그래서 추가된 것이 간이투자설명서다. 이름 그대로 투자설명서의 내용을 보통 5페이지 분량으로 요약한 문서다. 투자 등급을 비롯해서 투자 목적 및 투자 전략, 수수료 체계 등이 나와 있다. 챙겨 읽어야 할 부분은 바로 투자 목적 및 투자 전략 부분이다. 세상에는 이미 수많은 펀드가 있는데 그럼에도 불구하고 '왜 우리가 이 펀드를 만들었는가?' 하는 이유가 여기에 적혀 있다. 그리고 그 이유가 타당하다고 생각하면 투자를 고려해봐도 좋다. 보통 다음과 같이 적혀 있다.

이 투자신탁은 주식을 법시행령 제 94조 제 2항 제 4호에서 규정하는 주된 투자대상 자산으로 하고 산업구조개편에서도 살아남을 수 있는 기술혁신성과 지속가능한 사업모델을 가진 부품, 소재, 장비업체 및 글로벌 경쟁력을 갖춘 기업에 투자하여 수익을 추구하는 것을 목적으로 합니다. 그러나 이 투자신탁의 투자 목적이 반드시 달성된다는 보장은 없으

며, 투자자산의 가격하락으로 인하여 투자 원금 손실도 가능합니다. 집합투자업자, 신탁업자, 판매회사 등 이 투자신탁과 관련된 어떠한 당사자도 투자 원금의 보장 및 투자 목적의 달성을 보장하지 아니합니다.

다음으로 봐야할 건 운용보고서다. 사람이 살다 보면 말과 행동이 달라 다른 순간이 있듯 펀드들도 그런 경우가 생긴다. 처음에 말(투자 목적)은 A처럼 운용하겠다고 했는데 정작 그렇게 하지 못하고 B처럼 하는 경우도 생긴다. 쉽게 말해 운용보고서는 "제가 이렇게 말을 했었고, 그래서 이런 것들을 펀드에 담아뒀습니다."라고 매월 혹은 분기 단위로 알려주는 보고서다.

독특한 전략의 펀드들

기본적으로 투자 지역과 자산의 종류가 펀드의 운용 방향을 정한다고 했지만, 최근에는 꽤나 독특한 전략을 구사하는 펀드들도 속속 등장하고 있다. 상대적으로 중위험 중수익을 추구하는 안정적인 운용이 특징이다.

- **TDF(Target Date Fund)**: 은퇴 날짜를 기준으로 주식과 채권의 비중을 알아서 조정해주는 펀드다. 예를 들어 펀드명에 'TDF2045'라고 되어 있다면, 2045년을 은퇴의 기준으로 삼고 처음에는 주식 비중을 높여 공격적인 투자를 하다 시간이 흐를수록 서서히 채권

의 비중을 늘리며 안정적으로 운영한다.

- **EMP(ETF Managed Portfolio):** 상대적으로 수수료가 저렴한 ETF를 이용해 자산 배분 효과를 노리는 펀드다. 단순히 주식이나 채권을 넘어 금과 같은 상품 등에 투자해 안정적인 수익을 노린다.
- **멀티에셋인컴(multi-asset income):** 자산의 종류를 가리지 않고 지속적인 인컴수익을 창출하는 자산 위주로 담는 펀드다.
- **사모재간접펀드:** 기본적으로 공모펀드에서 추구할 수 없는 롱숏 전략, 메자닌 등의 대체 투자 전략을 구사할 수 있는 사모펀드에 재간접 투자하는 펀드다.

펀드의 구조적 리스크

이제 어느 정도 펀드에 대한 공부를 마쳤으니 사야 했다. 자산 배분을 한답시고 선진국과 신흥국주식 펀드 하나, 국내 채권과 해외 채권 펀드 하나, 그리고 금펀드도 하나 골라 소액으로 매달 따박따박 넣기로 했다. 그렇게 몇 달이 지나니 증권사에서 문자가 오기 시작했다.

"펀드 성과 부진 경보 발생: ○○○○ 펀드"
"펀드 BM 하회 경보 발생: ○○○○ 펀드"

경보 메시지가 줄줄이 날아온다. 가입한 펀드마다 다 이 모양이다. 무슨 뜻인지는 정확히 모르겠지만 '경보 발생'이니 좋은 일일 리가 없겠지. 참고로 BM은 벤치마크의 약자로 운용 성과를 비교하는 기준이다.

앞서 펀드상품의 리스크는 그 안에 담긴 자산의 속성에 따른 리스크와 펀드 자체의 구조적 리스크가 있다고 했다. 어떤 자산에 투자할 것인지 결정하고, 그리고 그 자산에 투자하는 펀드 중에서 투자할 상품을 선택하는 펀드 선택 리스크는 사실 내 선택의 결과다. 세상의 모든 선택과 마찬가지로 펀드 선택에 따른 리스크는 투자자 개인이 당연히 감수해야 할 부분이다.

그럼 구조적 리스크는 어떨까? 펀드의 본질적인 리스크는 꽤나 단순하다. 나보다 전문가일 거라고 믿고 비싼 수수료까지 줘가면서 일을 시켰는데 수수료만 가져가고(비용 리스크), 그 전문가가 일을 못하면(펀드매니저 리스크) 어떨까? 그게 바로 비용 리스크와 펀드매니저 리스크다.

〈펀드의 리스크〉

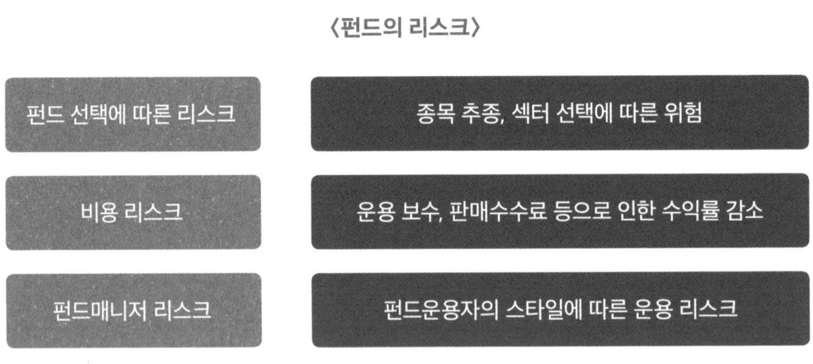

펀드 선택에 따른 리스크
종목 추종, 섹터 선택에 따른 위험
비용 리스크
운용 보수, 판매수수료 등으로 인한 수익률 감소
펀드매니저 리스크
펀드운용자의 스타일에 따른 운용 리스크

펀드를 하나의 상품이라고 생각해보자. 상품의 가치를 인정받으려면 일단 퀄리티가 좋아야 하고, 같은 물건이면 조금이라도 싼 가격에 사는 게 똑똑한 쇼핑법이다. 펀드의 가치는 '성과' '비용' 두 가지로 귀결된다.

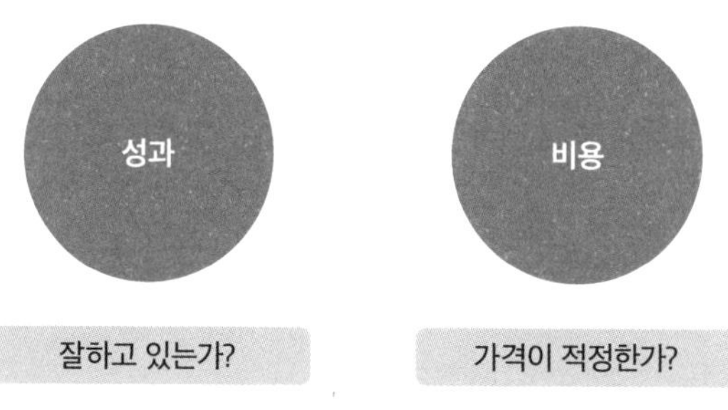

성과: 잘하고 있는가?

펀드의 성과가 좋다는 건 결국 수익률이 잘 나온다는 의미다. 이는 절대적인 수익률이 아니라 벤치마크 대비 수익률을 의미한다. 펀드를 가입한 사람 입장에서야 무조건 플러스 수익률이 나면 좋겠지만, 예를 들어 2008년 글로벌 금융위기처럼 시장 자체가 흔들리면 주식형 펀드는 마이너스가 날 수밖에 없다. 아무리 날고 기는 펀드매니저라도 그런 상황에서 수익을 내기는 힘들다. 그렇기 때문에 다른 펀드들이 -30%인데 해당 펀드는 -10%라면 운용을 잘했다고 평가해야 한다.

그리고 또 하나의 지표는 위험도다. 똑같은 수익을 올리더라도 위험도가 얼마나 낮은지 따져야 한다. 똑같이 3% 수익이 났다고 하더라도 해외주식형 펀드라면 위험도 대비 그리 좋은 성과가 아니다. 반면 국공채 펀드라면 꽤 훌륭한 성과라고 할 수 있다. 그럼 각각 어떤 기준으로 평가해야 하는지 살펴보자.

1. 수익이 잘 나고 있는가?

모든 펀드들은 비교 대상으로 삼는 지수가 있다. 국내주식형 펀드라면 시장 전체의 수익률을 대변하는 코스피 지수를 참조하게 된다. 그러니까 수수료까지 내가면서 가입한 펀드라면 적어도 이 벤치마크 지수보다는 수익률이 좋아야 한다.

보통은 그래프로 보여주는 경우가 많고, 그게 아니면 표로 보여준다. 이때 확인해야 할 건 두 가지다.

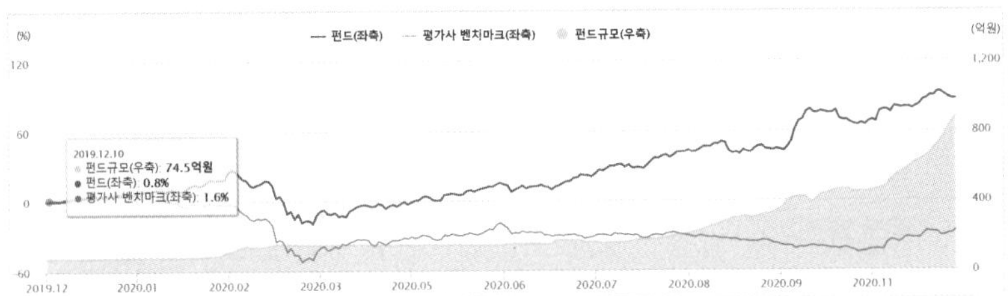

▲ 수익률 그래프. 적어도 내 펀드의 수익률이 벤치마크(BM) 지수보다는 위에 있어야 한다.

자료: 삼성자산운용

기간별 | 연도별

구분	1개월	3개월	6개월	1년	3년	5년	연초이후
펀드	1.2	3.1	9.9	0.9	13.3	13.0	0.0
벤치마크	-1.3	-6.5	-1.7	-10.7	-6.6	-4.9	-5.4
벤치마크대비	2.5	9.7	11.6	11.6	19.9	17.9	5.4
유형평균	0.5	3.5	11.1	0.2	6.1	3.5	-0.2
%순위	62	76	85	78	36	65	74
절대순위	215	265	291	260	87	107	258
펀드수	348	345	341	333	241	164	347
KOSPI	1.4	4.6	15.2	2.2	7.9	15.3	1.9

▲ 수익률 표. 이렇게 표로 보여주기도 한다.

자료: 삼성자산운용

1) 벤치마크 대비: 이 펀드가 벤치마크 대비 얼마나 좋은 수익률을 냈는가를 보여준다. 일종의 절대평가라고 볼 수 있다. 단기로는 몰라도 장기적으로 벤치마크보다 수익률이 하회한다면 좋은 펀드라고 할 수 없다.

2) 유형평균 내 위치: 보통 백분율로 표시하고, 다른 펀드들과의 상대평가라고 보면 된다. 벤치마크 대비 높은 수익률을 올렸다고 하더라도, 같은 벤치마크를 추종하는 펀드들과 비교했을 때 수익률이 낮다면 좋은 펀드라고 볼 수 없다. 15%라고 적혀 있다면, 경쟁 펀드가 100개일 경우 그중에서 15등을 했다는 의미다.

2. 위험도가 적은가?

위험도 평가는 펀드가 얼마나 안정적으로 운용되고 있는지를 알려

기간누적 위험분석

구분	3개월	6개월	1년	2년	3년	5년
표준편차(%)	24.19	10.24	10.24	10.24	10.24	10.24
유형평균	18.99	14.68	13.81	13.86	13.07	12.94
BM민감도(β)	1.09	0.75	0.75	0.75	0.75	0.75
유형평균	0.85	0.85	0.83	0.85	0.82	0.83
트래킹에러(TE,%)	6.73	7.11	7.11	7.11	7.11	7.11
유형평균	5.90	4.56	4.66	4.81	5.03	5.69
Sharpe Ratio	2.23	4.00	4.00	4.00	4.00	4.00
유형평균	0.77	1.52	-0.09	0.51	-0.07	-0.10
젠센의 알파(%)	32.78	8.15	8.15	8.15	8.15	8.15
유형평균	-1.96	-3.64	-4.59	-4.57	-2.38	-2.89
정보비율(IR)	5.14	-0.42	-0.42	-0.42	-0.42	-0.42
유형평균	-0.83	-1.79	-1.14	-0.86	-0.54	-0.56

자료: 네이버 금융

주는 지표들을 살펴보는 것이다. 위험 대비 수익률의 관점에서 접근하면 좋다. '네이버 금융' 사이트에서 개별 펀드상품들을 찾아보면 펀드별로 '기간누적 위험분석' 표를 볼 수 있다,

표에 표시된 화살표를 보자. 간단히 정리하자면 표준편차, BM민감도, 트래킹에러는 낮을수록, 샤프 지수, 젠센의 알파, 정보비율은 높을수록 좋다. 하나하나 살펴보자.

- **표준편차**: 한마디로 변동성의 지표다. 어떤 펀드의 평균수익률이 1년간 10%였다고 가정해보자. 그런데 그 기간 동안 꾸준히 10% 언저리에 있었던 펀드도 있을 수 있고, 또 -10%까지 떨어졌다가 30%까지 올라 평균이 10%인 펀드도 있을 수 있다. 똑같이 10% 수익이라도 후자의 펀드가 표준편차가 더 크다.
- **BM민감도(β)**: 코스피200 지수를 시장 수익률로 보고, 코스피(시장) 대비 얼마나 민감하게 움직였는가를 보여주는 지표다. 예를 들면 코스피200은 10% 올랐는데, 이 펀드는 20% 올랐다면 베타값이 2이고 그만큼 변동성이 큰 것이다. 베타값이 1이면 시장과 비슷하게 움직인 것이다. 즉 베타값이 1보다 크면 더 민감하고, 베타값이 0보다 작으면 덜 민감한 경우다.
- **트래킹에러(TE, %)**: 벤치마크 지수와 비교했을 때 개별 펀드의 변동성이 얼마나 큰가를 보는 지표다.
- **샤프 지수(sharpe ratio)**: 펀드의 위험 대비 성과율을 표시한다. 이 수치가 높으면 같은 수익률이라도 그만큼 적은 위험을 부담하는 펀드라는 의미다.

- **젠센의 알파(%)**: '기대되는 수익률 대비 얼마나 잘했는가?'를 보여주는 지표다. 이 수치가 높을수록 펀드매니저가 운용을 잘하고 있다고 평가할 수 있다. 알파가 0보다 작으면 나쁘고, 0보다 크면 좋다고 기억하면 된다.
- **정보 비율(IR)**: 적극적인 투자 활동에 따른 초과수익률을 추적 오차로 나눈 값이다. 간단히 말해 이 펀드가 벤치마크 대비 지속적으로 얼마나 수익률이 좋았는지를 보여주는 지표다. 숫자가 높을수록 좋다.

비용: 가격이 적정한가?

다음은 우리가 펀드를 구매할 때 들어가는 비용을 평가해야 한다. 펀드 투자를 통해서 우리에게 돌아오는 수익을 계산해보면 다음과 같다.

수익 = 펀드가 번 돈 - 펀드 운영에 든 비용(펀드수수료)

만약 번 돈이 없으면 손실이 났는데 운영 비용까지 대야 하는 비극이 생기고, 반대로 돈을 벌면 수익에서 또 세금을 떼어간다.

앞서 펀드 또한 일종의 상품이라고 재차 강조했다. 상품이라면 당연히 그 제품을 만드는 제조사가 있고, 그 제품을 판매하는 유통 채널이 있게 마련이다. 장난감이라고 치면 공장에서 만들어서 마트에서 판매하게 된다. 그리고 필요하면 창고에 재고를 넣어두기도 한다. 펀드

〈펀드수수료의 종류〉

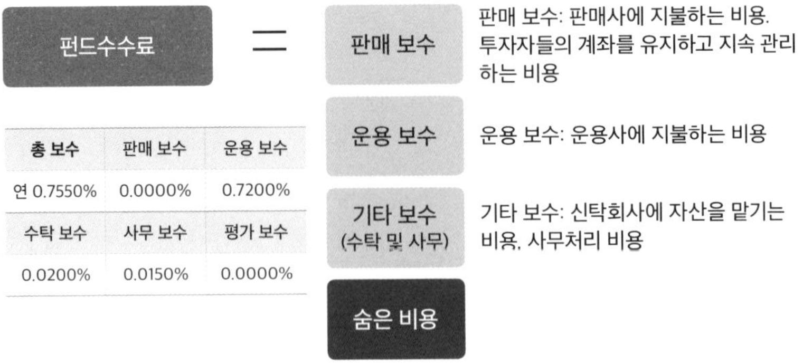

펀드수수료	=	판매 보수	판매 보수: 판매사에 지불하는 비용. 투자자들의 계좌를 유지하고 지속 관리하는 비용
		운용 보수	운용 보수: 운용사에 지불하는 비용
		기타 보수 (수탁 및 사무)	기타 보수: 신탁회사에 자산을 맡기는 비용, 사무처리 비용
		숨은 비용	

총 보수	판매 보수	운용 보수
연 0.7550%	0.0000%	0.7200%
수탁 보수	사무 보수	평가 보수
0.0200%	0.0150%	0.0000%

의 경우 그 상품을 만드는 곳은 자산운용사이고, 그 상품을 판매하는 곳은 우리가 접하게 되는 은행이나 증권사의 온오프라인 채널이다. 그리고 운용사가 우리의 돈을 마음대로 갖다 쓸 수 없도록 제3의 기관에 돈을 맡기도록 되어 있는데 여기에도 일종의 비용이 든다. 따라서 펀드수수료는 크게 판매 보수, 운용 보수, 기타 보수, 숨은 비용으로 구분된다.

숨은 비용으로는 거래 비용, 환헤지 비용, 피투자펀드 비용이 있다. 먼저 거래 비용은 말 그대로 펀드 내 자산을 사고팔 때 드는 비용이다. 펀드 운용보고서를 보면 거래회전율이 나오는데, 거래회전율이 높은 펀드일수록 이 비용이 늘어날 수밖에 없다. 거래회전율이 20%인 펀드 A와 200%인 펀드 B가 있다고 생각해보자. 각각 10종목을 보유하고 있다면 A펀드는 그중에서 2종목만 바뀐 반면, B종목은 10종목 전부를 두 번 바꿨다는 의미다. 당연히 증권거래세 등 거래 관련 비용이 훨씬 늘어날 수밖에 없다.

<숨은 비용의 종류>

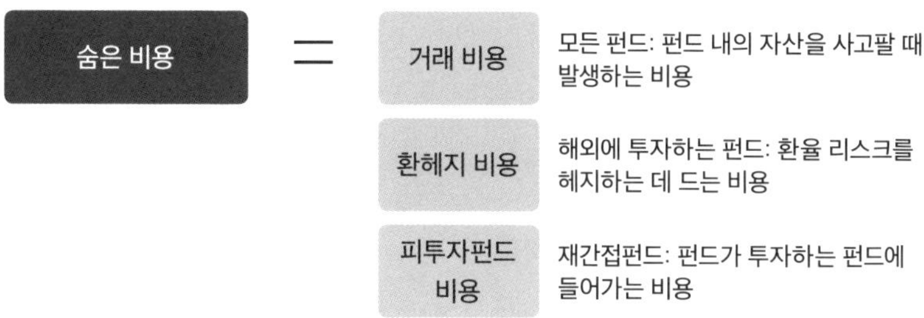
숨은 비용
=
거래 비용
모든 펀드: 펀드 내의 자산을 사고팔 때 발생하는 비용
환헤지 비용
해외에 투자하는 펀드: 환율 리스크를 헤지하는 데 드는 비용
피투자펀드 비용
재간접펀드: 펀드가 투자하는 펀드에 들어가는 비용

환헤지 비용은 해외자산에 투자하는 경우에 발생한다. 펀드명에 H, UH가 붙는 경우가 있는데 H는 환헤지형, UH는 환노출형이다. 환헤지를 하기 위해서는, 즉 H가 붙은 펀드는 스왑 등의 파생상품을 활용해야 하기 때문에 추가적인 비용이 든다. 일반적으로 미국, 유럽, 일본 같은 선진국의 경우에는 그 나라의 통화가 불안하지 않기 때문에 환차손이 생긴다 해도 큰 손실을 보는 경우는 드물다. 하지만 브라질 국채처럼 환율 변동이 큰 신흥국에 투자할 경우에는 환헤지를 하거나, 달러화로 표시된 자산에 투자하는 펀드에 가입하는 게 좀 더 안정적이다.

피투자펀드 비용은 재간접펀드에 투자하는 경우에 발생한다. 앞서 펀드명을 분석할 때 보았던 '재간접'이라는 단어를 떠올려보자. 이런 단어가 들어간 펀드는 투자자들의 돈을 모아서 다른 펀드에 다시 투자하는 펀드라는 뜻이다. '아니 왜 돈을 받아서는 자기들이 운용하지 않고 다른 펀드에 투자하지?'라는 생각이 들 것이다. 보통은 이렇게 모은 돈을 해외 자산운용사가 운용하는 역외펀드에 투자한다. 피델리티 같은 글로벌 운용사의 펀드상품에 투자하고 싶다면 이런 방법을 통할 수밖에 없다. 글로벌 운용사의 경우 전 세계에서 펀드 자금을 모으고 그만큼 규모 있게 운용된다. 하지만 이 경우 피투자펀드에도 수수료를 내기 때문에 이중으로 수수료가 나가게 된다. 아쉽게도 이 수수료의 액수를 구체적으로 알 수 있는 길은 없다고 한다.

펀드 클래스에 따른 수수료 차이

앞서 펀드명을 분석할 때 살펴본 알파벳 중에서 A, C 같은 것들이 바로 펀드의 수수료 클래스다. 수수료를 부과하는 방식, 그리고 펀드를 가입하는 채널 등에 따라서 클래스가 다양하게 분류된다.

클래스 유형은 무척 복잡하지만 기본적으로 알아둬야 할 건 A형과 C형이다. 운용 기간에 따라 정률로 수수료를 떼어가는 건 둘 다 동일하다. 다만 A형은 선취판매수수료를 부과하는 대신 수수료율이 C형보다 조금 저렴하다.

패밀리 펀드 정보

펀드명	3개월수익률	선취수수료	총보수	설정액(억)
미래에셋차이나그로스증권자투자신탁 1(주식)종류F	1.79%	없음	0.880	571
미래에셋차이나그로스증권자투자신탁 1(주식)종류A-e	1.70%	0.500	1.230	176
미래에셋차이나그로스증권자투자신탁 1(주식)종류S	1.70%	없음	1.230	32
미래에셋차이나그로스증권자투자신탁 1(주식)종류C-P2e	1.70%	없음	1.240	319
미래에셋차이나그로스증권자투자신탁 1(주식)종류C-Pe	1.67%	없음	1.330	241
미래에셋차이나그로스증권자투자신탁 1(주식)종류C-e	1.66%	없음	1.380	94
미래에셋차이나그로스증권자투자신탁 1(주식)종류C-I	1.62%	없음	0.910	185
미래에셋차이나그로스증권자투자신탁 1(주식)종류C4	1.62%	없음	1.590	51
미래에셋차이나그로스증권자투자신탁 1(주식)종류A	1.61%	1.000	1.580	586
미래에셋차이나그로스증권자투자신탁 1(주식)종류C-P2	1.61%	없음	1.610	270
미래에셋차이나그로스증권자투자신탁 1(주식)종류C3	1.57%	없음	1.780	48
미래에셋차이나그로스증권자투자신탁 1(주식)종류C-P	1.56%	없음	1.790	302
미래에셋차이나그로스증권자투자신탁 1(주식)종류C2	1.52%	없음	1.970	7
미래에셋차이나그로스증권자투자신탁 1(주식)종류C1	1.47%	없음	2.180	34

자료: 네이버 금융

예를 들어 A형은 선취판매수수료 0.5%+펀드수수료 0.7%를 받는 반면, C형은 펀드수수료만 1%를 받는 식이다. 1천만 원을 거치식으로 1년 동안 굴린다고 하면 A형은 선취수수료 5만 원, 연간 펀드수수료 약 7만 원을 더해서 총 12만 원이 나온다. 반면 C형은 10만 원 정도의 수수료가 든다. A형은 장기 투자에 유리하고, C형은 단기 투자에 유리하다고 볼 수 있다.

간이투자설명서를 보면 친절하게도 클래스별로 투자 기간에 따른 비용을 예시로 보여주니 본인의 투자 기간에 따라 참고하면 된다. 동종 유형의 다른 펀드들의 총보수도 비교해주기 때문에 펀드의 수수료가 적절한지 판단할 수 있다.

펀드도 상품이라 어디서 사느냐에 따라 수수료 체계가 다르다. 똑같은 브랜드의 옷도 백화점에서 사느냐, 온라인을 통해서 사느냐에 따라 가격이 달라지는 것과 같다. 펀드도 역시나 인터넷으로 구매하는 게 저렴하다. 그래서 살펴봐야 하는 것이 바로 알파벳 'e'이다. A-e, C-e, C-Pe, PRS-e 등 뭐가 되었든 뒤에 e가 붙은 걸 사는 게 좋다. 경우에 따라 다르지만 오프라인형(A, C)의 2년간 수수료가 온라인형(A-e, C-e)의 3년간 수수료와 비슷한 상품도 있다.

이 밖에도 가입하는 계좌 유형에 따라 클래스가 구분된다.

- ***W:*** *일임형 랩어카운트(종합자산관리계좌)*
- ***S:*** *온라인 펀드슈퍼마켓(fundsupermarket.co.kr)을 통한 가입*
- ***P, PRS, C-P:*** *퇴직연금계좌(IRP), 개인연금계좌*

S클래스의 펀드수수료가 보통 가장 저렴하지만 한국포스증권을 통해 가입해야지만 살 수 있다(어떤 펀드들은 S클래스 자체가 없는 경우도 있다). 그리고 똑같은 펀드라도 연금계좌의 수수료가 더 저렴한 경우가 많다.

클래스 구분에 따른 수수료의 차이에 대해 대략적으로 알아보았다. 그런데 사실 이것도 옛날 이야기이고, 요즘 들어서는 판매 채널끼리 경쟁하느라 선취판매수수료를 받지 않는 경우가 많다. 중간 유통사가 마진을 포기한 것이다. 따라서 키움증권, 미래에셋증권 같은 곳에서 선취판매수수료를 받지 않는 펀드를 A-e형으로 가입하면 가장 저렴한 경우가 많다.

운용 철학에 따른 구분

펀드의 경우 운용 철학에 따라서 크게 두 가지로 나뉜다. 바로 액티브(active)펀드와 패시브(passive)펀드다. 지금까지 해온 이야기는 모두 액티브펀드와 관련된 이야기였다. 그렇다면 이 둘의 차이는 무엇일까?

액티브펀드	패시브펀드
적극적(active) 운용 시장 평균 이상 수익률 추구 고비용(비싼 수수료)	소극적(passive) 운용 시장 평균수익률 추구 저비용(저렴한 수수료)

1. 액티브펀드, 시장의 평균수익률을 넘어서자

펀드의 시작은 액티브펀드였다. 전문가에게 투자를 맡기고 싶은 투자자들의 니즈와 수수료 수입을 목표로 한 자산운용사의 니즈가 맞아 떨어졌기 때문이다. 액티브펀드는 말 그대로 펀드매니저가 펀드 운용에 적극적으로 개입하는 펀드다. 펀드매니저는 기업 분석을 통해 성장 가능성이 높은 종목을 발굴하거나, 적극적인 매수·매도 전략을 펼쳐 펀드수익을 극대화하기 위해 노력한다. 가장 대표적인 게 바로 전설적인 펀드매니저 피터 린치가 자산운용사 피델리티에서 맡았던 '마젤란 펀드'다. 1977~1990년까지 그의 펀드는 연평균 29.2%의 수익률을 올리며 시장 평균수익률을 지속적으로 상회했다. 하지만 액티브펀드는 펀드매니저가 할 일이 많다 보니 상대적으로 운용 보수가 비쌀 수밖에 없다. 또한 아무래도 잦은 매매를 하다 보니 생겨나는 거래 관련 비용도 증가한다. 수익이 날 때는 괜찮지만, 손실이 나도 수수료를 지불해야 하기 때문에 손실이 더 커질 수밖에 없는 구조다.

2. 패시브펀드, 시장의 평균수익률만큼만

이에 대한 대안으로 나온 게 바로 패시브펀드다. 패시브펀드는 펀드매니저의 개입이 소극적이고, 수익률 목표가 시장 평균수익률 수준인 상품이다. 시장에 패시브펀드를 도입한 이는 세계적인 자산운용사 뱅가드의 설립자 존 보글이다. 그의 투자 철학은 『모든 주식을 소유하라』라는 그의 책 제목 그대로다. 한마디로 전체 기업이 올린 수익은 그대로 주식 시장에 반영이 될 수밖에 없으니, 성장하는 주식 시장 전체를 담은 포트폴리오에 투자하라는 논리다. 펀드매니저가 단기적으로 종목 선택이나 매매 타이밍 선정을 통해 시장 평균수익률보다 높은 수익을 낼 수 있을지는 몰라도, 장기적으로 보았을 때는 결국 시장 평균수익률에 수렴하거나 그보다 낮아질 수밖에 없다고 본 것이다. 따라서 주식 시장 전체의 가치를 반영한 인덱스(지수)를 추종하는 펀드에 투자하면, 주식 시장이 주는 가치 상승을 온전히 취할 수 있다.

존 보글은 매매차익이 아닌 시장 성장의 이익을 나누는 데 주안점을 두었다. 그래서 장기적으로 투자하면서 동시에 그렇게 얻은 수익이 투자자에게 오롯이 돌아갈 수 있도록 수수료를 최소화하기 위해 노력했다. 장기 투자를 할 경우 수수료가 지속적으로 차감되므로 수수료가 높은 펀드와 비교해 최종 수익률에서 큰 차이가 날 수밖에 없기 때문이다.

존 보글이 1976년에 출시한 '뱅가드 500 인덱스(Vanguard 500 Index)'는 최초의 패시브펀드로, 낮은 수수료를 기반으로 장기 투자를 할 수 있는 방식을 구현했다. 시장 전체를 처음에 한 번 담아놓으면 되는 구조이기 때문에 잦은 매매도 불필요하고, 펀드매니저가 신경을 쓸 요소도 적어 낮은 수수료로 운용이 가능했다. 처음 인덱스펀드가 출시되었을 때만 해도 월스트리트의 반감은 꽤 심했다고 한다. 하긴 인덱스펀드의 출시는 "너희(펀드매니저) 뭔가 어렵고 중요한 일을 하는 척하지만 알고 보면 쓸데없이 수수료만 많이 떼어가고 있잖아."라는 선언이나 마찬가지였으니 말이다.

하지만 그로부터 40여 년이 지난 지금, 존 보글이 쏘아올린 작은 공은 시장의 판도를 바꿔놓았다. 글로벌 펀드평가사 모닝스타의 통계에 따르면 2018년을 기준으로 미국 액티브펀드의 35%만이 패시브

펀드보다 높은 성과를 기록했다고 한다. 또한 블룸버그의 조사 결과, 지난 5년간 시장 수익률을 상회한 미국 대형주 액티브펀드는 17.9%, 유럽 액티브펀드는 19.8%에 불과했다고 한다. 그의 이론이 맞았다는 증거다. 다음 장에서 소개할 ETF는 바로 이 인덱스펀드의 새로운 변종이다.

ETF,
펀드와 주식의 만남

언젠가 그런 기사를 본 적이 있다. 그해에 주식 시장에서 개인들이 수익을 낸 종목이 딱 2개가 있는데 하나는 삼성전자고 다른 하나는 KODEX 200이라는 것이다.

그게 뭔가 싶어 찾아보니 ETF라는 상품이란다. 우리말로는 '상장지수펀드'로, 21세기 최고의 금융상품이자 투자 세계의 민주주의를 구현한 상품이라는 칭찬이 자자했다. 세계적인 자산운용사 브리지워터의 레이 달리오도 거의 모든 투자를 ETF로만 한다는 소문도 들렸다. 펀드처럼 알아서 분산 투자를 해주면서도 수수료는 저렴하고, 동시에 주식처럼 실시간으로 거래 가능해서 답답할 일이 없다는 이 신박한 금융상품은 대체 뭘까?

인덱스펀드의 새로운 변종, ETF

ETF(Exchange Traded Fund)의 이름을 곱씹어보면 '거래소(exchange)에서 거래되는(traded) 펀드(fund)'라는 뜻이다. 펀드를 거래 가능하게끔 만든 상품이라는 뜻으로, 우리말인 상장지수펀드 또한 맥락은 비슷하다. 상장(上場)이란 거래소에 종목으로 지정된다는 뜻으로, 즉 거래 가능하게 한다는 뜻이다. 거래소에서 거래된다는 영어의 뜻과 딱 맞아떨어진다.

그렇다면 지수(指數)라는 말은 어디서 나왔을까? 어디서 본 적이 있을 것이다. 그렇다. 바로 주가종합지수다. 그 특정한 '지수'를 추종하는 인덱스'펀드'를 주식처럼 '상장'해서 거래 가능하게 만들었다는 뜻이다. 사실 ETF는 패시브펀드의 일종으로 미국에서는 1993년에, 우리나라에서는 2002년에 처음 출시되었다고 한다. 그게 바로 앞에서 소개한 삼성자산운용의 KODEX 200으로, 우리나라의 대형주 지수인 코스피200을 추종하는 ETF다.

본질은 지수를 따라가는 '펀드'

그러니까 ETF는 '어떤 특정한 지수의 수익률을 그대로 반영하는 펀드'라는 의미다. 그럼 우선 지수가 뭔지 알아야 한다. 복잡한 설명 대신 일단 주식 투자자들 사이에서 자주 오고가는 질문 하나를 떠올려보자.

"오늘 주식 시장 어땠어?"

주식 시장의 좋고 나쁨의 기준은 자연스럽게 그날의 코스피 지수나 코스닥 지수일 것이다. "30포인트 올랐어." "20포인트 내렸어." 등 우리는 특정 지수를 기준으로 시황을 논하곤 한다. 만일 관련 지수가 없으면 질문에 답하기가 꽤나 곤란하다. "어, 삼성전자는 3% 오르긴 했는데, 현대차가 2% 빠졌어. 그런데 또 카카오는 급등했고…."라고 이야기한다고 해서 시장 전체의 분위기를 설명하기엔 부족하다.

그래서 나온 세계 최초의 주가종합지수가 찰스 다우가 1884년에 만든 미국의 다우 지수다. 지금은 다우존스30으로 불린다. 이 지수가 나오기 전까지만 해도 미국주식 시장의 흐름이 어떤지를 한눈에 알 수 있는 방법이 없었다고 한다. 개별 종목의 등락은 알 수 있었어도 전체의 흐름을 알기는 어려웠을 것이다. 그러니까 특정 지수를 추종하는 펀드, 즉 ETF는 그 지수와 상관이 있는 시장의 흐름을 그대로 반영하는 펀드라는 의미다.

지수들의 종류는 무척 다양하다. 국내주식 시장을 대표하는 지수만 해도 여러 가지다. 코스피 시장에서 대표 종목 200개만 뽑아서 만든 코스피200, 코스닥의 대표 종목 150개만 모아서 만든 코스닥150, 코스피와 코스닥을 합쳐서 상위 300개 종목을 모아서 만든 KRX300, 상위 100개만 모은 KRX100 등이 있다. 이들은 소위 시장을 대표하는 시장 대표 지수다. 이 외에도 특정한 섹터나 테마의 주식들만 모아서 지수로 만들기도 한다. 채권이나 상품(금, 원유) 등과 관련한 지수들도 따로 있다.

지수를 추종하는 펀드는 어떻게 만들까?

국내 지수 중에서 가장 대표적인 것은 종합주가지수인 코스피(KOSPI)다. 코스피는 상장되어 있는 주식의 시가총액 변화로 주식 시장의 흐름을 보여준다. 기준일자인 1980년 1월 4일의 시가총액을 100이라고 치고, 그 시점으로부터 시가총액이 얼마나 변했는가를 보여준다. 코스피가 2천이라면 기준일자에 비해 시장에 상장된 주식의 시가총액이 20배 늘었다는 이야기다.

그럼 지수를 추종한다는 것은 어떤 의미일까? 시가총액이 100억 원인데 주식이 딱 6개만 있다고 가정해보자. 전체 시가총액에서 삼성전자 40억 원, SK하이닉스 20억 원, 네이버 15억 원, 현대차 10억 원, 셀트리온 8억 원, LG화학 7억 원이다. 마침 내가 100만 원이 있어서 주식 투자를 하려고 하는데 저 지수를 추종하려면 삼성전자 40만 원, SK하이닉스 20만 원, 네이버 15만 원, 현대차 10만 원, 셀트리온 8만 원, LG화학 7만 원어치 사면 된다. 즉 시장에서 각 종목들이 차지하는 비중만큼 구매하면 되는 것이다.

문제는 현실에서는 저 주식들의 개별 주가가 무척 비싸서 소액으로는 같은 비중을 담기가 힘들다는 점이다. 하지만 지수를 추종하는 ETF들의 운용 규모는 100만 원과 비교할 수 없을 만큼 크기 때문에 저 각각의 종목들을 비중대로 담을 수 있다. 그리고 그 ETF 1주를 사면 나도 똑같이 그 비중대로 투자를 하게 되는 셈이다.

어마어마하게 긴 김밥이 있다고 생각해보자. 김밥의 어느 부위를 잘라도 맛은 동일하다. 시장이 거대한 김밥이라면 내가 산 ETF 1주는 그 김밥을 잘라놓은 한 조각과 마찬가지다. 크기가 다르다고 맛이 다를 이유는 없다. 크기만 다르지 속성은 그대로 옮겨놓은 것이기 때문이다.

'상장'해서 달라지는 건 뭘까?

ETF는 본질적으로는 펀드인데 이것을 상장한 것이라고 했다. 그럼 '상장'했기에 생기는 가장 큰 차이는 뭘까? 처음 ETF 매매를 하려고 보면 가장 먼저 드는 생각은 이렇다. '응? 이게 어째서 펀드지?' 왜냐하면 주식을 사고파는 것과 너무 비슷하기 때문이다. 심지어 매매창만 봐도 주식과 똑같다. ETF는 일반 주식처럼 실시간으로 내가 원하는 가격으로 거래할 수 있다.

상장을 해서 제일 좋은 점은 그만큼 거래 편의성이 증가한다는 점이다. 펀드의 경우 투자자가 입금을 하거나 환매를 할 때 하루에 한 번 공시되는 '기준가격'에 따라 가격이 결정된다. 적어도 그날 장이 끝난 후의 가격(종가)이 반영된다. 예를 들어 내가 오전에 환매를 요청했는데 오후 시장이 폭락한다면 환매를 요청했을 때보다 더 낮은 기준가격으로 환매가 된다.

해외펀드의 경우에는 심지어 3~4일이 지나야 기준가격이 정해지기도 한다. 나는 분명히 고점일 때 환매를 요청했는데 다음 날 해외증시가 폭락하면 그새 수익률이 뚝 떨어질 수도 있다. 실제로 코로나19가 한창일 때 그나마 손해가 더 커지기 전에 해외펀드를 환매 신청했는데, 그 뒤로 며칠간 지수가 고꾸라지면서 꽤 큰 손실을 본 이들이 적지 않다.

괴리율과 추적오차를 주의하자

그런데 실시간으로 거래가 가능하기 때문에 주의해야 할 점도 있다. 바로 괴리율이다. 실시간으로 매매가 이루어지다 보니 단기적인 수요와 공급에 따라 실제 가치보다 더 높거나 낮은 가격에 거래가 된다.

ETF 또한 펀드이기에 운용되고 있는 자산의 가치가 매일 발표된다. 그게 바로 기준가(NAV)다. 기준가는 전일 종가를 기준으로 하루에 한 번 발표한다. 즉 ETF 1주의 적절한 가치를 기준가를 통해 안내하는 것이다. 그런데 ETF는 일반적인 펀드와 달리 장중에 실시간으로 거래되기 때문에 ETF가 담고 있는 자산의 가치도 실시간으로 바뀐다. 전일 종가로 발표한 기준가와 실시간으로 변동하는 실제 기준가는 차이가 있을 수밖에 없다.

그래서 나온 개념이 바로 추정기준가(iNAV; indicative NAV)다. 이는 ETF가 편입하고 있는 자산들의 현재 가격을 반영해 실시간으로 산출되는 1주의 가치다. 증권사마다 iNAV를 표현하는 방식은 조금씩 달라 헷갈릴 수 있다. 어떤 곳은 iNAV, 또 어떤 곳은 추정/장중/현재 NAV, 어떤 곳은 그냥 NAV로 표시하기도 한다. 이 경우 해당 숫자가 실시간으로 변하고 있다면 iNAV라고 생각하면 된다.

하지만 실제 거래가 반드시 저 추정기준가대로 이루어지지는 않는

추정기준가 > ETF 거래 가격

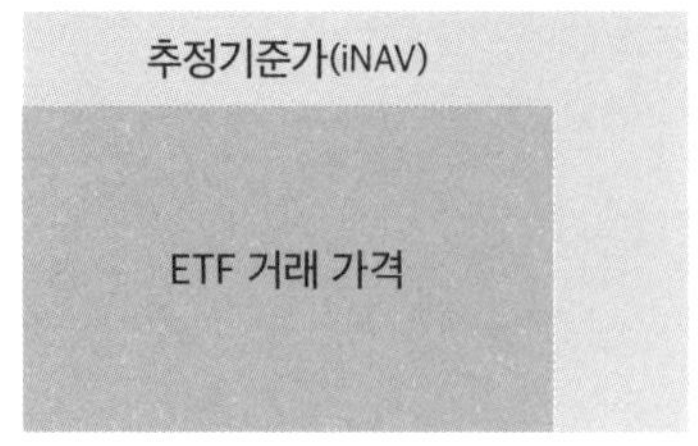

괴리율은 마이너스,
실제 가치보다 싸게 사게 된다.

추정기준가 < ETF 거래 가격

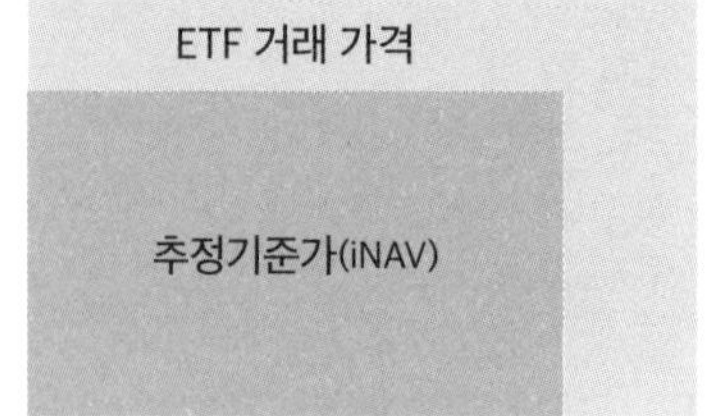

괴리율은 플러스,
실제 가치보다 비싸게 사게 된다.

다. 말 그대로 ETF는 시장에서 실시간으로 거래가 이루어지고, 시장에서 매매를 하는 이들의 심리에 따라 어떨 때는 더 비싸게 팔리거나 더 싸게 거래되기 때문이다.

예를 들어 지금 어떤 물건의 실제 가치가 1천 원인데 1,100원에 사고파는 일이 벌어지는 것이다. 1,100원에 사려고 하는 사람들은 어차피 저 물건이 내일 아침에는 1,500원의 가치를 가지게 될 것이라고 생각하기 때문에 지금 100원의 웃돈을 주고 사더라도 손해가 아니라고 여긴다. 실제 가치(추정기준가) 1천 원과 실제 매매된 가격 1,100원의 차이인 100원, 즉 10%가 괴리율이 된다. 투자자들의 심리가 과열되거나, 거래량이 적은 ETF의 경우 괴리율이 벌어질 가능성이 크다.

또 하나 눈여겨봐야 할 것은 추적오차다. 일반적인 액티브펀드들도 일종의 벤치마크 지수를 정한다. 그리고 그 지표를 넘어서기 위해 특정 종목을 더 담거나 빼는데, 이것이 바로 액티브펀드가 시장 평균 수익률을 넘어서기 위해서 하는 '액티브한 운용'이다. 그래서 운용에 있어서 일종의 자율성이 보장된다. 반면 어떠한 지수를 추종하려고 하는 ETF는 그 지수의 흐름을 최대한 그대로 따라가기 위해서 노력한다.

그렇게 함으로써 지수의 흐름에 따른 수익과 손실을 그대로 담아내는 것이 목표다. 액티브펀드의 경우 벤치마크 지수보다 수익이 좋으면 잘한 것이고, 마이너스면 못한 것이다. 지수와 오차(추적오차)가 생기는 건 당연한 일이다. 반면 ETF는 지수보다 수익이 좋다고 해서 좋은 게 아니다. 애초에 지수를 그대로 따라가는 게 목표이기 때문이다.

결국 ETF 운용을 잘한다는 건 지수와 똑같이 움직인다는 뜻이다. 그런데 실제 운용을 하다 보면 그게 잘 되지 않을 때가 있다. 그래서 생기는 게 추적오차다. 따라서 ETF 매매 시에는 추적오차가 적은 상품을 고르는 게 좋다. 추적오차율이 낮을수록 ETF 운용사의 운용 능력이 뛰어난 것으로 볼 수 있다.

ETF를 추천하는 이유

ETF를 개인 투자자에게 추천하는 이유는 다음과 같다.

첫째, 소액으로 분산 투자가 가능하다. ETF는 주식처럼 거래되지만 그 본질은 펀드다. ETF 1주를 산다는 것은 개별 종목 1주를 사는 것보다 변동성이 적은 경우가 많다.

둘째, 펀드수수료가 저렴하다. 일반적인 주식형 액티브펀드의 수수료는 1~1.5% 내외다. 반면 ETF는 주식형이라고 해도 0.05~0.5% 수준이다. 또한 해외의 지수를 추종하는 ETF, 파생상품을 활용하는 ETF의 경우에도 0.5~0.7%다. 그만큼 장기적으로 투자할 경우 저렴한 비용으로 투자할 수 있다.

셋째, 운영 과정이 투명하다. 펀드의 경우 3개월에 한 번씩 날아오는 운용보고서를 통해서만 실제로 펀드가 어떻게 운용되는지 알 수 있다. 반면 ETF는 하나의 지수를 정해놓고 그 지수 안에서의 비중만큼 각각의 종목에 투자한다. 그리고 그 내용을 HTS나 자산운용사의 ETF 상품 소개 페이지를 통해 고지하고 있어 언제든 확인이 가능하다.

넷째, 현금화하기가 쉽다. 일반 펀드와 달리 ETF는 거래소에서 실시간으로 거래가 가능하다. 그렇기에 내가 원하는 때에 바로 판매할 수 있다.

다섯째, 다양한 자산 배분이 가능하다. ETF는 주식뿐만 아니라 일반 투자자들이 쉽게 접하기 힘든 채권이나 금, 원유, 구리와 같은 실물자산에도 투자가 가능하다. 그만큼 다양한 자산을 저비용으로 투자해 자산 배분의 관점에서 포트폴리오를 만들기에 최적이다. 앞서 설명했던 EMP 펀드는 바로 이런 ETF를 바구니에 넣어 안정적으로 수익을 추구하는 펀드다.

여섯째, 개별 주식 투자에 비해 멘탈 관리에 도움이 된다. 이것은 첫 번째 장점과도 이어지는 내용이다. ETF는 비록 단 1주라고 해도 기본적으로 펀드이고 포트폴리오이기에 개별 기업처럼 상장폐지를 하거나, 가치가 종이 쪼가리처럼 떨어지는 경우가 드물다. 물론 매매량이나 운용자산이 너무 적으면 ETF도 상장폐지를 하기도 하지만, 상장폐지하는 시점의 가치로 투자자에게 돈을 돌려주니 쪽박을 차는 일은 없다. 하다못해 내가 산 ETF의 가격이 빠져서 물타기를 하더라도 마음이 비교적 편하다. 개별 종목처럼 상장폐지될 일은 없으니 지속적으로 평단가를 낮추다 보면 언젠가 수익을 볼 가능성이 크기 때문이다.

그래서 어떤 상품이 있나요?

ETF를 사려고 보면 뭐가 많아도 너무 많다. 지수라는 것도 만들기 나름이기 때문이다. 특정 시장이나 업종 혹은 테마의 흐름을 보여주는 것이 지수이니, 사실 어떤 기준을 세워서 만들기만 하면 된다. 나름의 기준을 갖춘 기업들만 모아서 하나의 인덱스를 만들고, ETF는 그걸 추종하는 형태로 만들어진다.

국내에서는 한국거래소 외에도 증권정보업체 에프앤가이 등 민간 업체에서도 지수를 만든다. 사실 별로 놀라울 것도 아닌 게 최초의 지수였던 다우 지수를 비롯해 미국의 S&P500, MSCI 지수 등 전 세계 투자자들이 벤치마크 지수로 삼는 지수들도 대부분 민간 회사들이 만들어서 운영하고 있는 것이다. 즉 추종하고 싶은 특정한 산업이나 업종, 테마가 있으면 그것들을 기반으로 지수를 만들기만 하면 되니, 늘어나는 지수의 수만큼 ETF도 세분화될 수밖에 없다. 하지만 다행히 ETF도 일반적인 펀드와 마찬가지로 개념적으로는 몇 가지 큰 틀로 분류가 가능하다(사실 펀드와 매한가지다).

우선 국내 ETF 시장에는 대략 450여 개의 ETF가 상장되어 있다. 그중에서 절반 정도가 국내주식 시장과 관련되어 있다. 크게 분류해보면 다음과 같다.

- **시장 대표 지수**: 코스피(KOSPI), 코스닥(KOSDAQ), KRX를 떠올리면 된다. 보통 뒤에 숫자가 붙는데 그 숫자만큼의 기업을 추종한다고 생각하면 된다. KRX100이라고 하면 코스피, 코스닥을 통틀

어서 상위 100개 기업을 편입한 것이고, KRX300은 상위 300개 기업을 편입한 것이다.

- **섹터 지수**: 특정 업종의 기업들의 주가 흐름을 기준으로 한다. 자동차, 반도체, IT, 조선, 은행, 증권 등이 대표적이다.
- **테마 지수**: 섹터 지수가 특정 업종을 기준으로 하는 반면, 테마 지수는 일종의 시나리오를 따른다고 볼 수 있다. 예를 들어 중국의 소비 시장이 커진다면 그 수혜를 받을 주식들만 모아서 '중국소비주테마'를 만들 수 있다. 그 안에는 화장품을 비롯해서 식음료 등 산업을 넘나드는 기업의 주식들이 들어갈 수 있다. 가장 유명한 건 전기차와 관련한 '2차전지테마' 등이다.
- **스타일 지수**: ETF에서는 투자 스타일 자체가 일종의 투자 전략이라고 볼 수 있다. 지수를 추종하는 것만으로도 특정 투자 전략을 구사하는 것과 같다. 예를 들어 배당금을 많이 주는 종목들만 모아서 만드는 고배당 관련 ETF, 다른 주식들에 비해 상대적으로 변동성이 적은 종목들만 모은 로우볼(저변동성) 관련 ETF, 부채가 적고 안정적인 성장성을 보이는 퀄리티 관련 ETF 등이 대표적이다. 예시로 언급한 상품들은 소위 스마트 베타 전략을 추구하는 ETF들이다.

이렇게 국내주식형 ETF만으로도 다양한 분류가 가능하다. 여기에 덧붙여 미국, 중국, 러시아, 일본 등의 해외 각국의 시장 대표 지수를 추종하는 ETF와 채권(국공채, 통화안정채 등), 통화(달러, 엔화 등), 원자재(금, 원유, 팔라듐 등) 등의 지수를 추종하는 ETF도 있다.

〈지수 추종 방식에 따른 ETF 분류〉

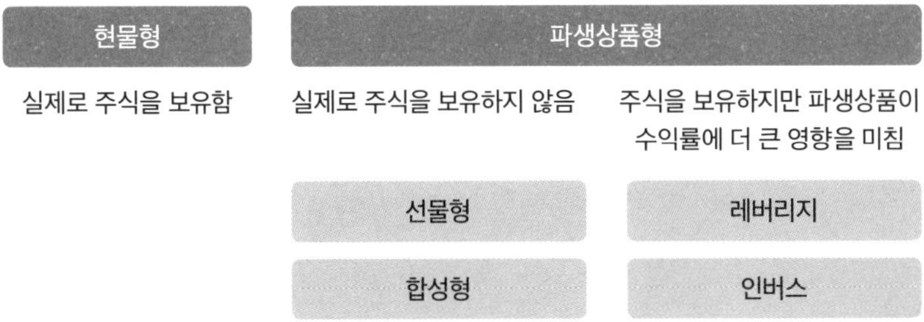

현물형	파생상품형	
실제로 주식을 보유함	실제로 주식을 보유하지 않음	주식을 보유하지만 파생상품이 수익률에 더 큰 영향을 미침
	선물형	레버리지
	합성형	인버스

펀드와 마찬가지로 전통자산형(주식형, 채권형)은 물론이고 대체자산형(부동산, 상품)에도 투자가 가능하다. ETF만으로 거의 모든 자산들에 대한 투자가 가능한 상황이다. 다만 현실적으로 몇몇 ETF를 제외하면 거래가 크게 활성화되지 않아 주의가 필요하다.

ETF가 지수를 추종하는 방식

ETF가 지수를 따르는 방식은 여러 가지가 있다. 제일 단순하고 쉬운 건 '현물형'이다. 말 그대로 지수의 비중대로 현물주식을 사서 가지고 있으면 된다. 하지만 현실적인 거래상의 어려움 등으로 파생상품을 활용해 지수를 추종하는 ETF들도 많은 편이다. 또 파생상품을 이용해서 지수의 움직임을 2배수로 추종하거나, 지수의 움직임을 반대로 추종하는 콘셉트의 ETF들도 많다.

파생상품이 수익률에 영향을 끼치는 ETF들을 하나씩 알아보자.

〈레버리지상품의 음의 복리효과〉

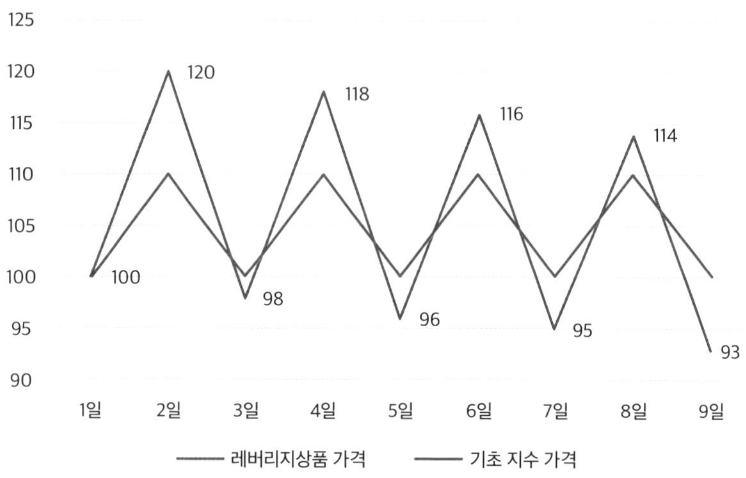

기초 지수가 100에서 110, 다시 100으로 횡보하는 움직임을 반복할 때
레버리지상품은 상방과 하방 모두 '음의 복리효과'로 점차 우하향한다.

레버리지 ETF와 인버스 ETF

시장의 움직임을 2배로 추종하는 상품은 레버리지(leverage), 지수의 움직임과 반대로 움직이는 상품은 인버스(inverse)라고 불린다. 그러니까 꽤나 별종이다. 이 상품들의 매력은 개인 투자자들이 현물주식 투자로는 쉽게 할 수 없는 투자를 가능하게 한다는 점이다.

이론적으로는 추종하는 지수가 1% 오르면 레버리지 ETF는 2%, 인버스 ETF는 -1%가 되어야 한다. 하루 단위의 수익률을 기준으로 2배, -1배로 움직인다. 그런데 시장이 지속적인 상승세가 아니라 횡보하는 장이라면 어떤 일이 벌어질까? 주가 지수는 동일하게 유지되더라도 손실이 발행할 가능성이 생긴다. 예를 들어 주식이 10% 오르면 레버리지 ETF는 20% 오른다. 거기서 주식이 빠져서 다시 원점으로 돌아가면 레버리지 ETF는 -2% 정도 수익률을 기록하게 된다. 이를 '음의 복리효과'라고 한다. 이런 과정이 지속적으로 반복되면 주가 지수는 똑같은데, 레버리지 ETF는 손실을 보게 되는 현상이 벌어진다.

선물형 ETF와 합성형 ETF

지수의 수익률을 그대로 추종하는 방법은 두 가지가 있다. 하나는 실제로 지수가 추종하는 자산들을 그대로 담아서 수익률을 따라가는 것이고, 다른 하나는 실제로 그 자산들을 담지는 않지만 지수의 수익률을 추종할 수 있는 형태의 파생 거래를 하는 것이다. 파생 거래의 형태는 다시 크게 두 가지로 나뉜다. 바로 선물형과 합성형이다.

먼저 '선물형'은 말 그대로 선물을 사는 것이다. 예를 들어 금이나 원유 같은 상품의 경우 현물 투자를 하면 보관 비용이 발생하게 된다. 따라서 가격의 변동을 반영할 수 있는 선물에 투자를 하게 되는데, 해외 채권과 주식의 경우에도 편의를 위해 선물로 지수를 추종하는 ETF가 종종 있다. 선물형 ETF는 해당 자산의 가격 추이를 추종하기는 하지만 현물 가격과 똑같이 움직이지는 않는다. 또 끊임없이 선물 계약을 갱신해야 하기 때문에 이와 관련된 비용(롤오버)이 발생한다(선물 계약을 갱신하지 않으면 현물을 떠안아야 한다). 실제로 시장이 급변할 때에는 롤오버 비용이 커져서 현물 지수는 올랐는데 정작 선물로 돈을 벌지 못하는 경우가 생길 수 있다.

'합성형'은 일종의 수익률 스왑 거래를 통해 해당 지수의 수익률을 추종하는 방식이다. 스왑 거래이기 때문에 거래 당사자가 있다. 기본적으로 수익률을 교환하는 약속을 한 것이므로 추적오차가 적다는 장점이 있지만, 거래 상대방이 부도가 나는 등 다른 변수로 ETF 자체가 부실화될 위험이 있다(정말 드문 일이기는 하다).

이 두 ETF가 현물형 ETF와 다른 점은 분배금 지급 여부다. 주식이나 채권을 현물로 보유한 ETF는 배당금과 이자수익 등을 투자자에게 분배하게 되는데, 이를 분배금이라고 한다. 하지만 선물형 ETF와 합성형 ETF는 이런 분배금이 없다. 애초에 현물을 보유하지 않았기 때문이다.

ETF 이름 따라잡기

ETF의 종류는 무척이나 다양하다. 그러나 다행히 펀드명처럼 일종의 법칙이 있어 이름만 보고도 어떤 ETF인지 대략적으로 감을 잡을 수 있다.

- *KODEX 200*
- *KODEX 레버리지*
- *KODEX 200미국채혼합*
- *KODEX 모멘텀Plus*
- *TIGER 차이나CSI300*
- *KINDEX 베트남VN30(합성)*
- *TIGER 미국MSCI리츠(합성 H)*
- *KODEX 골드선물(H)*

이름만 보면 복잡해 보이지만 기본 골격은 이렇다.

운용사명	(지역)	추종 지수 투자 자산	(속성)

일단 앞에 나오는 영어 약자들은 자산운용사의 ETF 브랜드다. KODEX는 삼성자산운용, TIGER는 미래에셋자산운용, KBSTAR는 KB자산운용, KINDEX는 한국투자신탁운용이다. 그다음으로 추종하는 지수의 지역이 나오는데, 펀드와 마찬가지로 우리나라의 경우에는 지역명이 생략된다.

KODEX 200은 코스피200에 투자하는 상품이고, KODEX 200미국채혼합은 코스피200 주식과 미국채를 혼합해서 운용한다는 의미다. KODEX 모멘텀Plus 같은 ETF가 바로 스타일 지수를 추종하는 ETF다. 에프앤가이드가 만든 장기 모멘텀이 상위인 종목들을 구성 종목으로 편입한 지수를 추종한다.

TIGER 차이나CSI300, KINDEX 베트남VN30(합성), TIGER 미국MSCI리츠(합성 H)와 같은 상품들은 ETF 이름의 도식에 딱 맞아떨어진다. 차례대로 중국의 대형주 300개를 모아둔 CSI300 지수, 베트남 상위 30개 기업만 모은 VN30 지수, 모건스탠리가 만든 미국 리츠업종 지수를 추종한다.

원자재 등에 투자하는 경우에는 KODEX 골드선물(H)처럼 그냥 심플하게 자산의 이름이 붙는 경우가 많다. 간혹 (H)가 붙은 것은 펀드와 마찬가지로 환헤지를 하는 ETF라는 뜻이다. 대부분의 국내 ETF는 환헤지를 하고 있다.

국내 ETF 시장은 삼성자산운용의 KODEX와 미래에셋자산운용의 TIGER의 ETF 상품이 시장의 절반 정도를 차지하고 있다. 점유율로는 전체 시장의 75% 정도다. 이름만 보고서 이해하기 어렵다면 두 회사의 ETF 전문 사이트에 들어가 자세한 정보를 확인하는 것도 좋다.

- ***KODEX:*** *www.kodex.com*
- ***TIGER:*** *www.tigeretf.com*

ETF가 펀드라는 것을 잊지 말자

많은 전문가들은 ETF를 '개인 투자자가 접근하기 좋은 금융상품'이라고 소개한다. 실제로도 그렇다. 펀드지만 수수료가 적게 들고, 또 1주를 사더라도 포트폴리오를 구매하는 것이기에 그 자체로 분산 투자가 된다. 하지만 우리나라 주식 시장을 보면 ETF라는 상품이 그 본질에서 꽤 벗어났다는 인상을 지울 수 없다.

ETF 매매를 하다 보면 자꾸 ETF가 펀드라는 사실을 망각하게 된다. "이건 분명 펀드야. 그러니까 장기 투자를 해야지!"라고 마음을 먹어도 실시간으로 움직이는 호가창을 보고 있으면 나도 모르게 매수, 매도 버튼을 누르게 된다. 실제로 ETF의 근간이 장기 투자를 위해 나온 '펀드'라는 것을 잊고서 단기 매매에 열을 올리는 투자자들이 적지 않다. 주식 지수와 관련된 레버리지와 인버스상품의 거래량이 전체 ETF 시장의 거래량의 절반을 넘는 날이 허다하다. 그만큼 큰 변동성을 노리는 투자가 많이 이루어진다는 뜻이다. 한마디로 '천하제일 단타 대회'가 주식 시장이 아니라 ETF 시장에서 벌어지고 있다.

패시브펀드를 만든 존 보글의 취지는 적은 수수료로 시장 전체를 사서 장기간 투자하라는 것이었다. 그렇게 하면 개인이 보다 쉽게 기업 성장의 가치를 함께 공유할 수 있기 때문이다. 그는 인덱스펀드의 종류가 너무 많아지는 것조차도 경계했다. 다양한 상품들이 나오고 새로운 전략을 갖춘 ETF들이 나오는 것은 선택의 폭을 넓혀준다는 점에서 좋은 방향성이기는 하다. 하지만 동시에 기존의 자산 시장 위로 또 하나의 평행 우주가 생겼다는 인상을 지울 수가 없다.

ETF는 분명 개인이 투자하기에 좋은 상품이다. 특히나 초보 투자자가 금융과 투자를 공부하고 경험하는 데 제격인 상품이다. 그러니 아무리 주식처럼 보인다고 해도 펀드라는 걸 잊지 말자. 일단 기본에 충실해보자. 대표 지수 ETF부터 시작해 시장의 흐름을 느껴보자.

ELS, 약속을 지키겠어요

금융상품이 영어 약자로 적혀 있으면 왠지 겁부터 난다. 괜히 그렇다. ELS가 딱 그런 경우다. 게다가 DLS, ELF, DLF ELB, ELT 등 유사한 이름도 너무 많다. 그리고 파생상품이라고 불린다. 파생상품 잘못 건드리면 망한다던데…. 여러모로 참 무섭다.

그런데도 ELS가 '국민 재테크'라 불리며 사랑받는 이유는 요즘 같은 저금리 시대에 5~10% 수익률을 기대할 수 있기 때문일 것이다. 해마다 100조 원 가까운 돈이 투자된다 하니 규모도 보통 큰 게 아니다. 그런데 한편으로는 그런 이야기들도 들린다. DLS에 투자했다가 원금 손실이 90%가 되었다는 둥, 증시가 폭락하면서 줄줄이 녹인(knock-in) 구간에 접어들어 손실을 입을 가능성이 많다는 둥 불안한 이야기도 들린다. 몰라서 불안한 것이다. 그러니 하나하나 알아보자.

ELS와 DLS 사이

2019년 한 해 동안 DLS는 꽤 큰 이슈였다. 독일 국채 금리 10년물과 연계된 DLS 상품이 90% 손실 구간에 접어들면서 원금을 날린 투자자들이 많아졌기 때문이다. 불완전판매 논란까지 일면서 DLS에 대한 인식은 크게 악화되었고, ELS 또한 이름이 비슷하단 이유로 덩달아 피해를 보게 된다.

그런데 이름이 비슷한 듯 달라서 종종 헷갈리지만 DLS는 ELS보다 넓은 개념이다. 'LS'는 'Linked Securities'의 약자로 말 그대로 '연계증권'이라는 뜻이다. 즉 무엇과 연계되어 있는 증권이라는 의미다. 그게 파생상품(Derivatives)과 연관이 있으면 DLS, 주식 혹은 주가(Equity) 지수와 연관이 있으면 ELS가 되는 것이다.

DLS는 주가, 이자, 통화 등 말 그대로 세상의 모든 기초자산을 기준으로 해서 만들어지는데, 그중 특정 주식이나 주가를 가지고 만든

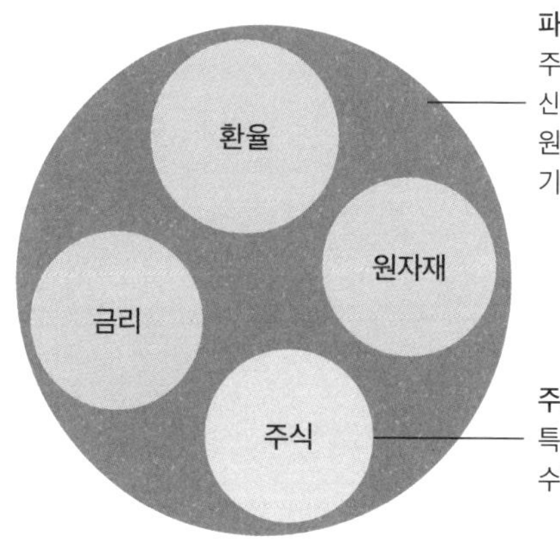

파생결합증권(DLS; Derivative-Linked Securities)
주식, 이자율, 통화(환율), 신용위험지표(기업 신용등급의 변동, 파산 등), 실물자산(금, 원유 등), 원자재, 날씨, 파산 발생 여부 등 다양한 기초자산 가격에 투자

주가연계증권(ELS; Equity-Linked Securites)
특정 주식의 가격이나 주가 지수와 연계해 수익이 결정되는 유가증권

상품만 따로 ELS라고 부른다. 뒤에서 따로 설명하겠지만 사실 ELF, DLF, ELB, ELT 등의 용어들은 딱히 알아둘 필요도 없다. 투자자의 입장에서는 DLS와 ELS를 잘 구분하고, ELS의 개념 하나만 잘 정리해두면 된다.

무엇을 기초자산으로 하는가?

ELS는 보통 3개 정도의 기초자산과 연계되어 있으며, 기초자산에 무엇을 편입하느냐에 따라 지수형과 종목형으로 나뉜다.

지수형은 말 그대로 특정 주가 지수들만을 모아서 만든 경우다. 가장 순혈주의(?)라고나 할까. 여기에 기초자산 중 하나라도 특정 주식 종목이 포함되면 종목형이 된다. 사실 DLS라고 해서 뭐 특별한 게 아니다. 주가 지수나 특정 주식 종목 이외에 아무거나 하나만 포함되면 DLS가 된다. 원유선물 지수나 국채 금리 등이 하나라도 끼어들면 그 순간부터 DLS가 된다. 기본적으로 지수형이 좀 더 안정적인 대신 수익률은 조금 낮은 편이다.

기본적으로 위험도는 '지수형 ELS 〈 종목형 ELS 〈 DLS' 순이다. 당연히 수익률도 그에 비례한다. 되도록이면 수익률이 조금 낮더라도 지수형 ELS 외의 다른 상품은 접근하지 않는 게 좋다. 과거 독일 국채 금리 10년물과 연계된 DLS가 크게 하락했던 사태처럼 이런 상품은 야금야금 벌다가 하락할 때는 크게 당할 가능성이 크기 때문이다.

수익률 곡선 읽는 법

ELS상품을 가입하려고 보면 일단 처음부터 조금 당황스럽다. 수익률에 대해 설명해주는 그래프부터가 이해하기 힘든 형태다. 일반적인 주식이나 채권 가격의 그래프와는 다르다. 뚝뚝 끊어져 있고, 오르다가 내리고, 선도 더 많으니 이게 뭔가 싶다.

ELS가 국민 재테크라고 불리지만 정작 이에 대해 자세히 아는 사람은 별로 없는 이유 중 하나다. '도대체 저런 상품이 어떻게 돈이 된다는 걸까?' 생각했다. 살펴보니 ELS를 만들어서 파는 곳은 증권사였다. 그리고 증권사들이 ELS를 통해서 돈을 버는 방식은 두 가지다.

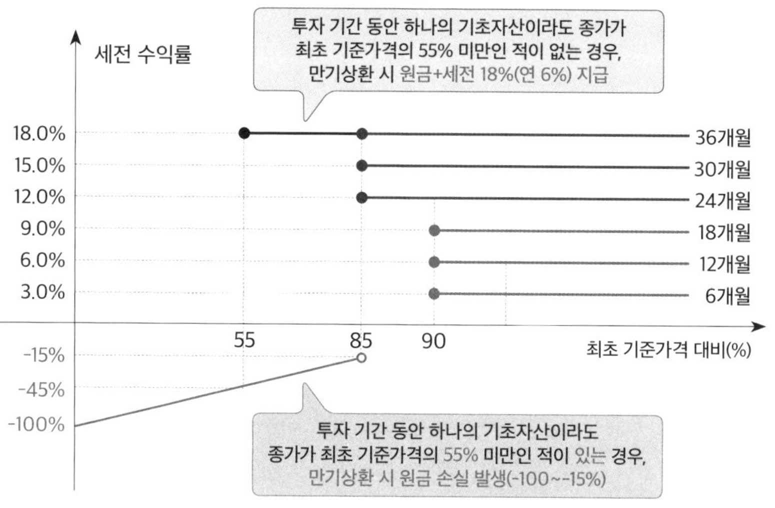
〈원금비보장 조기상환형 스텝다운 ELS상품〉
• 코스피200/HSCEI
• 만기 3년/매 6개월마다 조기상환 조건 만족 시 연 6.0% 수익
세전 수익률
투자 기간 동안 하나의 기초자산이라도 종가가 최초 기준가격의 55% 미만인 적이 없는 경우, 만기상환 시 원금+세전 18%(연 6%) 지급
18.0%
15.0%
12.0%
9.0%
6.0%
3.0%
-15%
-45%
-100%
36개월
30개월
24개월
18개월
12개월
6개월
55
85
90
최초 기준가격 대비(%)
투자 기간 동안 하나의 기초자산이라도 종가가 최초 기준가격의 55% 미만인 적이 있는 경우, 만기상환 시 원금 손실 발생(-100~-15%)

1. ***ELS 판매수수료:*** *ELS를 팔 때 버는 수수료*
2. ***ELS 발행액 운용 이익:*** *ELS를 팔아서 모인 돈을 운용해서 버는 이익의 일부분*

예전에는 해외 ELS상품을 국내 증권사에서 판매대행한 경우가 많았다. ELS 판매수수료는 그런 경우에 발생한다. 지금은 대부분의 국내 증권사가 직접 ELS상품을 만들고 운용하기 때문에 증권사 수익 중에 이 부분은 그리 크지 않다고 한다.

다음은 ELS 발행액 운용 이익이다. ELS도 결국은 투자자(ELS를 산 사람들)들의 돈을 모아서 그 돈으로 운용된다. 'ELS 발행액 운용 이익'이 있다는 건 그렇게 운용해서 벌어들인 수익 중 일부는 투자자에게 돌려주고, 남는 부분은 증권사에서도 일부분 가져간다는 이야기다. 당연한 일인 것 같지만 사실 다른 금융상품을 떠올려보면 이게 당연한 이야기가 아니라는 걸 알 수 있다.

펀드를 떠올려보자. 펀드에 가입했는데 수익이 100% 났다면 그 수익은 오롯이 고객의 몫이 된다. 물론 100% 손실이 나도 고객이 다 감당해야 한다. 중간에서 운용을 하는 자산운용사는 운용수수료만 받을 뿐이다. 그들이 노력을 하는 이유는 자산운용을 잘해서 펀드의 운용 규모가 커져야 수수료 수입도 커지기 때문이다. 펀드를 운용해서 나오는 수익을 그들이 가져가지는 않는다. 반면 ELS는 그 수익 중 일부를 증권사에서 가져간다. 이는 반대로 말하면 손실이 나면 증권사에서도 일정 부분 감당한다는 이야기이기도 하다. 증권사가 운용 이익에 개입되다 보니 수익률 그래프도 복잡해질 수밖에 없다.

〈ELS와 펀드의 차이〉

구분	ELS	펀드
운용 주체	증권사	자산운용사
제조사 수익	운용 이익	운용수수료
투자자 수익	조건형, 가입 시 정한 조건에 따라 수익률이 정해짐	실적형, 자산운용 성과에 따라 수익이 정해짐

ELS가 만들어지는 방식은 결국 아래 도식과 같다. 증권사에서는 어떠한 조건들이 맞아떨어질 때 약속한 수익률을 주겠다는 ELS상품을 출시하고, 투자자들은 그 약속을 믿고 ELS상품을 구매한다. 그러면 증권사에는 약속한 수익률을 맞추기 위해 자산을 편입하고 운용한다.

가장 대표적인 원금보장형 ELS의 경우 100만 원을 투자하면 전액 모두 안정적인 국공채를 사는 데 쓰인다. 거기서 나오는 이자가 2%라고 가정하면 2만 원의 수익이 생기는데, 이 2만 원으로 선물이나 옵션에 투자하는 것이다. 선물이나 옵션의 경우 레버리지 비율이 크기 때문에 2% 이상 수익을 올릴 가능성이 생기고, 설사 투자를 실패하더라도 원금은 보전할 수 있다(어차피 원금은 국공채에 들어가 있으니까 안전하다).

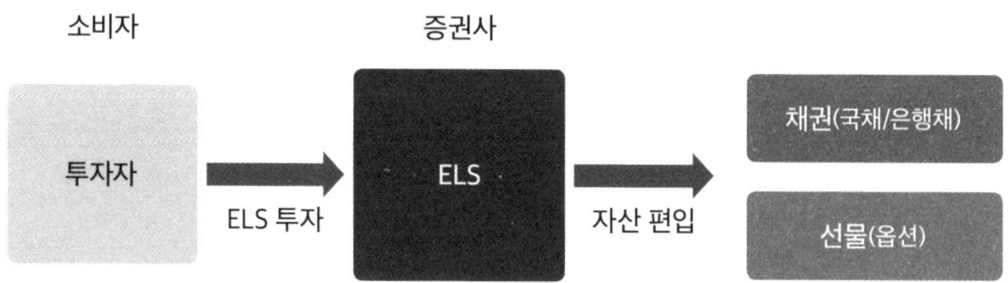

〈원금보장형 ELS의 운용 구조〉

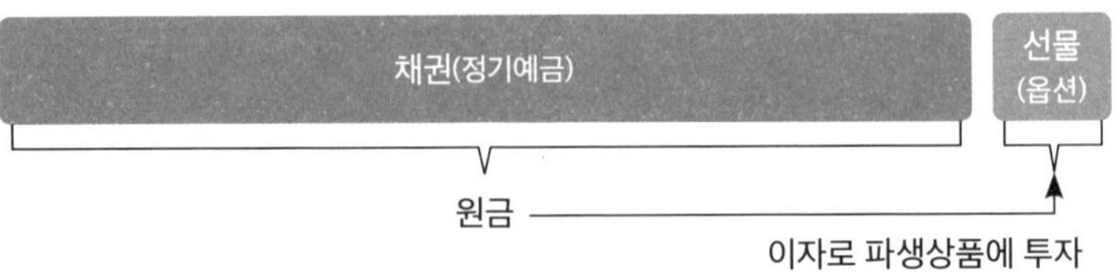

'만약 ~한다면?'의 다양한 변주

기본적으로 ELS의 수익률은 조건문 형태라고 생각하면 이해가 쉽다.

- ***조건 A:*** *"만약 언제까지 ~한다면 ○○%의 수익률을 줄게."*
- ***조건 B:*** *"그런데 만기까지 ~하지 않으면 ○○%의 수익률을 줄 거야."*
- ***조건 C:*** *"그런데 ~하게 되면 ○○%까지 손실이 발생할 수도 있어."*

이런 다양한 조건들을 조합해 경우의 수에 따라 수익을 지급하거나 손실이 발생하게 된다. 그리고 이런 조건들을 어떻게 조합하느냐에 따라서 ELS의 유형이 구분된다. 원금보장 유무와 수익률 조건에 따라서 여러 갈래로 나뉘고, 하락한계가격선이라고 불리는 녹인이 있느냐 없느냐로 또 그 범주가 갈린다. 구조를 만들기 나름이니 ELS 유형은 꽤나 다양하다.

하지만 현실적으로 투자자가 마주하게 되는 상품은 원금비보장형 스텝다운형이 가장 많다(다른 유형은 거의 찾아보기가 힘들다). 최근에는

〈ELS의 유형 구분〉

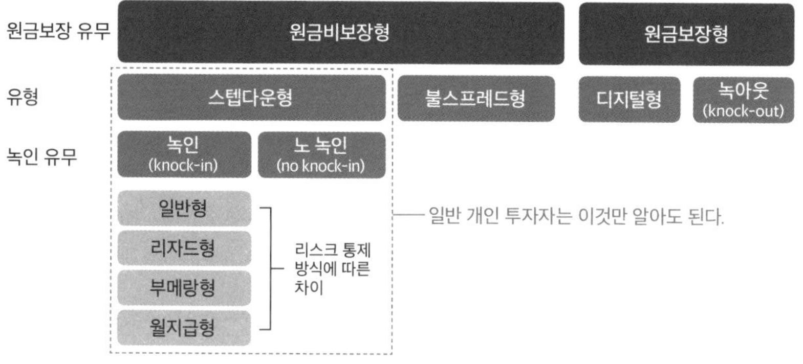

스텝다운이라는 한 가지 유형 안에서 좀 더 세밀하게 진화하고 있는 모양새다. 일반 개인 투자자는 스텝다운형만 공부하면 충분하다.

그럼 일단 사볼까?

증권사 애플리케이션에 ELS를 청약하려고 들어가보면 상품 소개가 나온다. 공통으로 들어가 있는 내용은 다음과 같다.

- *수익률*
- *조기상환 조건*
- *기초자산*

상품 소개에 이 세 가지 설명이 나오는 이유는, 한마디로 이런 '기

초자산'을 운용해서 '조기상환 조건'을 충족시키면 약속된 '수익률'을 주겠다는 의미다. 수익률과 기초자산에 대한 설명은 쉽게 이해가 가는데 전혀 감이 오지 않는 게 있다. 바로 조기상환 조건이다.

90-90-85-85-80-75

보통 이런 식으로 6개의 숫자가 나온다(뒤에 '/'가 붙은 다음 숫자가 하나 더 있거나 없는 경우도 있다. '/' 뒤에 숫자가 있을 경우 '녹인' 조건이 붙는 것인데, 이와 관련해서는 뒤에서 좀 더 상세하게 설명하겠다).

앞서 ELS는 일종의 '조건부 약속'이라고 이야기했다. 예를 들어 '언제까지 ~한다면 ○○% 수익률을 지급할게.'라는 식이다. 대부분의 ELS는 3년을 만기로 하되 6개월 단위로 어떤 조건을 충족시키면 빨리 상환하는 구조다. 예시로 든 숫자들의 나열, 그러니까 조건부 약속은 이렇게 해석할 수 있다.

- *“처음 6개월이 지나고 나서 기초자산 3개의 가격이 모두 처음 발행되던 날 가격의 90% 수준에 있으면 조기상환을 해줄게.”*
- *“만약 기초자산 3개 중에 하나라도 그 이하라면, 다시 6개월 후에 조기상환 조건이 되는지 살펴볼 거야. 그때도 안 되면 또 6개월 후에 다시 살펴볼 거야. 계속 안 되면 3년 만기가 될 때까지 지켜볼 거야.”*

사실 이렇게 설명을 해도 쉽게 와닿지 않는다. 그러니 이제 이렇게 생각해보자. 여러분에게는 지금 세 쌍둥이 자녀가 있다. 이들이 마침 나란히 중학교에 입학하게 되었다. 공부를 열심히 했으면 하는 바람으로 이제 자녀들에게 어떤 약속을 하기로 했다고 가정해보자.

- *“너희 3명이 이번에 1학기 기말고사 평균 90점을 받으면 노트북을 사줄게.”*
- *“그런데 한 명이라도 90점 이하면 안 사줄 거야. 대신 다음 학기에도 그 약속은 유효해. 다음 학기에도 안 되면 그다음 학기도 지켜볼 거고. 그래서 졸업 전까지 한 번이라도 되면 노트북을 사줄게.”*

뭐 이런 식이다. 그런데 계속 90점을 유지하라는 건 왠지 좀 야박하다는 생각이 든다. 아이들이 열심히 노력하는 모습을 보니 되도록이면 3년 안에 한 번은 사주고 싶은 마음이 들었다. 그래서 조금씩 기준을 낮춰주기로 한다. ‘그래 1학년 때는 90점, 2학년 때는 85점을 기준으로 잡아야지. 3학년 1학기에는 80점, 그때까지 안 되면 3학년 2학기에는 75점만 넘어도 사줘야지.’ 이렇게 조금씩 점수를 낮춰주는 것이다. 그 점수들의 기준을 나열해보면 다음과 같다.

90-90-85-85-80-75

어디서 본 숫자가 아닌가? 바로 앞에서 예시로 든 ELS상품의 조기상환 조건과 똑같다. 시간이 지날수록 노트북을 사주기로 한 조건이 조금씩 밑으로 내려간다. 90점, 85점, 80점, 75점. ELS의 가장 대표적인 유형인 '스텝다운(step down)'의 이름은 바로 여기에서 유래된 단어다. 기간이 지날수록 조기상환 조건이 차근차근(step) 낮아지기(down) 때문이다.

〈스텝다운형 ELS의 조기상환 조건〉

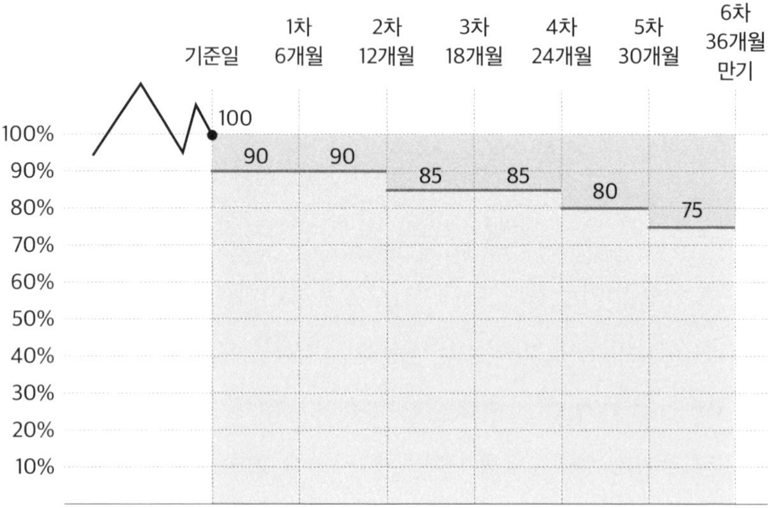

ELS의 기본 운용 방식

얼핏 보면 조기상환 조건이 투자자에게 무척 유리해 보인다. 그러나 증권사는 우리의 부모님도 아니고, 그들이 자애로워서 저런 구조의 상품을 만든 것은 아니다. 상품의 운용 성과에 따라서 그런 수익률을 보장해줄 수 있기 때문에 해주는 것뿐이다.

앞서 원금보장을 해주는 ELS의 경우 원금으로는 안전한 채권을 사고 그 이자로 선물이나 옵션 등의 파생상품을 편입한다고 했다. 반면 같은 스텝다운형이더라도 원금비보장형 ELS는 채권과 선물 등을 함께 담는다. 그리고 지수가 내려갈수록 선물 등 파생상품의 비중을 늘리게 된다. 한마디로 지수가 내려갈수록 안전자산을 팔고, 고레버리지를 활용한 위험자산의 비중을 늘리는 것이다. '지수 등락에 따른 편입 자산의 변화①'을 참고하기 바란다.

〈지수 등락에 따른 편입 자산의 변화①〉

지수가 횡보하거나 상승하면 채권 이자수익과 선물 매매 수익을 얻는다.

지수가 내려가면 채권을 팔고 선물을 추가 매입(물타기)한다.

그럼 녹인 구간이 있는 ELS상품은 어떨까? 녹인 구간이 지나면 전부 선물(옵션) 등의 고위험자산으로 채워지게 된다. 그럼 다음과 같은 일이 발생한다.

〈지수 등락에 따른 편입 자산의 변화②〉

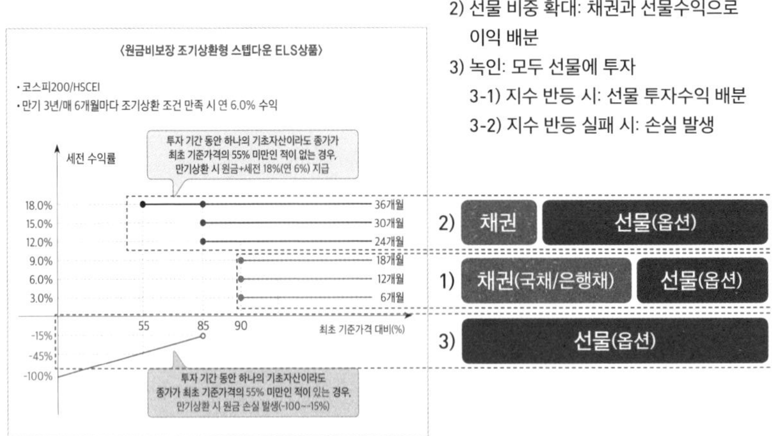
1) 채권과 선물
2) 선물 비중 확대: 채권과 선물수익으로 이익 배분
3) 녹인: 모두 선물에 투자
3-1) 지수 반등 시: 선물 투자수익 배분
3-2) 지수 반등 실패 시: 손실 발생
〈원금비보장 조기상환형 스텝다운 ELS상품〉
• 코스피200/HSCEI
• 만기 3년/매 6개월마다 조기상환 조건 만족 시 연 6.0% 수익
세전 수익률
투자 기간 동안 하나의 기초자산이라도 종가가 최초 기준가격의 55% 미만인 적이 없는 경우, 만기상환 시 원금+세전 18%(연 6%) 지급
18.0%
15.0%
12.0%
9.0%
6.0%
3.0%
-15%
-45%
-100%
55
85
90
최초 기준가격 대비(%)
36개월
30개월
24개월
18개월
12개월
6개월
투자 기간 동안 하나의 기초자산이라도 종가가 최초 기준가격의 55% 미만인 적이 있는 경우, 만기상환 시 원금 손실 발생(-100~-15%)
2) 채권 선물(옵션)
1) 채권(국채/은행채) 선물(옵션)
3) 선물(옵션)

- ***지수 반등:*** *물타기에 성공을 한 것이니 수익이 발생할 수도 있다.*
- ***지수가 더 떨어지거나 횡보:*** *물타기에 실패했고, 레버리지가 높으니 원금 손실이 발생하게 된다.*

이걸 ELS상품의 수익률 조건과 엮어서 편입 자산의 변화를 살펴보면 '지수 등락에 따른 편입 자산의 변화②'와 비슷해진다.

녹인이냐, 노 녹인이냐? 그것이 문제로다

스텝다운형 ELS상품은 크게 두 가지로 나뉜다. 바로 하락한계가 격선이라고 불리는 녹인이 있는 '녹인상품'과 녹인이 없는 '노 녹인상품'이다.

녹인상품부터 살펴보자. 짧은 영어 실력이지만 일단 느낌 그대로 해석해보면 '두드려서(knock) 들어가고(in) 말았다.'라는 뜻이다. 그렇다면 어디로 들어간 것일까? 그렇다. 바로 '손실 구간'으로 들어갔다는 뜻이다.

90-90-85-85-80-75/50

기본적으로 녹인상품은 3년 만기가 되면 수익률을 지급한다. 기초자산이 처음보다 가격이 떨어졌다고 하더라도 말이다. 그런데 그 약속에도 한계가 있다. 바로 '/' 뒤에 있는 숫자 50이 바로 그것이다. 기초자산 중 하나라도 처음 발행기준가의 50% 선에 다다르면 손실이 발생할 가능성이 생긴다(헷갈리지 말자. 손실이 발생할 '가능성'이 생긴 것이지, '손실'이 생긴 것은 아니다). 그래서 자신이 투자한 ELS가 녹인 근처까지 오면 '님아, 그 강을 건너지 마오.'라는 심정이 들게 된다. 하지만 님(기초자산의 가격)이 그 강을 건넜다고 해서 무조건 손실이 발생하는 건 아니다. 기초자산의 가격이 반등을 하면 얼마든지 다시 강을 건너서 돌아올 수도 있다.

반면 노 녹인상품은 그런 가격 한계선이 없다. 그냥 매 평가 시기 혹은 만기에 상환 조건을 충족시키면 된다. 중간에 -90%가 되어도 상관없다. 대신 만기에 상환 조건을 충족시키지 못하면 손실이 생기는 것이다. 그러니까 다음과 같은 조건을 보면 이렇게 생각해야 한다.

<table>
<tr><td rowspan="2">녹인</td><td>90-90-85-85-80-75/50</td></tr>
<tr><td>“설마 3년 안에 지수 중에 하나가 50% 이하로 내려가겠어?”</td></tr>
<tr><td rowspan="2">노 녹인</td><td>90-90-85-85-80-60</td></tr>
<tr><td>“설마 3년 후에 지수 중에 하나가 지금보다 60%나 낮을 리가 있겠어?</td></tr>
</table>

저 각각의 질문에 아니라고 자신 있게 답할 수 있을 때 그 상품에 투자하면 된다.

녹인의 변종들

최근에는 스텝다운형 녹인상품이 대세를 이루고 있으며, 리스크를 관리하는 방식에 따라 좀 더 세분화된 상품들이 등장하고 있다. 기본적으로 '조기상환 조건'에 이런저런 추가 조건을 더해서 조기상환의 가능성을 높이는 형태로 만들어진다.

1. 일반형

앞서 설명한 것과 같다. 조기상환 조건이 충족될 때만 조기상환이 가능하다.

2. 리자드형

리자드형은 말 그대로 도마뱀(lizard)처럼 리스크를 중간중간 뚝뚝 자르는 형태로 되어 있다. 녹인을 터치하지 않고 조기상환 조건을 충

〈일반형의 수익률 곡선〉

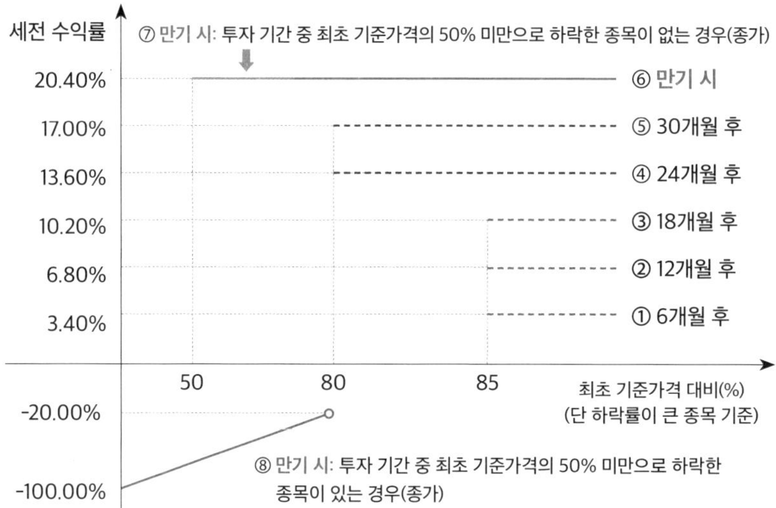

세전 수익률
⑦ 만기 시: 투자 기간 중 최초 기준가격의 50% 미만으로 하락한 종목이 없는 경우(종가)
20.40%
17.00%
13.60%
10.20%
6.80%
3.40%
⑥ 만기 시
⑤ 30개월 후
④ 24개월 후
③ 18개월 후
② 12개월 후
① 6개월 후
50
80
85
최초 기준가격 대비(%)
(단 하락률이 큰 종목 기준)
-20.00%
-100.00%
⑧ 만기 시: 투자 기간 중 최초 기준가격의 50% 미만으로 하락한
종목이 있는 경우(종가)

〈리자드형의 수익률 곡선〉

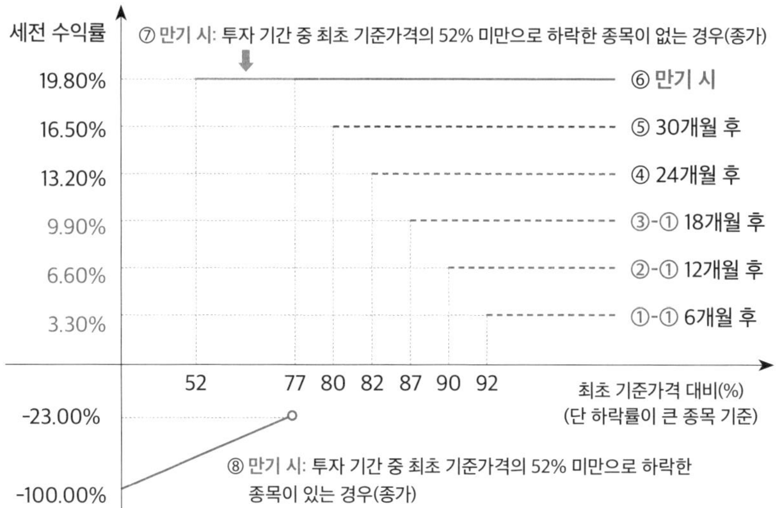

세전 수익률
⑦ 만기 시: 투자 기간 중 최초 기준가격의 52% 미만으로 하락한 종목이 없는 경우(종가)
19.80%
16.50%
13.20%
9.90%
6.60%
3.30%
⑥ 만기 시
⑤ 30개월 후
④ 24개월 후
③-① 18개월 후
②-① 12개월 후
①-① 6개월 후
52
77
80
82
87
90
92
최초 기준가격 대비(%)
(단 하락률이 큰 종목 기준)
-23.00%
-100.00%
⑧ 만기 시: 투자 기간 중 최초 기준가격의 52% 미만으로 하락한
종목이 있는 경우(종가)

족할 시 약속된 수익률을 지급하는 것은 일반형과 같다. 그런데 '녹인 배리어' 말고도 만기 이전에 '리자드 배리어'라는 것을 추가로 설정해 둔다. 조기상환 조건을 충족하지 못했지만 리자드 배리어까지 다다르지 않았을 경우에는 1/2의 수익률로 조기상환을 해주는 것이다. 원래 약속한 수익률이 연 10%였다면, 연 5%의 수익만 지급하고 조기상환된다.

- ***조기상환 조건 충족 시:*** *약속된 수익률*
- ***조기상환 조건 불충족, 리자드 배리어까지 다다르지 않았을 경우:*** *1/2 수익률로 조기상환*

3. 부메랑형

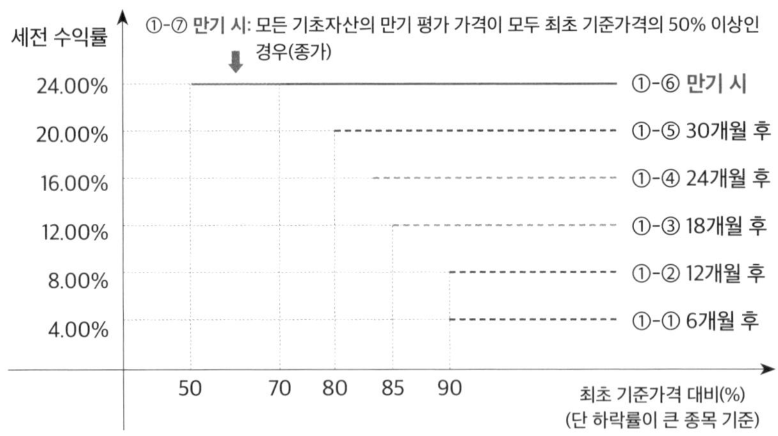

〈부메랑형의 수익률 곡선(녹인 배리어에 다다랐을 때)〉

조기·만기상환 조건②: 투자 기간 중 최초 기준가격의 50% 미만으로 하락한 종목이 있는 경우(종가)
* 단 도달 시점 이후 최초로 도래하는 자동 조기상환부터 조건이 적용됨

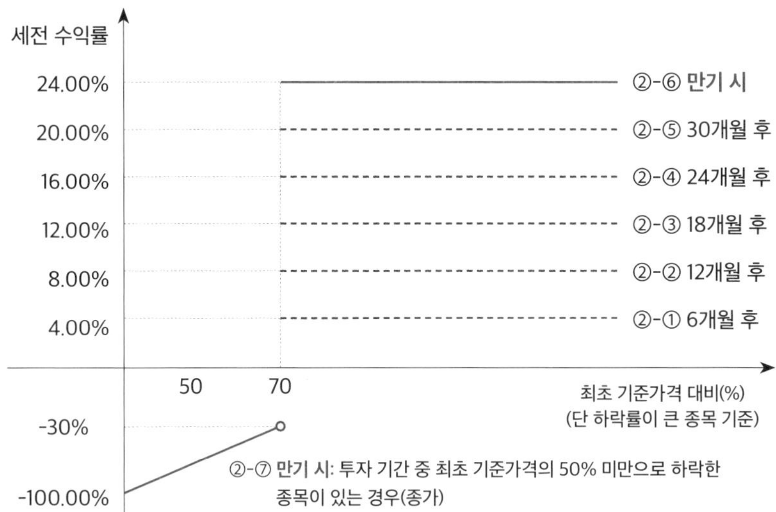

부메랑형은 녹인 배리어에 다다르는 순간 조기상환 조건이 달라진다. 녹인 배리어에 다다르기 전에는 일반형과 동일한 상환 조건을 적용하지만, 녹인 배리어에 다다르면 그 뒤로는 남은 기간과 상관없이 만기 시 상환 조건(최저 상환 조건)을 조기상환 조건으로 적용한다. 그만큼 조기상환의 가능성이 높아지는 것이다.

4. 월지급형

조기상환 조건이 충족되면 원금이 상환되고, 녹인이 되면 손실이 발생하는 것은 일반형도 동일하다. 다만 수익을 지급하는 방식에서 차이가 있다. 보통은 6개월마다 평가를 하고 조기상환이 될 때 수익을 일

〈월지급형의 조기·만기상환 조건〉

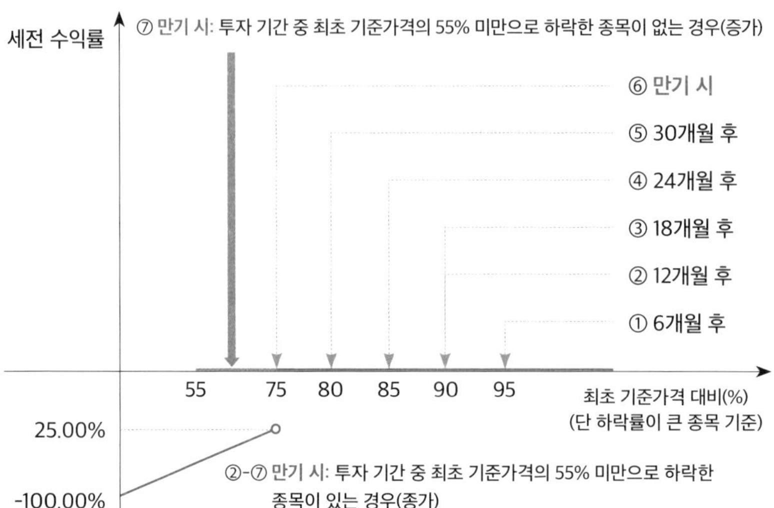

〈월지급형의 쿠폰 지급 조건〉

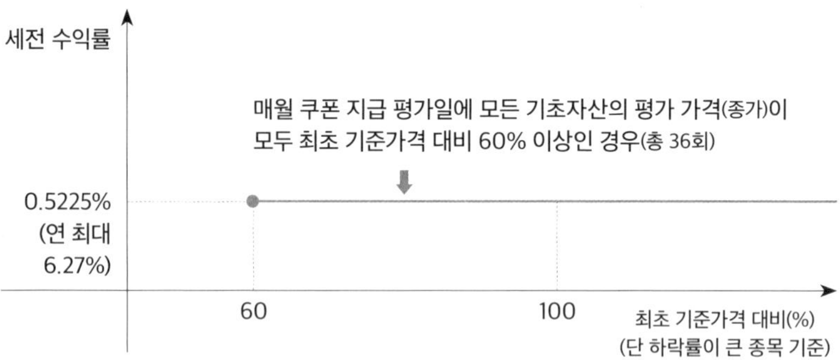

시에 지급하는 반면, 월지급식은 별도의 지급 기준을 충족하면 월마다 수익을 지급한다.

DL-/EL- 패밀리

이제 DLS와 ELS의 차이는 알게 되었을 것이다. 그럼 이제 나머지 'DL-/EL-' 패밀리를 알아보자. DL과 EL 뒤에 붙는 알파벳만 구분하면 된다.

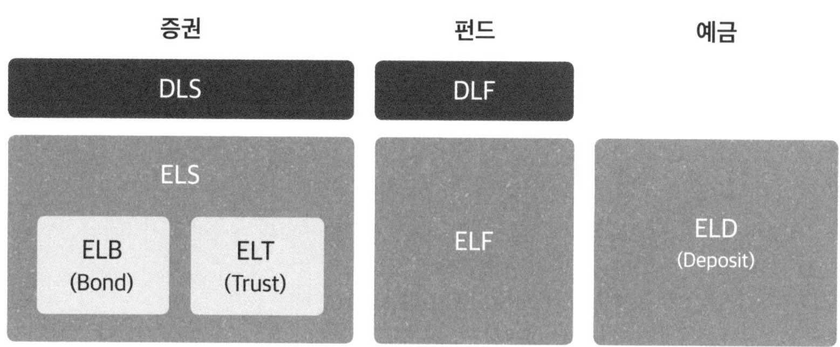

먼저 뒤에 S가 붙으면 증권이다. 그리고 ELS 안에는 ELB와 ELT가 있다. ELB는 원금보장형으로 대부분의 자산을 채권으로 매입하는 형태이고, ELT는 그 자체로 특별한 상품이라기보다는 은행에서 사면 신탁(Trust) 계약 형태로 구매하게 되기 때문에 붙은 이름이다. ELD는 은행권에서 발행하는 상품으로 이 또한 100% 원금 보장을 해준다. F가 붙은 것은 펀드다. 즉 ELS나 DLS에 투자하는 펀드로, 사실 소비자 입장에서는 그냥 ELS, DLS와 매한가지다.

이것저것 많아 보이지만 사실 ELS 하나만 알면 된다. ELF라고 해봤자 결국 ELS에 투자하는 펀드이며, ELB와 ELD는 원금보장형 ELS라고 생각하면 간단하다. ELT는 ELS를 은행에서 사면 신탁 계약 형태로 사게 되기 때문에 이름이 달라졌을 뿐이다. 그리고 무엇보다 현재 실제로 판매되고 있는 상품이 ELS 말고는 거의 없다.

ELW(Warrant)는 일종의 옵션상품으로, 여기에서 따로 다루지는 않겠다. 레버리지가 무척 높기 때문에 리스크가 큰 상품이니 되도록이면 피하도록 하자.

ELS에 투자하기 전에 생각해야 할 것들

2019년에는 독일 국채 금리 10년물과 연계된 DLS가 대규모 손실을 입으면서 큰 이슈가 되었다. 정기예금처럼 생각하고 고액을 맡긴 투자자들이 많았던 까닭이다. 영업 직원의 말만 믿고, 그저 수익률만 보고 투자를 한 이들도 적지 않았다. 불완전 판매 이슈도 있었지만 이와 별개로 자신의 돈을 들여서 사는 상품에 대해 제대로 알아보지 않았다는 건 자성해야 할 부분이다.

ELS는 기본적으로 비대칭적인 투자상품이다. 수익은 한정적이고 손실은 -100%가 될 수 있는 구조라는 뜻이다. 가장 대표적으로 많이 팔리는 스텝다운형 ELS상품의 수익률 그래프를 극단적으로 단순화하면 그 모양새가 풋옵션 매도의 포지션과 비슷해진다. 쉽게 말해 일정한 수준의 수익을 안정적으로 받을 확률이 높지만, 동시에 작은 확률일지라도 손실이 나면 원래 얻기로 되어 있던 수익에 비해 매우 큰 손실을 볼 수 있다. 따라서 손실의 발생 확률을 항상 염두에 두어야만 한다.

〈풋옵션 매도 그래프〉

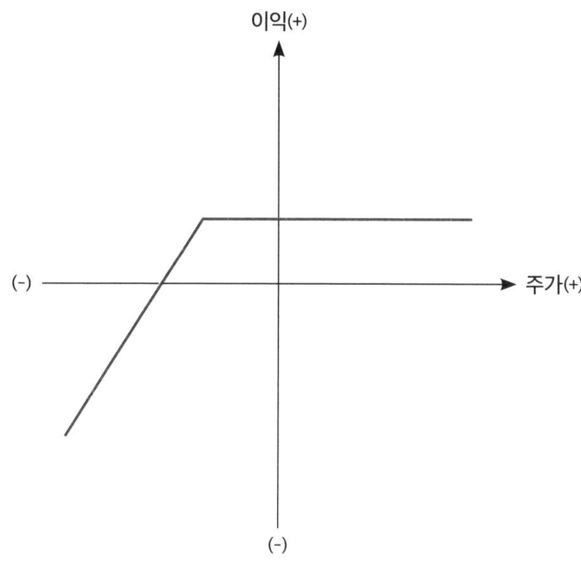

ELS의 상품소개서를 살펴보면 기초자산들의 과거 데이터를 이용해서 수익률을 시뮬레이션한 결과물을 보여준다. 상환 확률과 손실 확률에 대한 일종의 가이드다. 물론 ELS상품들이 녹인에 접어드는 것은 매우 드물다. 글로벌 금융위기 수준의 사태가 발생해야 일어나는 일이다. 하지만 그럼에도 불구하고 정기예금처럼 안전자산이 아니라는 점을 꼭 염두에 두어야 한다. 자산 배분 차원에서 감당할 수 있는 리스크 수준으로만 투자해야 한다는 뜻이다. ELS에 투자하고 싶다면 다음의 네 가지 사항을 꼭 명심하자.

1. 되도록 지수형 ELS만 할 것.

2. 녹인은 되도록 낮은 것을 할 것.

3. 1~2% 더 높은 수익률보다는 안정성을 택할 것.

4. 원금 손실의 가능성이 있다는 걸 항상 염두에 둘 것.

〈ELS 상품소개서의 수익률 시뮬레이션〉

상환 구분	수익률(%)	발생 횟수	발생 빈도(%)
1차 조기상환	3.40	3,563	73.875
2차 조기상환	6.80	269	5.577
3차 조기상환	10.20	169	3.504
4차 조기상환	13.60	166	3.442
5차 조기상환	17.00	89	1.845
만기상환	20.40	97	2.011
	-80~-70	0	0.000
	-70~-60	49	1.016
	-60~-50	141	2.923
	-50~-40	57	1.182
	-40~-30	156	3.235
	-30~-20	67	1.389
	-20~-10	0	0.000
	-10~0	0	0.000
	손실	470	9.745
진행 중		0	0.000
총		4,823	100.000

미국 ETF로 투자 포트폴리오 짜보기

ETF는 적은 비용으로 다양하게 자산 배분을 할 수 있다는 장점 때문에 많은 사랑을 받고 있지만, 사실 국내 ETF로는 자산 배분을 시도하기가 쉽지 않다. 바로 거래량 때문이다. 자산운용사에서 꾸준히 새로운 ETF상품을 내놓고 있지만 막상 사려고 보면 '애걔? 하루 거래량 1천 주?' 이런 경우가 적지 않다. 물론 ETF는 펀드이고 장기 투자를 하는 것이 기본 취지이니 적은 거래량 때문에(혹은 덕분에) 덜 사고팔 수 있어 오히려 수익률에 도움이 될 수도 있다. 하지만 아무래도 거래가 많지 않으면 괴리율이 커질 수 있고, 추후에 현금화하기도 부담스럽다.

그래서 ETF 투자를 하려고 찾다 보면 결국 미국 시장을 살펴보게 된다. 역시 ETF의 원조답게 상품도 약 2,300개 내외로 다양하다(우리나라의 코스피, 코스닥 상장사 수와 비슷한 수준이다). 주식뿐만 아니라 채권, 원자재는 물론이고 다른 선진국, 신흥국의 주식 및 채권을 추종하는 등 ETF의 콘셉트도 다양하다. 한마디로 전 세계 모든 자산과 관련된 ETF가 있다고 보면 된다.

물론 따로 계좌를 개설해야 하지만 요즘은 대부분의 증권사가 비대면으로 손쉽게 계좌를 개설할 수 있는 서비스를 제공한다. 게다가 수시로 미국주식 거래와 관련해서 다양한 이벤트를 하고 있어서 보다 저렴하게 거래할 수 있다. 거래수수료가 0.1%도 되지 않고 환율 우대도 95%까지 해주는 경우가 많다.

국내 ETF와 마찬가지로 이름에서 제일 앞에 나오는 것은 자산운용사의 ETF 브랜드다. 자주 마주치게 될 브랜드는 주로 3개인데, 미국 자산운용업계에서 나란히 1~3위를 차지하는 곳이다.

- *iShares: 블랙록의 ETF 브랜드*
- *Vangurad: 뱅가드의 ETF 브랜드*
- *SPDR: 스테이트 스트리트의 ETF 브랜드*

뱅가드는 인덱스펀드의 창시자인 존 보글이 설립한 곳답게 비슷한 유형의 ETF가 있다면 운용 보수가 저렴한 편이다. 그럼 지금부터 하나하나 살펴보겠다.

미국 시장 대표 지수

S&P500, 나스닥100, 다우존스30 등 미국의 시장 대표 지수를 추종한다.

티커	이름	특징
VTI	Vanguard Total Stock Market ETF Trust	미국주식 시장 전체 시가총액 추종

VOO	Vanguard S&P500 ETF	S&P500(미국 대표 대형 기업 500개) 지수 추종
SPY	SPDR S&P500 ETF Trust	S&P500(미국 대표 대형 기업 500개) 지수 추종
QQQ	Invesco QQQ Trust	NASDAQ100(기술 중심 나스닥 100개) 지수 추종
DIA	SPDR Dow Jones Industrial Average ETF Trust	다우존스 산업 평균(대표 대형주 30개) 지수 추종
MGK	Vanguard Mega Cap Growth ETF	애플, 마이크로소프트, 아마존, 페이스북, 구글 등 초대형 성장주 위주의 포트폴리오
MGV	Vanguard Mega Cap Value ETF	존슨앤드존슨, 버크셔 해서웨이, 프록터 앤드 갬블(P&G) 등 초대형 가치주 위주의 포트폴리오

섹터 지수

미국주식 시장은 총 11개의 섹터로 구분된다. 스테이트 스트리트의 SPDR ETF들이 섹터 지수를 추종하는 ETF 쪽에서는 가장 활성화되어 있는 편이다.

티커	이름	특징
XLK	Technology Select Sector SPDR Fund	정보기술주 섹터. 마이크로소프트, 애플, 비자, 엔비디아 등 구성
XLV	Health Care Select Sector SPDR Fund	헬스케어 섹터. 존슨앤드존슨, 유나이티드헬스 그룹, 암젠 등
XLE	Energy Select Sector SPDR Fund	에너지 섹터. 엑슨 모빌, 셰브론 등 석유, 천연가스, 셰일가스 관련 기업
XLRE	Real Estate Select Sector SPDR Fund	부동산 섹터. 아메리칸 타워, 프로로지스 등 리츠 포함
XLF	The Financial Select Sector SPDR Fund	금융 섹터. 버크셔 해서웨이, 제이피모간체이스(JP모건), 뱅크오브아메리카 등

XLI	Industrial Select Sector SPDR Fund	산업재 섹터. 보잉, 허니웰 인터내셔널, 유니온 퍼시픽, 제너럴 일렉트릭(GE) 등
XLU	Utilities Select Sector SPDR Fund	유틸리티 섹터. 전력, 상하수도, 가스회사 등 인프라 관련 주식
XLP	Consumer Staples Select Sector SPDR Fund	필수소비재 섹터. 코카콜라, 월마트, 필립 모리스 인터내셔널 등
XLY	Consumer Discretionary Select Sector SPDR Fund	자유소비재 섹터. 아마존, 홈디포, 맥도날드, 나이키 등
XLB	Materials Select Sector SPDR Fund	소재 섹터. 린드(Linde plc), 에어 프로덕츠 앤드 케미컬스(APD) 등
XLC	Communication Services Select Sector SPDR	정보통신 섹터. 페이스북, 구글(알파벳), 월트 디즈니 등

채권 ETF

미국의 국채, 회사채는 물론 신흥국 등 다양한 채권 ETF상품이 존재한다. 특히 미국 국채의 경우 안전자산으로 분류되어 전문 투자가들이 자산 배분 시 필수로 일정 부분 가져가는 자산군이다.

티커	이름	특징
AGG	iShares Core U.S. Aggregate Bond ETF	국채, 회사채, 모기지채 등 미국 채권 시장 전체
BND	Vanguard Total Bond Market ETF	AGG와 유사함. 국채, 회사채, 모기지채 등
BNDX	Vanguard Total International Bond ETF	글로벌 국채 및 회사채
EMB	iShares JP Morgan USD Emerging Markets Bond ETF	달러로 표시된 신흥국 국채
TLT	iShares 20+ Year Treasury Bond ETF	미국 장기 국채: 만기 20년 이상

IEF	iShares 7-10 Year Treasury Bond ETF	미국 중장기 국채: 만기 7~10년
SHY	iShares 1-3 Year Treasury Bond ETF	미국 단기 국채: 만기 1~3년
LQD	iShares iBoxx USD Investment Grade Corporate Bond ETF	투자적격 회사채
JNK	SPDR Bloomberg Barclays High Yield Bond ETF	투자부적격 회사채

글로벌 ETF

전 세계 각국의 대표 지수를 추종하는 ETF들이다. 그 나라의 전체 주식 시장에 투자한다는 개념으로 접근하면 좋다. 블랙록의 iShare ETF들이 가장 거래가 활발하며, 대부분 MSCI 지수를 추종한다.

지역	티커	이름	특징
선진국	VEA	Vanguard FTSE Developed Markets ETF	일본, 영국, 프랑스, 캐나다, 독일 등 선진국(미국 제외)
유로존	EZU	iShares MSCI Eurozone ETF	유로존 국가에 투자(영국 제외). 프랑스, 독일, 네덜란드, 스페인, 이탈리아 등
영국	EWU	iShares MSCI United Kingdom ETF	영국
캐나다	EWC	iShares MSCI Canada ETF	캐나다
독일	EWG	iShares MSCI Germany ETF	독일
프랑스	EWQ	iShares MSCI France ETF	프랑스
일본	EWJ	iShares MSCI Japan ETF	일본
호주	EWA	iShares MSCI Australia ETF	호주
신흥국	VWO	Vanguard FTSE Emerging Markets ETF	홍콩, 대만, 중국, 인도, 브라질 등 (한국을 포함하지 않음)
중국	FXI	iShares China Large-Cap ETF	중국 대형주

대한민국	EWY	iShares MSCI South Korea ETF	대한민국
브라질	EWZ	iShares MSCI Brazil ETF	브라질
러시아	RSX	VanEck Vectors Russia ETF	러시아
인도	INDA	iShares MSCI India ETF	인도
베트남	VNM	VanEck Vectors Vietnam ETF	베트남
남아프리카공화국	EZA	iShares MSCI South Africa ETF	남아프리카공화국
홍콩	EWH	iShares MSCI Hong Kong ETF	홍콩

원자재 ETF

대체자산으로 투자할 수 있는 원자재 ETF들이다.

원자재	티커	이름	특징
금	IAU	iShares Gold Trust	금 ETF 중 수수료와 주당 가격이 가장 낮음
금	GLD	SPDR Gold Trust	IAU와 마찬가지로 금 100% 편입
원유	USO	United States Oil Fund LP	원유
팔라듐	PALL	Aberdeen Standard Physical Palladium Shares ETF	팔라듐
은	SLV	iShares Silver Trust	은
원자재	GSG	iShares S&P GSCI Commodity Indexed Trust	원유, 농산물, 광물 등 원자재 섹터 전반
원자재	DBC	Invesco DB Commodity Index Tracking Fund	원유, 농산물, 광물 등 원자재 섹터 전반
구리	COPX	Global X Copper Miners ETF	전 세계 구리 관련 기업에 투자

미국 ETF와 관련한 정보를 찾을 수 있는 사이트

- ***ETF 관련 정보:*** *www.etf.com*
- ***ETFDB 관련 정보:*** *www.etfdb.com*

PART

5

부와 나의 연결:

부를 향해 도약하는 우리의 자세

세상의 모든 것에는 정(正)과 반(反)이 있습니다. 무림에는 정파와 사파가 있고, 탕수육에는 찍먹과 부먹이 있듯이 투자의 세계에도 그런 양대 산맥이 있습니다. 눈치가 빠른 사람이라면 이미 알아챘을 수도 있습니다. 바로 액티브 투자와 패시브 투자의 대립이 이 투자의 세계에서 시장을 바라보는 상반된 시선의 결과물입니다.

액티브 투자의 방법론은 일견 화려하게 느껴집니다. 무술로 따지자면 화려한 타격기처럼 보입니다. 액티브 투자를 선호하는 이들은 시장이 합리적이지 않다고 생각합니다. 그래서 실력을 갈고닦으면 상대(시장)의 급소를 찾을 수 있고 날렵하게 치고 빠져나올 수 있다고 생각합니다. 틈을 잘 찾아내면 시장의 평균수익률보다 높은 수익을 올릴 수 있다고 생각합니다. 이들은 시장의 상황과 무관하게 수익을 추구하기도 하는데, 그래서 글로벌 금융위기를 다룬 영화 〈빅쇼트〉의 주인공처럼 모두가 상승을 꿈꿀 때 홀로 시장의 하락에 베팅하는 외로운 길을 택하기도 합니다. 물론 모든 액티브 투자가 짧은 호흡을 가진 것은 아닙니다. 어차피 주식이란 기업의 성장을 나누는 것이기에, 이익 창출을 제대로 하는 똘똘한 기업의 주식을 사서 푹 묵혀놓기만 해도 된다는 워런 버핏식 가치 투자야말로 어쩌면 액티브 투자의 최고봉일지 모릅니다.

반면 패시브 투자의 방법론은 조금 지루해 보입니다. 취권처럼 물에 물 탄 듯, 술에 술 탄 듯 허허실실해 보이기도 합니다. 이들은 시장이 단기적으로는 어떨지 몰라도 장기적으로는 합리적이고 효율적인 가격을 찾아간다고 생각합니다. 단기적으로는 액티브하게 자산을 운용해 시장보다 나은 수익을 낼 수도 있지만, 그런 초과수익을 지속적으로 내기는 힘들다고 생각합니다. 가격이 급등한 자산군은 결국 제자리를 찾을 것이고, 소외된 자산군은 언젠가 다시 주목받을 것이라고 믿습니다. 이들은 시장이 언제 어떻게 바뀔지 알 수 없다고 생각하는 일종의 불가지론자들입니다. 그래서 시장의 평균수익률을 잘 따라가기만 해도 다행이라고 생각하는 것이죠.

물론 이 두 가지 방법론 사이에는 무척이나 넓은 스펙트럼이 존재합니다. 실제 우리가 투자를 할 때는 '그 사이에서 어떤 중도를 찾아가는가?' 하는 경향성의 문제일지도 모르겠습니다. 하지만 이제 막 금융이라는 세계에 발을 들여놓은 초보자라면 후자의 관점에서 투자를 바라보기 바랍니다. 투자의 세계는 냉혹하고, 우리는 그 냉혹한 세계에서 평균 이하의 존재들입니다. 그곳에는 우리보다 훨씬 거대한 자본을 가진 이들, 우리의 MTS와는 비교도 되지 않는 최첨단 프로그램을 활용하는 이들이 도사리고 있습니다. 금융 시장은 거대한 회사들이 서로의 돈을 먹기 위해 싸우는 곳입니다. 그 거대한 코끼리들 사이에서 우리는 정말 말 그대로 '개미'인 경우가 많습니다.

평균만 따라가도 성공이다

우리 같은 평균 이하의 존재들은 평균만 잘 따라가도 꽤나 성공적이라고 할 수 있습니다. 그 평균을 잘 따라가는 것도 그리 쉬운 일만은 아니기 때문입니다. 이상하게도 투자의 세계에 접어들면 요행으로라도 돈을 잘 벌 수 있을 것 같은 착각에 빠집니다. 아이러니하게도 본인이 똑똑하다고 생각할수록, 현실 세계에서 소위 공부 좀 잘했다는 사람들일수록 자신의 확신과 시야에 갇혀서 큰 손실을 입곤 합니다. 일단은 '나는 평균 이하'라는 마음으로 시작하는 게 그래서 더 나을지 모릅니다.

재미있는 것은 액티브 투자의 대가들조차 일반 투자자들에게는 패시브 투자의 길을 택하라고 조언한다는 것입니다. 레이 달리오는 전문 투자자가 아니라면 애초에 시장의 초과수익률을 탐내지 말라고 이야기합니다. 워런 버핏 또한 일반인이라면 그냥 인덱스펀드에 장기 투자하라고 충고합니다.

워런 버핏의 말처럼 시장은 자주 효율적이지만 항상 효율적이지는 않습니다. 그래서 기업을 철저히 분석하고 평가하고 인내심을 가지고서 자신이 원하는 가격이 올 때까지 참을 수만 있다면 큰 기회를 잡을 수 있을지도 모릅니다. 패시브한 방법론으로 시작하더라도 우리들 또한 언젠가는 액티브한 방법론으로 서서히 옮겨갈지도 모릅니다. 시장과 기업에 대해 치열하게 고민하고, 남들이 알지 못하는 새로운 유망주를 발굴하기 위해 끊임없이 분석하고, 새롭게 떠오를 산업 섹터를 찾아 고민하는 과정에서 우리는 투자 근육을 키울 수 있습니다. 그러나 이것은 고수들의 영역입니다. 많은 시간과 공을 들여야 하기에 지금은 기초체력을 단단히 다지는 데 집중하고, 응용에 대한 부분은 그 다음에 고민해도 늦지 않습니다.

그러니 일단은 패시브 투자의 방법론부터 보는 게 어떨까요? 패시브 투자라고 해서 '선택'의 문제를 피해갈 수는 없습니다. 이 길을 걷더라도 몇 가지 선택의 분기점과 마주할 수밖에 없습니다.

- *시장에 참여할 것인가, 말 것인가?*
- *어떤 자산군에 투자할 것인가?*
- *시장 전체, 특정 섹터, 개별 종목 중 어떤 층위에 투자할 것인가?*

세상의 모든 선택은 어떤 가능성과 어떤 위험성을 내포하고 있습니다. 그리고 금융의 세상, 투자의 세계에서는 이 법칙이 더 엄혹하게 적용됩니다. 어떤 자산군, 어떤 종목을 선택한다는 것은 어떤 가능성, 어떤 리스크를 감수한다는 의미입니다. 그리고 그 가능성과 리스크가 그 개별 금융상품의 스펙(사양)이 됩니다. 즉 노트북의 스펙을 따질 때 CPU와 RAM을 보듯, 금융상품의 스펙을 따질 때는 기대수익률과 리스크를 봐야 합니다. 노트북과 다른 점이 있다면 그 스펙이라는 것이 명확하게 글자로 찍혀 있지도 않고, 시장 상황에 따라 수시로 변한다는 점입니다. 그래서 우리 스스로 그 답을 찾기 위해 끊임없이 노력해야 합니다. 이 파트에서는 그것들을 어떻게 대해야 할지 하나씩 찾아가볼까 합니다.

부자처럼 생각하라

이런저런 재테크 책에는 흔히 '부자처럼 생각하라'는 말이 나온다. 돈을 벌고 싶다면 돈을 가진 사람들처럼 생각하란다. 나도 그러고 싶지만 참 어렵다. 왜냐하면 부자였던 적이 없으니까. 인간의 상상력은 한계가 있고, 그런 상황을 상상으로 체험하는 것은 쉽지 않다. 아무리 상상력을 발휘해봐도 잘 모르겠다. 돈을 번다고 해서 지금 사는 것과 크게 다를 거 같지도 않고, 뭐 어차피 지금처럼 하루 세 끼 먹고 살겠지. 그래도 다들 부자처럼 생각하라고 하니, 일단 한번 노력을 해보자.

부자처럼 생각해야 하는 이유는 한 가지다. 부자들이 금융 시장의 흐름을 만들어내기 때문이다. 외국인이 되었든, 기관이 되었든, 슈퍼개미가 되었든 그들은 돈이 많다. 그래서 그들의 행동에 따라 시장의 흐름이 바뀐다. 그러니 부자들이 어떤 논리로 흐름을 바꾸는지 고민해볼 필요가 있다.

우리에게 100억 원 정도가 있다고 생각해보자. '죽을 때까지 놀고 먹어도 되겠군.' 하는 생각이 들 것이다. 하지만 한편으로는 이런 생각이 든다. '안전하게 원금을 지키면서 수익을 낼 수 있는 방법은 없을까?' 가지고 있는 걸 야금야금 갉아먹기만 하며 사는 삶은 불안하기 때문이다. 이미 가진 게 많으니 큰 대박은 바라지 않지만, 지금 같은 초저금리 시대에는 어디 안전하게 넣어둔다고 해서 따박따박 이자가 나오지 않으니 고민이 깊어질 수밖에 없다(돈이 많아도 나름 또 고민은 생긴다). 아마도 다음과 같은 목표로 살게 되지 않을까?

1. 100억 원이라는 원금의 가치를 최대한 지킨다.

2. 그 원금을 지키면서 최대한의 인컴수익을 만들어낸다.

부자의 목표는 안정적인 자산운용

만일 우리가 100억 원을 갖고 있다면 이 100억 원의 가치(구매력)를 유지하는 게 제일 중요해진다. 다시 말하지만 100억 원이라는 '숫자'가 아니라 '가치'다. 즉 100억 원 규모의 구매력을 잃지 않는 게 중요하다.

여기서 고려해야 하는 첫 번째 요소는 바로 '인플레이션'이다. 물가가 해마다 2%만 오른다고 생각해보자. 만약 내가 금고에 100억 원을 넣어두면 가만히 앉아 매년 내 돈의 가치(구매력)가 2%씩 줄어드는 모습을 보게 될 것이다. '1년에 2억 원이 줄어든다고?' 이때까지 별생각 없던 인플레이션이 갑자기 세상에서 제일 나쁜 놈처럼 느껴지기 시작한다.

그렇다. 인플레이션으로부터 돈을 지키기 위해서는 어디라도 투자를 해야 한다. 100억 원이나 있는데 그걸 고스란히 현금으로만 들고 있을 수는 없다. 부동산을 살 수도 있고, 주식이나 채권을 사둘 수도 있다. 하지만 시장에 참여하는 순간, 시장 상황에 따른 변동성을 부담해야 한다. 따라서 마냥 공격적인 투자를 할 수만은 없다. 100억 원을 고스란히 주식으로 보유한다면 하루에 3%만 내려도 3억 원이 날아가는 셈이다. 그렇다면 안전한 국공채를 사두면 될까? 그렇게 하기에는 또 기회비용이 커진다. 만약 주식 시장의 평균수익률이 10%였는데 채권만 사는 바람에 2%밖에 수익을 못 냈다고 생각해보자. 주식에 투자했다면 10억 원을 벌었을 텐데, 2억 원만 벌게 되었으니 속이 쓰릴 수밖에 없다.

현금을 들고 있자니 인플레이션이 무섭고, 자산을 들고 있자니 변동성이 무섭고, 그렇다고 안전자산에 다 몰아넣자니 기회비용을 무시할 수가 없다. 그래서 나온 개념이 바로 '자산 방어'다. 내가 가진 자산의 가치를 더 늘리지는 못하더라도 제대로 유지하는 것. 그렇다. 금액이 크면 1%의 수익률 차이에도 손에 쥐는 돈의 규모가 달라진다. 그래서 대개 부자들은 평균적인 시장 수익률을 목표로 자산을 배분한다. 따라서 정기예금 금리를 기준으로 플러스 알파를 추구하는 경우가 많다.

그런데 우리는 애초에 방어할 자산이 없으므로 '자산 축적'을 추구하게 된다. 소위 말하는 '종잣돈'을 만들기 위해 애쓰는 것이다. 자산이 적다 보니 조금이라도 더 공격적인 투자를 추구하게 된다. 부자와 우리가 다른 점이 바로 이 부분이다. 크게 한 방을 노리니 마음이 급해진다. 차근차근 모아서는 어느 세월에 모을 수 있을지도 모르겠고, 자잘한 수익은 얻어봤자 인생 역전에 별로 도움이 안 된다. 그러니까 어떤 좋은 기회를 잡아서 한 건 크게 터뜨리고 싶다는 마음이 생긴다. 그래서 '공격적인 투자'라는 미명하에 리스크를 별것 아닌 양 무시하는 경우도 적지 않다. 일단 액수가 적으니까 리스크가 작은 투자 방식은 거기서 거기라는 생각이 든다. 100만 원을 굴린다고 치면 은행 예금 금리가 2%여도 2만 원이니 '에잇 그거 벌어서 뭐해.' 하고 생각하며 자연스레 주식으로 눈이 돌아간다.

우량주가 좋다는 건 알겠는데 왠지 등락이 지겹다. 바로 옆을 보니 이틀 연속 상한가를 기록한 종목들이 보인다. 그렇게 작전주, 테마주에 불나방처럼 뛰어들게 된다. '5배 먹으려면 -50% 정도는 감수해야지.' 하고 객기를 부린다. 정체 불명의 암호화폐를 도박하는 마음으로 사기도 한다. 100만 원이면 -10% 정도 손실이 나도 10만 원이다. 잃어도 "에잇, 술 사 먹은 셈 치자."라고 생각하게 된다. 액수가 적으니 포기도 빠르다. 그래서 리스크를 대하는 태도가 상대적으로 담대(?)해진다.

물론 가진 돈이 적다고 모두가 투기를 자행하는 것은 아니다. 고위험 고수익을 추구하는 사람들이 있는 반면, 원금 손실이 두려워서 예적금만 착실하게 가입하는 사람들도 있다. 원금 보장에 지나치게 집착하는 사람들은 애초에 자산 시장에 대해 관심을 꺼버린다. 물론 정기예금 금리가 높다면 문제가 없다.

하지만 마이너스 금리가 점차 현실로 다가오고 있는 요즘 환경에서 시장에 참여하지 않는다는 것은 그 자체로 큰 리스크를 떠안는 셈이다. 하물며 양적 완화를 넘어 질적 완화까지 시행되고 있는 상황이다. 저금리로 인해 시장에 끊임없이 돈이 풀리면서 자산 가격이 치솟고 있는데 예적금만 고집하면 뒤처질 수밖에 없다. 현재의 기준금리(0.5%) 수준으로는 물가상승률을 감당하기도 힘들다. 결국 얼마 되지도 않는 자산 가치가 야금야금 깎여나가는 것이다.

저금리 기조는 쉽게 끝나지 않을 것이다. 이렇게 풀려난 유동성은 자산 가격을 더욱 끌어올릴 것이고, 양극화는 빠르게 심화되고 있다. 개인이 스스로 일을 해서 버는 돈보다 자산이 벌어주는 돈의 양이 더 많아지는, 그러니까 소위 '돈이 돈을 버는 시대'가 되었다. 그러니 적어도 시장의 평균수익률만큼 꾸준히 수익을 내지 않으면 뒤처질 수밖에 없는 상황이다.

집값을 떠올려보면 좋다. 내가 산 집값이 5억 원에서 8억 원이 되었다고 가정해보자. 그런데 사고 싶었던 집이 10억 원에서 16억 원이 된다면 똑같이 60%씩 올라도 이제 모아야 할 돈은 더 많아졌다. 그러니 집 한 채 가진 사람은 집값이 올라봤자 별로 좋을 것도 없다는 말이 나오는 것이다. 하지만 그나마도 집 한 채 있던 사람은 다행이다. 애초에 집이 없던 사람은 수익률 자체가 0%다. 이제 5억 원이 아니라 8억 원을 모아야 하니 내 집 마련의 꿈은 더 멀어질 수밖에 없다.

결국 그게 주식이든, 채권이든, 부동산이든 시장의 평균수익률을 따라잡지 못하면 계속 그 모양이거나 뒤처지게 된다. 모든 투자는 '시장의 평균수익률을 어떻게 뛰어넘을 수 있을까?'라는 질문과의 싸움이다. 한마디로 시장에 참여하지 않는다는 것은 가만히 앉아서 돈을 잃는 것과 같다.

중요한 건 금액이 아닌 비율

부자와 우리의 마인드 차이를 요약하면 이렇다.

- ***우리의 마인드:*** *시장에 아예 참여하지 않거나, 참여하면 한 방을 노리는 경향이 많다. 즉 중간이 없다.*
- ***부자의 마인드:*** *항상 시장에 참여하면서 적절한 수준의 수익률을 추구한다.*

세상에서 투자로 돈을 제일 많이 벌었다고 소문이 나 있는 사람은 버크셔 해서웨이의 회장 워런 버핏이다. 차고 넘치는 그의 명언 중에서, 꽤 유명한 아래의 원칙을 떠올려보자.

- ***제1원칙:*** *원금을 잃지 말 것.*
- ***제2원칙:*** *제1원칙을 잊지 말 것.*

그의 투자 원칙을 처음 접했을 때는 '이게 뭐야.' 싶었다. '거참 돈도 많이 버셨다는 분이 비법 좀 알려주지. 야박하게 하나 마나 한 소리를 하나.'라고 생각하기도 했다. 나도 골을 안 먹으면서 골을 넣으면 이긴다는 것쯤은 안다. 어느 누구도 원금을 잃고 싶어서 잃는 게 아니다. 그런데 한편으로는 궁금하기도 했다. 오마하의 현인이라고 불리는 그가 저런 투자 원칙을 강조한 이유는 무엇일까. 그만큼 저 당연한 것을 당연하지 않게 생각하는 이들이 많은 게 아닐까.

'원금을 잃지 말라'는 말에 담긴 의미는 무엇일까? 사실 원금을 잃으면 다시 제자리로 돌아가는 데 시간이 한참 걸린다. 100만 원이 50만 원이 되면 손실은 -50%이지만, 50만 원에서 다시 제자리로 돌아가려면 100%의 수익률을 기록해야 한다. 그리고 원금을 잃지 않아야만 스노우볼 효과(초기에는 적은 원금일지라도 이자에 이자가 붙어 나중에는 큰 자산이 되는 효과)를 극대화시킬 수 있다. 예를 들어 10년 동안 꾸준히 10%씩 수익을 내는 포트폴리오가 있고, 10년 중 9년은 14%의 수익을 내고 딱 한 번 -20% 손실을 낸 포트폴리오가 있다고 가정해보자. 어떤 포트폴리오가 나아 보이는가? 계산해보면 전자가 후자보다 더 높은 수익률이 나온다. 이것이 바로 높은 수익률을 추구하는 것보다 리스크를 조금이라도 더 줄이는 게 중요한 이유다. '원금을 잃지 말 것'이라는 투자 원칙은 결국 기본을 지키라는 의미이자, 말 그대로 돈을 불리는 기본 원칙이다. 무리한 리스크를 감수하지 않으면서 작은 수익이라도 꾸준히 재투자하라는 것이다.

자산이 적을수록 중요한 것은 '금액'이 아니라 '비율'을 중요시하는 마인드일지 모른다. 생겨난 수익을 재투자하지 않고 써버리면 백지 상태에서 다시 시작하는 것과 마찬가지다. 아무리 조금이라도 쌓인 수익을 차곡차곡 잘 키워나가는 것이 필요하다.

부자와 개미는 벌어들인 수익을 대하는 태도에서 차이를 보인다. 개미는 '종잣돈이 100만 원이면 2% 수익을 봐도 어차피 2만 원이다.'라고 생각하며 수익을 내도 공돈처럼 쉽게 쓴다. 하지만 부자는 그렇지 않다. 아무리 수익이 적어도 허투루 쓰지 않고 재투자를 한다. 그렇게 차곡차곡 수익을 쌓아간다.

뭐든 차곡차곡 모으고, 다시 그것이 새롭게 확장될 수 있는 구조를 만들어야 한다. 누군가의 말처럼 '티끌 모아 티끌'인 세상일지도 모른다. 하지만 그 티끌조차 모으지 않고 있으면 아무런 답이 없을 것이다. 그러니 할 수 있는 일부터 시작하는 수밖에.

리스크, 어디까지 감당할 수 있는가?

Two roads diverged in a yellow wood,

And sorry I could not travel both.

노란 숲속에 길이 둘로 갈라져 있었다.

안타깝게도 두 길을 한꺼번에 갈 수는 없는 노릇이다.

로버트 프로스트의 시 '가지 않은 길(The Road not Taken)'은 이렇게 시작한다. 그렇다. 두 길을 한꺼번에 갈 수 있는 방법은 없다. 그리고 둘 중 어떤 길을 택한다 하더라도 마음에는 후회가 남을 것이다. 세상을 살아가며 접할 수 있는 모든 가능성을 다 겪을 수 있다면 좋겠지만, 우리는 닥터 스트레인지가 아니니 1,400만 605개의 미래를 미리 보고 올 수도 없는 노릇이다.

따라서 우리는 순간순간 어떤 선택을 해야 한다. 때론 그 선택의 결과값들이 뒤늦은 청구서처럼 찾아오기도 하지만, 선택의 결과들은 차곡차곡 쌓여가게 마련이다. 무언가를 선택한다는 건 어떤 의지를 발현한다는 것이고, 동시에 어떤 리스크를 감수한다는 의미이기도 하다. 그리고 그런 선택의 지층들이 모여 지금의 '나'를 구성하게 된다. 투자의 세계에서는 내가 내린 선택들이 보다 간결하고 명확하게 드러난다. 나의 계좌 속에서 오롯이 숫자로 증명되기 때문이다.

투자의 천칭 한쪽에는 기대수익률이, 다른 한쪽에는 리스크가 올라가 있다. 합리적인 투자자로서 우리는 끊임없이 그 둘을 가늠하고 비교해야만 한다. 우리의 행동은 이 두 가지 요소에 의해 결정된다. 그 균형을 얼마나 잘 파악하고 잘 조율했는지는 우리의 계좌로 드러난다.

이 책에는 이미 '리스크'라는 단어가 참 많이도 나왔다. 하지만 그 뜻이 참 모호하기도 하다. 모든 금융 관련 책들이 리스크를 관리하라고 강조하지만, 사실 그래서 구체적으로 무엇을 어떻게 하라는 이야기인지 모르겠다. 왜 그런지 곰곰이 생각해보니 이 '리스크'라는 단어가 다양한 의미로 사용되기 때문이었다. 그래서 이번에는 그 리스크라는 단어를 제대로 살펴보고자 한다.

리스크의 의미 ①: 선택의 층위

이코노미스트, 애널리스트 등 경제 전문가들은 보통 시장을 분석할 때 3개의 층위로 범위를 구분한다. 주식을 예로 들어보자. 먼저 경

〈리스크의 종류〉

시장 리스크	모든 주식	거시 경제 변화에 따른 주식 시장 전체에서의 자금 이동
섹터 리스크	특정 섹터 및 산업	산업 사이클에 따른 위기, 특정 섹터 내에서의 위기
개별 종목 리스크	투자 개별 종목	투자 개별 종목 자체의 부실화

제 환경 전반에 대해 분석한다. 경제의 체력, 통화량, 금리의 변화 등을 분석하고, 개별 변수들이 주식 시장 전체에 미칠 영향을 분석한다. 소위 거시 경제 분석이라 불리는 과정이다.

그다음 섹터 및 산업을 분석한다. 특정 섹터 및 산업이 앞으로 어떻게 될지 분석하는 것이다. 예를 들어 '코로나19 사태가 터졌으니 여행업은 힘들어질 것이고 언택트주는 뜰 것이다.' 같은 내용이 된다. 그다음은 개별 종목 분석이다. 그래서 '어떤 회사가 좋은가?'를 찾는 과정이라고 보면 된다. 그리고 그 각각의 층위에 맞춰서 일종의 리스크가 생겨난다.

그렇다면 이걸 투자자의 관점에서 다양한 자산군의 범위로 키워서 확장해보자. '투자'를 기준으로 놓고 볼 때 우리가 감내해야 하는 리스크는 각 층위에 따라 다음과 같다.

〈리스크의 층위〉

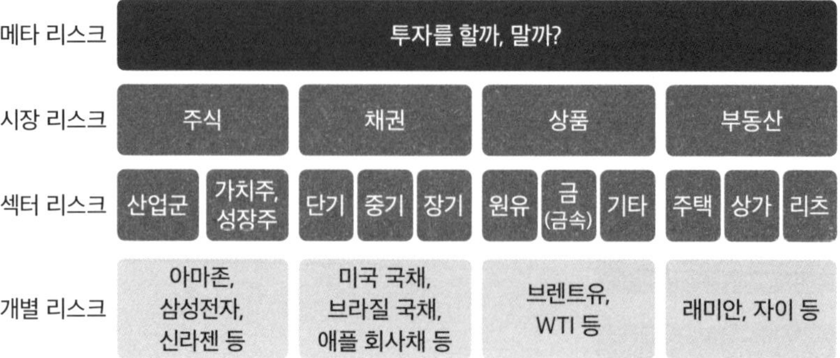

1. **메타 리스크**: 투자 여부를 결정할 때 마주하게 되는 리스크다. 어떻게 보면 '현금 비중을 얼마나 가져갈 것인가?'에 대한 고민일 수도 있다.

2. **시장(자산군) 리스크**: 주식, 채권, 금 등 해당 자산군 전체가 거시적인 경제흐름에 의해서 마주하게 되는 리스크다. 예를 들어 경제가 나빠지면 위험자산인 주식은 떨어져도 안전자산인 금의 가격은 오를 가능성이 높다.

3. **섹터 리스크**: 카테고리 안에 있는 중카테고리 정도로 생각하자. 주식이라면 어떤 가치주인지 성장주인지, 채권이라면 장기채인지 단기채인지 등에 따라 리스크가 다르다(그냥 펀드를 떠올리면 좋다).

4. **개별 리스크**: 주식이라면 어느 회사인지, 채권이라면 발행한 주체가 누구인지에 따라 리스크가 다르다. 예를 들어 IT 섹터가 업황이 개선되는 상황에서 하필 내가 산 IT 회사가 분식회계 논란에 휩싸인다면? 다른 IT 주식은 올라도 내가 산 종목은 폭락할 것이다. 이

게 바로 개별 리스크다. 채권이라면 회사채를 샀는데 하필 그 회사가 부도가 나는 경우를 떠올리면 된다.

우선 메타 리스크는 우리의 자산이 시장에 노출되는 범위를 규정한다. 100만 원이 있는데, 주식이 되었든 채권이 되었든 가격 변동의 가능성이 있는 자산에 얼마나 투자할지 결정해야 한다고 가정해보자. 이때 노출되는 리스크의 양은 내가 가진 자산 중 얼마를 투자하고 얼마를 현금으로 보유하는가의 문제로 귀결된다. 글로벌 금융위기와 같은 상황이라면 그냥 현금을 들고 있는 게 가장 좋다. 하지만 동시에 어떤 자산이든 매수해놓지 않으면 시장으로부터 소외된다는 딜레마가 생긴다.

시장(자산군) 리스크는 우리가 그 자산 시장에 참여하는 순간 피할 수 없는 리스크다. 다만 어떤 자산군에 투자하느냐에 따라 노출되는 리스크의 총량은 달라진다. 주식이라면 더 커지고 채권이라면 조금 덜할 수밖에 없다. 뒤에서 자세히 다루겠지만 현대재무이론에서는 시장 리스크를 '피할 수 없는 리스크(체계적 리스크)'라고 부른다. 시장에 참여하겠다고 마음먹은 이상 이 리스크는 피할 수 없기 때문이다. 투자자의 숙명이다. 반면 섹터 리스크와 개별 리스크는 '피할 수 있는 리스크(비체계적 리스크)'라고 부른다. 왜냐하면 시장 전체를 사는 방법으로 리스크를 피할 수 있기 때문이다.

이렇게 리스크의 층위를 구분해보면 결국 '리스크'는 어떤 선택의 결과물이다. 시장 리스크만 택할 수도 있고, 아니면 더 높은 수익률을 위해 섹터와 개별 리스크를 감당할 수도 있다. 섹터 중에서는 어느 섹터를 고르고, 종목은 어떤 종목을 고를 것인가 하는 이 하나하나의 선택 자체가 리스크가 되는 것이다.

리스크의 의미 ②: 변동성의 크기

리스크는 동시에 내가 선택한 투자 방법, 투자 자산의 변동성을 의미하기도 한다. 리스크의 층위를 나누는 이유는 층위의 조합이 우리가 시장에서 겪어야 하는 변동성의 총합을 만들어내기 때문이다. 예를 들어 전 재산을 신흥국 소형주 한 종목에 다 투자한다면? 그 리스크는 이루 말할 수 없이 커진다.

메타 리스크(전 재산) × *시장 리스크*(주식) × *신흥국 소형주*(섹터 리스크) × *개별 리스크*(한 종목)

각 층위에서 변동성을 최대화하는 선택의 조합이다. 높은 수익률이 공으로 들어올 일은 없다. 그래서 다들 '하이 리스크 하이 리턴(high risk, high return)'이라고 말한다. 워런 버핏도 조언을 구한다는 가치 투자의 대가 하워드 막스는 투자자들이 리스크와 수익의 관계를 선형적인 구조로 착각한다고 지적한다.

시장이 과열되면 과열될수록 사람들은 마치 고위험을 감수하는 행위 자체가 '고수익'을 보장해주는 것처럼 느끼기 시작한다. 한마디로 리스크에 대해 둔감해지는 것이다. 실제로 수익률은 아주 조금 높아질

〈리스크에 대한 세간의 인식〉

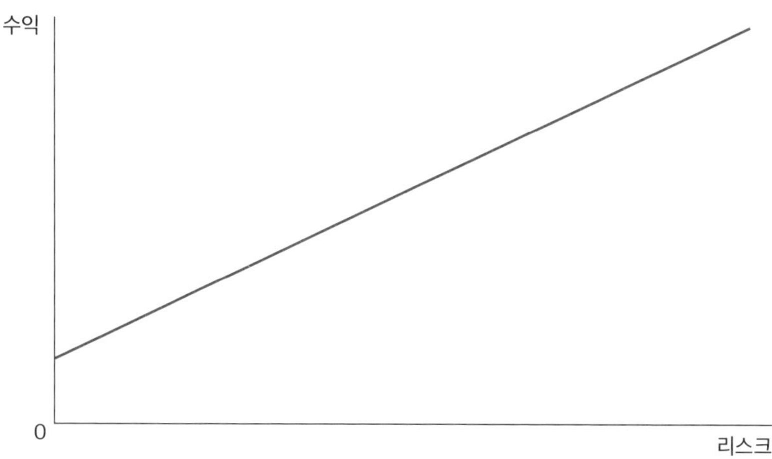

자료: 『투자에 대한 생각』(하워드 막스, 비즈니스맵, 2012)

뿐인데도 훨씬 더 많은 리스크를 짊어진다. 문제는 자신이 불필요한 리스크를 짊어지고 있다는 걸 자각하지 못한다는 점이다. 이는 소위 말하는 '탐욕'의 단계다.

> *특히 경기가 호황일 때는 모든 사람들이 이런 말을 듣는다. "리스크가 높은 투자일수록 수익도 높다. 만약 당신이 더 큰 수익을 올리고 싶다면, 정답은 더 큰 리스크를 부담하는 것이다." 하지만 리스크가 높을수록 수익을 많이 보장하는 것은 절대 아니다. 왜냐고? 이유는 간단하다. 위험한 투자일수록 수익도 확실히 크다면 이는 확실한 투자이지 위험한 투자가 아니기 때문이다.*
>
> *『투자에 대한 생각』(하워드 막스, 비즈니스맵, 2012)*

〈개선된 리스크와 기대수익 간의 관계〉

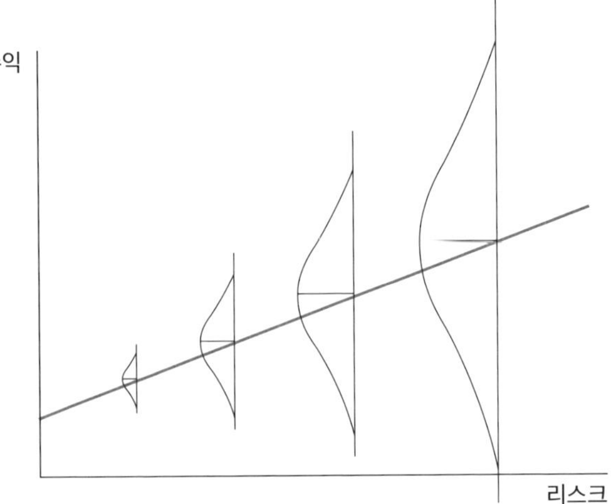

자료: 『투자에 대한 생각』(하워드 막스, 비즈니스맵, 2012)

그는 리스크와 기대수익 간의 그래프가 다음과 같이 바뀌어야 한다고 이야기한다.

'하이 리스크 하이 리턴'의 뒤에는 '하이 로스(high loss)'라는 단어가 꼭 들어가 있어야 하는 셈이다. 즉 리스크가 클수록 기대수익과 기대 손실의 범주도 함께 커진다.

그렇다면 이번엔 다양한 자산군들을 투자자의 관점에서 살펴보자. 기대 손실을 배제하고 보면, 예적금의 리스크와 수익률이 가장 낮고 이머징 리스크와 수익률이 가장 높다. 하지만 실제 변동 폭을 감안하면 리스크와 수익의 상관관계가 단순한 선형이 아니라는 것을 알게 된다.

〈투자자 관점에서 본 자산군의 기대수익률〉

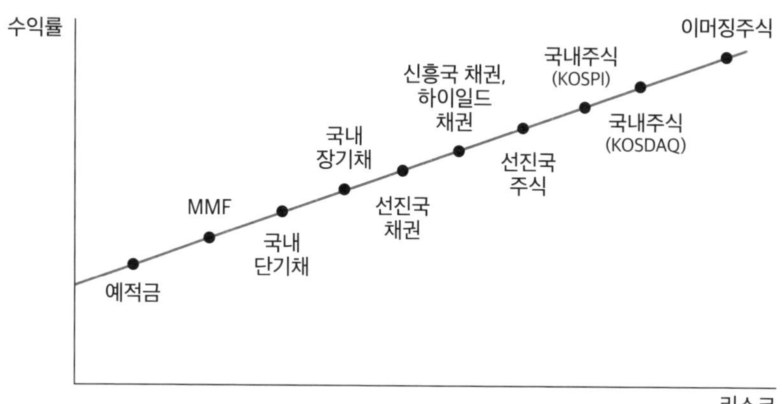

〈자산군의 기대수익과 리스크 간의 관계〉

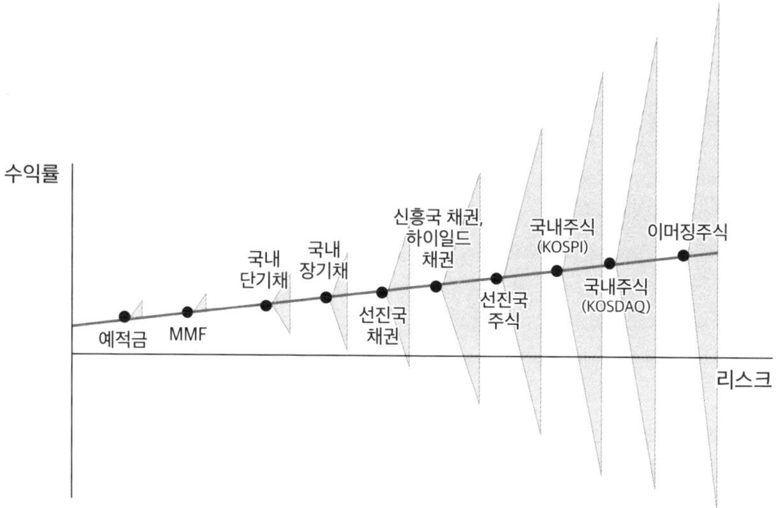

리스크의 의미 ③: 결국은 손실 가능성

이처럼 리스크와 수익의 상관관계는 단순한 선형이 아니라 리스크가 커질수록 커다란 진폭을 그리게 된다. 하지만 실제로 우리가 느끼는 리스크가 어디 변동 폭뿐일까. 트램펄린 위에서 뛴다고 생각해보자. 밑으로 내려가더라도 다시 올라갈 것을 알기에 우리는 즐겁다. 그래서 더 열심히 방방 뛸 수 있다. 다시 올라갈 것이 확실하기 때문이다. 그런데 갑자기 트램펄린을 놓은 곳의 지반이 무너져버리는 불상사가 생긴다면 어떻게 될까?

종종 경제 전문가들은 변동 폭의 문제는 그저 시기의 문제인 것처럼 치부한다. 물론 대부분의 경우 시장은 평균회귀의 속성을 띤다. 급격히 오른 자산의 가격은 다시 내려가고, 폭락한 자산은 다시 제자리를 찾는다. 어제의 승자가 오늘의 패자가 되는 일이 흔하다. 그래서 마치 마이너스 구간일 때 손절하지 않고 버티기만 하면 언젠간 수익을 볼 것만 같다.

문제는 내가 투자한 자산이 과연 평균회귀를 할 것인지 자신할 수 없다는 점이다. 변동성이 큰 시장에서 대부분의 사람들은 흔들릴 수밖에 없다. 개중에는 타고난 승부사 기질이 있어서 시장 속에서 변동성을 이겨내고 고수익을 내는 이들도 있겠지만, 그게 '나'라는 보장은 없다.

그렇기에 리스크의 층위에서부터 판단을 잘해야 한다. 자산군 전체의 수익률은 평균회귀의 가능성이 가장 크다. 예를 들어 코스피 지수가 1,500 이하로 하락한다면 마이너스 통장 잔고를 다 긁어서라도 KODEX 200을 사볼 만하다. 하지만 섹터와 종목의 층위는 다른 문제다. 특정 산업 자체가 노후화되어 다시는 전성기의 고점을 찾을 수 없을 수도 있고, 기업은 그냥 부도가 나버릴 수도 있다.

감당할 수 있는 리스크부터 정하자

시장은 언제나 불확실하다. 불확실하다는 것은 시장의 변수가 아니라 오히려 상수에 가깝다. 과거를 돌아보면 너무나 당연해 보이는 것들(10년 전에 삼성전자 주식을 샀어야 했는데, 아파트 샀어야 했는데 등)도 지금 와서 보니 당연한 것일 뿐이다. 그 시절에는 그조차도 불확실성의 연속이었다. 우리는 스스로가 감당할 수 있는 리스크를 먼저 생각해야 한다. 그것은 개개인의 재무 목표에 따라 다르고, 돈이 필요한 시기에 따라 다르다. 그리고 개개인의 성향에 따라 감당할 수 있는 변동성의 크기도 다르다.

다들 시장에 장기 투자를 하면 돈을 벌 수 있다고 말한다. 그 말은 맞지만 그리 현실적이지 않다. "저 길로 쭈욱 30년 정도 걸어가면 에베레스트산 정상에 도착할 수 있어요."라는 말과 별반 다르지 않다. 그렇게 30년 동안 걸어갈 수 있는 시간과 체력이 있어야 한다. 투자에 비유하면 30년 동안 돈을 중간에 빼지 않고 투자할 수 있는 여력과 멘탈이 있어야 한다.

『블랙 스완』의 저자 나심 탈레브의 말을 들어보자.

"만약 여러분이 재무학 교수, 재무 전문가, 시중은행이 작성한 '시장의

장기 수익률에 근거한 투자제안서'를 받아보고 있다면 이를 조심해야 한다. 이들의 투자제안서는 사실 합리적이지 않지만 합리적이라고 가정하더라도 투자제안서에 명시된 시장의 장기 수익률은 무한한 자금능력과 절대 포기하지 않는 근성을 동시에 갖춘 사람이 아니면 실현될 수 없다."

『스킨 인 더 게임』(나심 탈레브, 비즈니스북스, 2019)

우리는 중간중간에 돈을 써야 하는 일이 생길 수밖에 없고, 하필 그 시점에 내 자산들이 폭락해 있다면 손실을 감수할 수밖에 없다. 그러니 더더욱 자신이 감당할 수 있는 리스크가 어느 정도 수준인지 스스로 인식해야 한다. 그건 그 누구도 대신해줄 수가 없다.

투자수익에 영향을 미치는 것들

20세기부터 본격적으로 시작된 금융투자이론이 고민했던 문제를 단순하게 정리하면 하나의 질문으로 귀결된다.

'어떻게 하면 리스크 대비 기대수익률을 올릴 수 있을까?'

그러나 경제 전문가들이 찾아낸 답을 보면 일종의 허무개그처럼 느껴진다. 예를 들면 이런 식이다.

- *"어떤 주식이 좋은 주식인가?" → "아무거나 사도 매한가지다. 어차피 열 종목 이상 사면 종목의 특성보다 시장의 상황에 더 크게 좌우된다."*
- *"주가의 미래를 예측할 수 있는가?" → "없다. 차트 백날 봐도 어차피 알*

수 없다."

- *"가장 좋은 포트폴리오는 어떤 포트폴리오인가?" → "시장 전체를 사라."*
- *"어떻게 하면 개개인에게 맞는 포트폴리오를 맞춰줄 수 있는가?" → "그럴 필요 없다. 똑같은 포트폴리오를 추구하되 현금 비중만 조절하라."*

다양한 금융투자이론 중 기본이라 할 수 있는 현대재무이론의 핵심적인 모형인 '자본자산 가격결정모델(CAPM; Capital Asset Pricing Model)'의 답변을 극도로 단순화하면 이와 같다. 무슨 이론, 무슨 모델이 나온다고 어려워하지 말자. '피할 수 없는 리스크만 감당하되 차근차근 수익을 늘려가자.' 정도의 취지라고 생각하면 된다.

자산 배분: 왜 중요한가?

도대체 무엇이 투자수익에 영향을 미칠까? 비슷한 궁금증을 품은 사람이 어디 한둘이었을까? 그런데 1986년에 이 궁금증에 답을 내놓은 논문이 나왔다. 바로 금융 투자가 게리 브린슨이 발표한 '포트폴리오의 실적을 결정하는 요소(Determination of Portfolio Performance)'가 그것이다. 90여 개가 넘는 연기금의 실적을 분석한 후 그가 내린 결론은 결국 '자산 배분'이 가장 중요하다는 것이었다. 자산 배분이 수익에 미치는 영향은 90%였지만, '종목 선택'과 '마켓 타이밍'이 미치는 영향은 10%도 되지 않았다. 과연 '자산 배분이 수익에 90%씩이나 영향을 미칠 수 있느냐?' 하는 부분은 이견이 있을 수 있지만, 그럼에도 불구하고 가장 큰 요인이라는 것에 대해서는 큰 이견이 없다.

그러니까 '어떤 종목을 담는가?' '언제 사고 언제 파는가?'보다 '어떤 자산을 어떤 비중으로 보유하는가?'가 더 중요하다는 이야기다. 문제는 저런 이야기는 아무리 많이 들어도 쉽게 와닿지 않는다는 점이다. 왜냐하면 우리가 일상적으로 체감하는 주식 투자와는 거리가 있기 때문이다. 몇 종목 잘 골라서(종목 선택), 싸게 사서 고점에 팔면(마켓 타이밍) 큰돈을 벌 수 있다는 생각을 떨쳐내기가 쉽지 않다.

우선 분석의 대상이 연기금의 수익률이기 때문에 일반 개인 투자자들과는 무관한 이야기라고 생각할 수 있다. 연기금은 시장을 떠날 수도 없고, 큰 자금을 운용해야 하고, 보수적인 운용 가이드를 따라야 하는 시장의 큰손들이다. 한두 종목만 살 수도 없고, 장기적으로 운용해야 하고, 자신들의 매매 행동 자체가 시장의 흐름에 영향을 줄 수밖에 없다. 그러니 자신의 의사에 따라 마음대로 자산운용을 할 수 있는 개인 투자자들에게 그대로 적용하기는 애매하다고 생각할 수 있다. 또한 시장 자체를 보는 시선 자체에도 큰 차이가 있다. 장기적이고 거시적으로 시장을 봐야 하는 연기금 투자자들의 관점과 단기적으로 큰 수익을 만들고픈 개인 투자자들의 관점은 아무래도 다를 수밖에 없다.

개인 투자자들이 자신들의 방식으로 꾸준히 수익을 내는 데 성공했다면 저 분석은 무시하면 그만이다. 현실적으로 그렇지 않다는 게 문제다. 우리가 접하는 기사의 헤드라인은 대부분 '팔면 오르고, 사면 떨어져. 개미의 눈물' 같은 경우다. 그러니 게리 브린슨의 분석이 개인 투자자에게도 유의미한 이유는 명확하다. 우리가 시장의 큰손들보다 나을 가능성은 별로 없고 우리의 투자가 번번이 실패하고 있기 때문이다.

종목 선택: 매번 잘 고를 수는 없다

우리가 매일 보는 주식 시장에서는 하루에도 상한가, 하한가를 기록하는 종목들이 수두룩하다. 그냥 종목 선택만 잘하면 한 방 크게 벌 수 있는 기회가 가득해 보인다. 그런데도 종목 선택이 크게 유의미하지 않다니? 쉽게 납득이 되지 않는다.

물론 종목 선택은 중요하다. 왜 아니겠는가? 10년 전에 아마존 주식을 산 사람과 코스닥 테마주를 산 사람의 수익률은 분명 큰 차이가 있을 테다. 만약 우리가 한두 종목만 골라서 모든 재산을 쏟아붓는다고 가정해보자. 그 종목을 너무너무 잘 골랐다면 단번에 부자가 될 수도 있다. 그러고 다시 더 큰 부자가 되기 위해 다른 종목을 골라 한 방을 노릴 수도 있을 것이다. 문제는 이런 식의 베팅이 지속적으로 성공하는 것은 불가능하다는 점이다.

그렇다면 한 종목이 아니라 여러 종목을 잘 골라서 분산 투자하면 되지 않을까? 1990년 노벨경제학상을 받은 윌리엄 샤프는 일반적인 종목의 주가 변동성에 영향을 미치는 요인 가운데 3 분의 2는 '동일 업종의 다른 종목'과 '해당 종목 고유의 특성'에서 비롯된다고 이야기한다. 주식으로 따지자면 소위 말하는 시장 리스크, 섹터 리스크, 개별 리스크가 주가 변동성에 큰 영향을 미친다는 것이다.

재미있는 것은 윌리엄 샤프의 단일지수모델(다양한 증권의 수익은 가장 기본적인 요인을 공유하기 때문에 서로 영향을 주고받는다는 이론)에 따르면 포트폴리오에 포함된 종목 수가 10여 개만 되어도 업종 내 다른 종목과 해당 종목의 고유의 특성에서 비롯된 가격 변동성이 중화된다는 것이다. 즉 분산 투자를 하면 결국 섹터 리스크와 개별 리스크는 거의 사라지고, 변동성의 90% 이상이 시장 리스크에 의해 좌우된다는 이야기다. 여러 종목을 편입하게 되면 그 자산군의 시장 리스크가 가장 큰 영향을 미치게 된다. 시장이 폭락하는 가운데 내가 고른 종목들은 살아남을 수도 있지만, 양식장의 물이 오염되었는데 내 물고기만 괜찮을 가능성은 낮다. 낮은 확률에 헛된 기대를 거는 건 돈을 잃는 가장 쉬운 방법이다. 한마디로 좋은 종목을 고르는 것은 중요하지만, 종목이 많아지면 그 자산군 자체의 기대수익률과 리스크가 더 중요해진다는 뜻이다.

마켓 타이밍: 항상 미래를 정확히 예측할 수 없다

뭐든 싸게 사서 비싸게 팔면 손해 볼 일이 없다. 사람들은 그래서 열심히 차트를 본다. "캔들이 음봉에서 위 꼬리를 달면 하락하고, 적삼병이 뜨면 대세 상승의 초기다."라는 식의 분석을 한다. 어쨌거나 매수와 매도의 심리가 차트상에 드러나는 것이니 나름 확률적인 분석일 수도 있다. 하지만 이 또한 종목 선택과 같은 문제에 부딪힌다. 이걸 지속적으로 성공한 사람이 아무도 없다는 점이다. 꼭 차트 분석이 아니더라도 '마켓 타이밍'은 결국 예측에 기반한 베팅이다. 문제는 이런 예측들은 대부분 이러이러하다는 가정을 두고서 하는데, 그 가정이라는 것이 언제 어떻게 무너질지 모른다는 사실이다.

2020년이 밝아올 때 거의 모든 증권사들은 한 해 동안 코스피 지수가 2,200~2,500 사이에서 오갈 것이라고 했다. 지루했던 미중 무역 전쟁도 끝이 났고 이제 반도체가 새롭게 슈퍼사이클에 들어가면서 전 세계 증시 중에서 가장 저평가되었던 국내 증시가 드디어 빛을 보게 된다는 이야기였다. 그리고 이 책의 원고를 쓰기 시작한 2020년 3월 19일. 장중에는 매도 사이드카가 발동하고 코스피 지수는 1,457, 코스닥 지수는 428을 찍었다. 그렇다. 코로나19 바이러스와 유가 급락으로 신용경색이 우려되었기 때문이다.

증권사들의 예측이 틀렸다고, 그들이 일을 못한다고 말하려는 게 아니다. 그들은 그 당시까지 가지고 있는 정보를 바탕으로 최선의 예측을 하려고 노력했을 것이다. 문제는 전혀 예상치 않은 돌발 변수가 생겨났다는 점이다. 그리고 2020년 12월을 기준으로 코스피 지수는 사상 최고가인 2,870선을 돌파했다. 전문가들은 달러 약세와 미국의 추가 경기부양책 등이 변수로 작용했다고 분석한다. 하지만 이런 돌발 변수들은 사실 돌발 변수가 아니다. 시장에는 항상 돌발 변수가 있게 마련이다. 돌발 변수 자체는 우연적일지 몰라도 '시장에는 예상할 수 없는 돌발 변수가 있다.'라는 가정은 일종의 상수나 마찬가지이기 때문이다.

심지어 똑같은 지표에 대해서도 시장의 심리는 언제 어떻게 튈지 모른다. 어떤 기업이 역대 최고 실적을 거두었다는 발표가 나면 어떨 때는 그 호실적을 기반으로 주식이 오르고, 또 어떨 때는 이제 정점을 찍었으니 하락할 일만 남았다는 이유로 폭락하기도 한다. 고용지표가 좋게 나오면 증시에 좋은 뉴스가 되어야 하는데, 경제 체력이 좋아서 중앙은행이 금리를 안 내릴 수도 있으니 악재가 되기도 한다. 그렇다.

적절한 마켓 타이밍을 잡는 것은 그래서 모두가 말하는 대로 '신의 영역'이다.

자산 배분: 비체계적 리스크와 싸우다

자산 배분은 서로 다른 자산군을 적절한 비중으로 보유하는 것이다. 그리고 그 자산군을 일종의 포트폴리오 형태로 보유하는 것이다. 앞서 이야기했던 것처럼 어떤 자산군을 포트폴리오 형태로 보유하면 섹터 리스크와 개별 리스크는 중화되고 결국 시장 리스크만 남게 된다.

한 가지 자산만 보유하면 시장 리스크에 고스란히 노출될 수밖에 없지만, 서로 상관관계가 낮은 자산군을 적절한 비중으로 보유하면 시장 리스크를 어느 정도 방어할 수 있다. 예를 들어 경기가 안 좋으면 위험자산(주식)은 폭락하고 안전자산(채권, 금, 달러)은 오르는 경향이 있다. 이렇게 시장 상황에 따라 서로 다르게 움직이는 자산들을 보유하면 하나의 자산군이 하락하더라도 다른 자산군을 통해 수익을 낼 수 있다.

포트폴리오 이론은 1952년 미국의 경제학자 해리 마코위츠에 의해 처음 등장했다. 그는 '포트폴리오 선택(Portofolio Selection)' 논문을 통해 다양한 자산군의 포트폴리오를 신택하는 방법론에 대해 이야기했다. 이 논문은 현대적인 금융 투자이론의 시작점이 되었다(해리 마코위츠는 그 공을 인정받아 1990년 노벨 경제학상을 수상했다).

해리 마코위츠는 이 논문을 통해 '효율적 투자선' 이론에 대해서 설명하는데 이는 우리가 금융상품을 살 때 가늠하는 일종의 '가성비 라인'이라고 생각하면 된다. '가격 대비 성능'에서 '성능'은 우리가 얻고자 하는 것인 반면 '가격'은 우리가 지불해야 하는 것이다. 그렇다면 투자에 있어서 '가격 대비 성능'은 무엇일까? 우리가 얻고자 하는 것은 기대수익률이고, 그 반대급부로 지불해야 하는 것은 바로 손실 가능성이다. 손실 가능성이라는 리스크는 변동성에서 비롯되며 그 자산군의 등락 폭(표준편차)을 통해 추정할 수 있다. '효율적 투자선'은 결국 가격 대비 성능이 좋은, 즉 리스크 대비 기대수익률이 높은 자산 포트폴리오의 집합이라고 생각하면 된다. 1만 원짜리 이어폰 하나를 사더라도 같은 가격대에서 좋은 상품이 있고 나쁜 상품이 있다. 5만 원대, 10만 원대도 마찬가지다. 효율적 투자선은 각 가격대(리스크)에서 가장 성능(기대수익률)이 좋은 상품들만 모아놓은 라인이라고 생각하면 된다.

무작위 포트폴리오 그래프를 보자. 하나하나의 점들은 여러 자산군들을 조합했을 때의 기대수익률과 표준편차를 기반으로 리스크 수치를 반영한 것이다. 이 중 효율적인 투자선은 동일한 기대수익률을 가진 포트폴리오 중 가장 위험이 낮은 것들을 이은 선이다. 흔히 이야기하는 멀티에셋 포트폴리오(multi-asset portfolio, 다양한 자산군으로 만든 포트폴리오)의 수익률과 리스크를 계산하기 위해서는 다음의 세 가지 요소가 필요하다.

- *자산별 수익률*
- *자산별 표준편차(변동성)*
- *자산 간의 상관관계*

〈무작위 포트폴리오(1992~1996년)〉

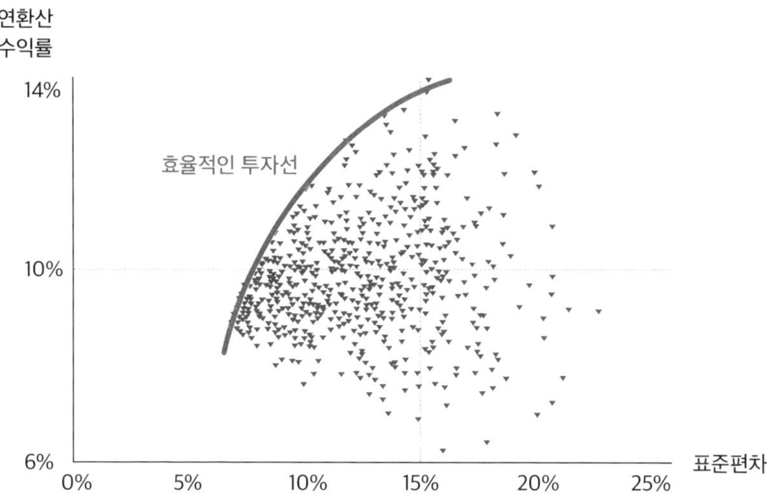

그럼 자산 배분의 장점은 무엇일까? 투자를 쇼핑에 대입해보자. 사려는 물건의 성능이 자산별 수익률이라면, 해당 물건의 가격은 자산별 표준편차가 된다.

그런데 우리는 물건을 늘 정가로만 사지 않는다. 때로는 할인쿠폰으로 상대적으로 안전한 가격(리스크 완화)에 쇼핑을 할 때도 있는데, 자산 배분을 통해 자산 간 상관관계를 잘 활용하면 똑같은 이점을 누릴 수 있다. 개별 자산을 보유했을 때는 가격에 따라 비용을 고스란히 지불해야 한다. 한마디로 시장 리스크에 고스란히 노출된다는 의미다. 하지만 상관관계가 다른 자신들을 함께 보유하면 이 리스크가 자연스레 서로 완화된다. 즉 상관관계가 다른 자산군들로 잘 짜여진 포트폴리오는 일종의 할인쿠폰인 셈이다.

그런데 쇼핑에서는 하다못해 바가지를 쓰더라도 내가 비용을 지불

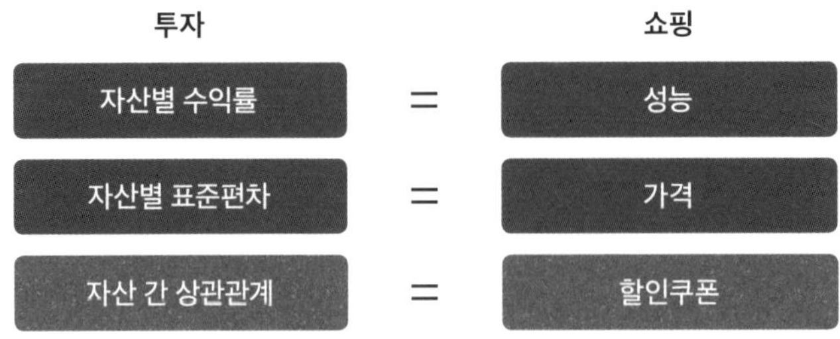

했다면 100%의 확률로 성능을 얻을 수 있다. 투자에서는 어떨까? 내가 지불하는 비용(리스크)도 일정한 확률만큼 부담하는 것이기에 내가 원하는 성능(수익)도 일정한 확률만큼만 발생한다. 상관관계를 고려한 자산 배분이 더더욱 중요해지는 이유다.

물론 이런 이론을 안다고 해서 일반인이 투자에 접목하기는 쉽지 않다. 심지어 해리 마코위츠가 관련 논문을 내고 나서 포트폴리오 이론이 금융업계에서 실제로 활용되는 데까지도 아주 오랜 시간이 걸렸다. 계산이 너무 복잡해서 컴퓨터의 연산능력이 발달할 때까지 기다려야 했기 때문이다. 그러니 일단은 개념 정도만 파악해두어도 좋다. 포트폴리오를 짤 때는 상관관계가 다른 자산군들을 꼭 반영해야 한다는 사실만 알고 있으면 된다.

표준편차란?

표준편차 같은 단어가 나오는 순간 이 글이 읽기 싫어진다는 사실을 안다. 아래 예시로 든 정규분포 그래프처럼 복잡한 자료가 나오는 순간 책장을 덮고 싶어진다는 것도 이해한다. 나도 그랬다. 하지만 이

부분은 중요하니까 슬쩍 훑어라도 보면 좋다.

m은 어떤 자산군의 평균수익률이다. 그러니까 해당 자산군이 주식이라고 가정하고 우리의 기대수익률을 10%라고 해보자. 이제 α를 보자. α는 표준편차의 단위다. m-α와 m+α 사이의 값으로, 어떤 일이 일어날 확률이 68.3%라는 뜻이다.

예를 들어 국내주식의 지난 50년간의 기록을 살펴봤더니 연간 기대수익률은 20%이고, 표준편차가 40%였다고 가정해보자. 이것은 내년도의 수익률이 (20+40)~(20-40)%의 구간 내에 있을 확률이 68.3%라는 뜻이다. 그리고 1천 년에 3년 정도는 100% 손실이 나거나 100% 수익이 날 가능성도 있다는 의미다. 리스크는 이렇게 하나의 값이 아니라 일종의 확률분포로 이해해야 한다(투자에 있어서 확률적인 사고가 중요한 이유이기도 하다).

〈정규분포 그래프〉

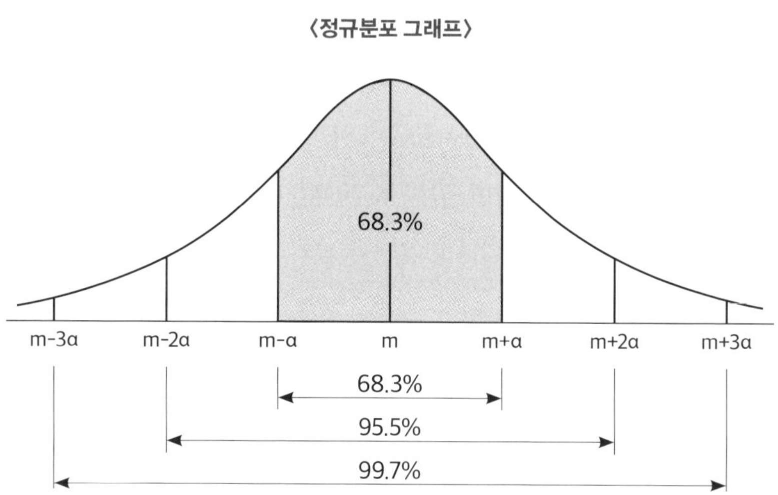

자산 배분의 단짝, 리밸런싱

그런데 이런 궁금증이 생길 수 있다. 상관관계가 적다는 것은 결국 서로 역의 관계로 움직인다는 뜻이 아닌가? 그렇다면 주식에서 이익이 나도 채권에서 손해가 날 수 있고, 채권에서 이익이 나도 주식에서 손해가 날 수 있다. 아니, 내가 사놓은 건 다 오르면 좋겠는데, 왜 굳이 이런 짓을 해야 하는 걸까? 그냥 오를 놈만 잘 고르면 되지 않을까? 그건 그렇다. 그럴 재능이 있다면. 아니, 사실 재능만으로 되는 일은 아니다. 재능과 노력이 뒷받침되더라도 운까지 따라줘야 가능한 일이다. 우리에게 그런 운이 따라줄 리 없다. 그래서 필요한 게 '리밸런싱'이다.

눈 뜨고도 코 베이는 야박한 투자의 세계에서 그래도 지속적으로 먹히는 두 가지 원칙이 있다. 하나는 효율적인 자산 포트폴리오를 구성하는 것이고, 다른 하나는 적절한 리밸런싱이다. 사실 이게 다다.

왜 자산 배분을 해야 하는가?

단순한 산수를 해보자. 4년간 주식과 채권의 수익률이 다음과 같았다고 가정해보자.

자산군	1년 차	2년 차	3년 차	4년 차
주식	30.0%	30.0%	-20.0%	-10.0%
채권	10.0%	-5.0%	10.0%	0.0%

그리고 그 기간 동안 주식과 채권의 비중을 조금씩 다르게 해서 운용했다면 다음과 같은 수익률이 나온다.

비중(%)	1년 차	2년 차	3년 차	4년 차	4년간 수익률
주식 75 : 채권 25	125.0%	121.3%	87.5%	92.5%	122.67%
주식 50: 채권 50	120.0%	115.0%	100.0%	95.0%	131.10%
주식 25 : 채권 75	115.0%	107.5%	105.0%	97.5%	126.56%
주식 100	130.0%	130.0%	80.0%	90.0%	121.68%
채권 100	110.0%	95.0%	110.0%	100.0%	114.95%

주식과 채권을 혼합한 경우 주식 100%, 채권 100%로 운용했을 때보다 성과가 더 좋았다. 물론 실제 변수는 더 다양하기 때문에 시황에 따라 얼마든지 다른 결과가 나올 수 있다. 4년 내내 주식 시장이 계속 상승했다면 분명 주식 100%의 포트폴리오가 훨씬 높은 성과를 얻었을 것이다. 하지만 투자의 세계는 언제나 확률적이다. 최고의 수익이 아니라 조금이라도 리스크 대비 안정적인 수익률을 꾸준히 가져가는 것이 중요하다.

자산 간의 상관관계

앞에서 자산 포트폴리오를 짜기 위해서는 세 가지 숫자가 필요하다고 언급했었다.

1. 자산별 수익률

2. 자산별 표준편차(변동성)

3. 자산 간의 상관관계

그럼 이제 위의 수치들을 각각 구해야 한다. 문제는 이 수치들이 딱 정해져 있는 게 아니라는 점이다. 과거의 데이터를 바탕으로 추론할 수밖에 없다(전문가들도 이런 방식으로 숫자를 구한다). 특정 기간 동안 한 자산군의 수익률 추이를 추적해서 수익률과 표준편차를 구하는 것이다. 예를 들어 국내주식의 30년간의 수익률을 구해서 평균수익률을 내고, 표준편차를 구하는 식이다. 이때 추적하는 기간을 얼마로 정하는지 등 변수에 따라서 평균수익률과 표준편차가 다양해지는데, 문제는 일반인이 언제 그걸 하고 앉아 있느냐 하는 것이다. 그러니 자산별 평균수익률과 표준편차에 대한 부분은 다음 그래프처럼 대략적으로 도식화해 머릿속에 그려두고 있자.

가장 보수적인 예적금과 MMF는 기대수익률 1% 이하, 표준편차도 0.3%(0.7~1.3%) 내외인 반면, 가장 리스크가 큰 이머징주식은 기대수익률 10%, 표준편차도 20%(-10~-30%) 정도로 생각해두자.

가장 왼쪽에 위치한 자산들을 고체(예적금, MMF), 중간을 액체(각종

〈자산별 기대수익률과 리스크〉

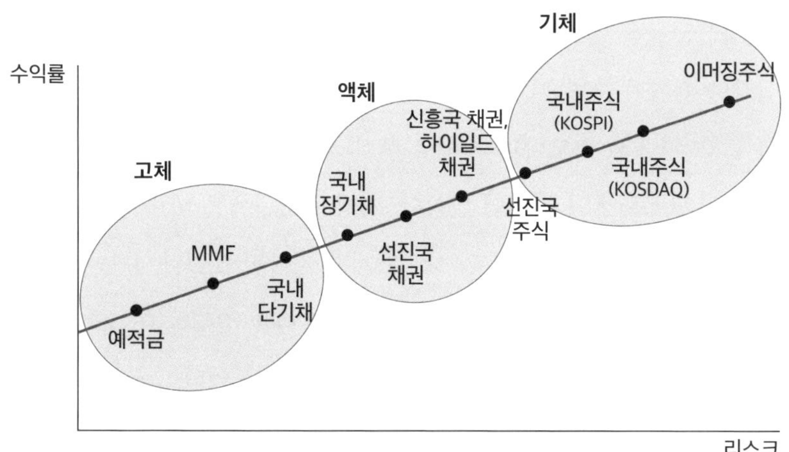

채권), 가장 오른쪽을 기체(주식)라고 가정해보자. 고체는 외부 온도가 바뀐다고 해서 부피가 크게 바뀌지 않으며, 액체는 아주 조금 늘거나 줄어들 것이고, 기체는 부피가 엄청 커졌다가 한순간에 쪼그라들 수도 있다. 온도에 대한 민감도가 서로 다 다르다는 이야기다. 자산들의 특성이 그렇다. 요즘 같은 저금리 시대에는 더 그렇다. 현금은 고체, 채권은 액체, 주식은 기체와 같다. 시장의 온도에 따라 그들의 부피는 수시로 바뀐다. 그 부피의 변화가 각각의 자산군의 가격 변화라고 생각하면 된다. 자산군의 정확한 기대수익률과 표준편차를 일일이 기억하기보다는 일단은 이런 개념만 머릿속에 넣어두자.

다음으로는 자산 간의 상관관계다. 이 또한 딱 정해져 있으면 좋겠지만 역시나 현실은 그렇지 않다. 상관관계 또한 과거의 데이터를 가지고 추정해야 한다. 개별 자산의 평균수익률과 표준편차를 가지고서 상호 간의 관계를 찾아내는 것이다. 하지만 전혀 다른 상관관계를 지닌 자산군들을 찾는 것은 쉽지가 않다. 그리고 아이러니하게도 정말 심각한 위기가 오면 기껏 잡아놓은 상관관계들이 틀어지는 경우가 많다. 2020년 3월, 코로나19 사태로 주식, 국채, 금 할 것 없이 모든 자산의 가격이 폭락했던 것처럼 말이다. 그리고 최근에는 대체자산까지 포함해 전체적으로 자산들 간의 상관관계가 높아지고 있다. 유동성의 힘으로 모든 자산군들의 가격이 오르면서, 가격을 결정하는 요소가 '유동성' 하나로 귀결되는 현상이 나타나고 있기 때문이다.

그렇다고 해서 상관관계에 대한 생각을 놓아버리면 안 된다. 상관관계를 고려한 포트폴리오는 나만의 팀을 꾸린다는 개념으로 생각하면 좋다. 5명이 한 팀으로 뛰는 농구팀을 떠올려보자. 키가 2m 넘는 센터 5명만 있어서는 게임이 안 된다. 상황 판단이 빠르고 플레이메이커 역할을 해줄 포인트 가드, 속공으로 적진을 헤집고 외곽 슛으로 수비를 흔들 스몰 포워드 등 각각의 위치에 적합한 포지션이 있게 마련이다. 정말 강팀을 만나면 흔들릴 수도 있겠지만, 꾸준한 경기력을 갖추고 유지할 수 있도록 선수를 모으고 관리할 필요가 있다.

리밸런싱의 개념

자산 배분을 하는 가장 큰 이유는 사실 리밸런싱 때문이다. 상관관계를 고려해 자산을 분산하는 이유는 리밸런싱을 통해 수익을 극대화하기 위해서다. 처음에는 똑같은 비중으로 담아놓았더라도 자산군의 가격은 끊임없이 변하기 마련이다. 따라서 적절한 순간에 포트폴리오 내에서 자산의 비중을 재조정하는 과정, 즉 리밸런싱은 필수적이다.

리밸런싱의 개념은 시장 상황에 따라 자산의 비중을 바꾸는 게 아니다(마켓 타이밍과 헷갈리지 말자). 정말 급변하는 시장 상황이 아니라면 일단은 그냥 정기적으로, 기계적으로 하는 것이 좋다. 리밸런싱은 시간이 흐름에 따라 가격 변동으로 인해 기존에 내가 잡아둔 포트폴리오 내에서 각 자산군들의 비중이 바뀌었을 때 하는 것이다. 달라진 비중을 처음과 같은 방식으로 유지하기 위한 것으로, 시황과 상관없이 정해진 기한에 따라 정기적으로 이뤄진다. 뒤에서 소개할 레이 달리오의 올웨더 포트폴리오의 경우 1년에 한 번씩 리밸런싱을 하라고 한다.

어렵게 생각할 필요는 없다. 기본적으로 가격이 오른 자산군을 팔아서 가격이 떨어진 자산군을 사는 것이다. 주식 50%와 채권 50%로 이루어진 포트폴리오를 운용하고 있다고 가정해보자.

1. ***주식 비중이 50%를 넘었을 때:*** *주식 시장이 상승해서 그만큼 수익이 났다는 의미이므로, 주식을 팔아서 채권의 비중을 늘린다. 이를 통해 생겨난 수익을 안정적으로 확보할 수 있다. 주식의 수익은 또 언제 증발할지 모르니까.*
2. ***채권 비중이 50%를 넘었을 때:*** *주식 시장이 하락했다는 의미이므로, 채권을 팔아서 주식의 비중을 늘린다. 이를 통해 저평가된 주식을 확보할 수 있다.*

주식에서 채권으로 비중을 옮긴다는 건 늘어난 수익을 안전한 곳으로 옮겨놓는다는 의미다. 채권에서 주식으로 비중을 옮긴다는 건 시장 하락으로 저평가된 주식을 저가 매수해 향후 상승할 것을 노린다는 의미다. 그렇다면 우리는 어떻게 포트폴리오를 짜야 할까?

1단계: 투자도 양념 반 후라이드 반

뭐든 잘 모르겠을 때는 반반이다. 워런 버핏의 스승이자 현대적인 의미에서의 증권투자이론을 확립한 벤저민 그레이엄조차도 방어적인 투자자에게는 주식과 채권을 5:5로 구성한 포트폴리오를 추천했다. 자신의 투자 성향과 시장 상황에 따라 각 자산군을 25~75% 내에서 조절한다 하더라도 일단은 5:5에서부터 시작하는 것이 좋다. 물론 대부분의 전문가들은 3:7 혹은 4:6 정도로 채권의 비중을 더 높게 가져가기를 추천한다. 자산 배분의 목적은 한 번에 크게 버는 것이 아니라 안정적으로 수익을 늘려가는 것이기 때문이다. 따라서 변동성을 줄이는 게 더 중요하다면 채권의 비중을 높이면 된다.

자산의 비중만 조절하면 되니 쉽고 간단해 보일지 모른다. 하지만 해보면 안다. 이렇게 뻔하고 간단하게 보이는 것도 막상 실천하기 힘들다는 것을. 주식의 비중이 커졌다는 건 주식 시장이 상승세에 접어들었다는 뜻이다. 앞으로 얼마나 더 오를지 모르는데 리밸런싱을 위해선 주식을 팔아야 한다. 왠지 수익을 더 볼 수 있는데 못 보는 기분이다. 반대로 주식의 비중이 줄었다는 건 주식 시장이 하락하고 있다는 뜻이다. 얼마나 더 빠질지 모르는데 더 사는 건 왠지 부담스럽다. 그렇다. 리밸런싱은 그렇게 인간의 기본 심리를 거스른다. 그러니 우리 같은 초보자들은 그냥 규칙을 정해놓고 그 규칙을 따르는 편이 낫다.

1. ***기간(6개월 혹은 1년)을 정해놓고 하는 정기적 리밸런싱:*** *시장 상황이 어떻든 일정 기간이 지났으면 그에 맞춰서 리밸런싱을 한다.*
2. ***비중에 따른 기계적 리밸런싱:*** *일정 기간이 되지는 않았지만 시장이 너무 급변해서 스스로 생각하는 배분이 크게 어긋났을 때 리밸런싱을 한다. 예를 들어 증시가 급등하거나 급락했을 때, 5:5를 목표로 했는데 7:3 정도로 비중이 흐트러졌을 때다.*

10년 이상의 장기 투자를 한다고 하면 이론적으로는 주식의 수익률이 채권의 수익률을 상회할 가능성이 높다. 하지만 주식은 언제 어느 순간에 그 수익들이 다 증발할지 아무도 알 수가 없다. 그리고 주식시장이 폭락하면 오히려 안전자산인 장기 국채의 가격은 폭등하기도 한다.

오른 자산을 팔아서 폭락한 자산을 사는 경험을 한 번이라도 해보면 왜 자산 배분이 필요한지 깨닫게 된다. 기존에 사뒀던 주식이 비록 폭락했다 하더라도 왠지 '이득'이라는 생각이 들 것이다. 정말 큰 위기가 닥치면 주식과 채권이 함께 떨어지기도 하지만, 이런 순간에도 채권의 하락은 주식의 하락에 비하면 미미하다. 예를 들어 채권이 -10%인데 주식은 -30%라면 이때도 역시 채권을 팔아 주식을 사면서 묘한 즐거움을 느끼게 될 것이다.

2단계: 맛있는 거 조금이라도 더, FED 모형

유럽의 전설적인 투자자 앙드레 코스톨라니는 모든 투자자들이 주식과 채권에 투자하기 전에 고려해야 할 것이 있다고 말했다. 바로 채권의 이자, 즉 채권을 통해서 얻게 될 인컴수익이다(이는 결국 금리를 고려하라는 이야기다).

"모든 예금주들 그리고 큰 보험회사나 연금보험의 펀드매니저들은 주식에 투자할 것인지 채권에 투자할 것인지를 결정해야 한다. 이것을 선택하는 데 있어 결정적인 영향을 미치는 것은 채권 이자가 얼마인가 하는 것이다. 채권 이자가 인플레이션율과 주식 배당금보다 훨씬 높다면 당연히 선택은 채권으로 넘어간다. 그와 반대로 장기 채권의 이자가 낮고 주식 시장의 위험을 감수하고자 한다면 돈은 주식으로 넘어간다."

코스톨라니는 이것을 '채권 이자 vs. 인플레이션' '채권 이자 vs. 주식 배당금'이라는 두 가지 측면에서 바라보았다. '채권 이자 vs. 인플레이션'의 측면은 자산 가치의 보존이라는 관점에서 접근한다. 금리가 낮아서 채권에 투자하는 것보다 인플레이션이 더 높다면 화폐의 실질 가치를 보존할 수 없게 된다. 그러니 조금이라도 더 공격적인 투자를 하라는 이야기다. 반면 '채권 이자 vs. 주식 배당금'은 '같은 원금을 투자했을 때 어떤 자산이 더 많은 인컴수익을 주는가?' 하는 기대수익률의 관점에서 접근하게 된다. 은행 예금으로 100만 원을 넣어두면 이자가 2만 원이 나오고, 은행 주식을 100만 원어치 사두면 배당금이 5만 원이 나온다고 가정해보자. 원금 손실의 리스크를 감안하더라도 은행 주식을 사는 게 더 나을 것이다. 이처럼 코스톨라니는 기대수익률을 기반으로 '기준금리 vs. 배당수익률'의 관점에서 채권과 주식의 비중을 조정해야 한다고 생각했다.

채권과 주식 두 자산 간의 기대수익률을 예측하는 또 하나의 모델은 FED 모형이다. 미국의 전 연방준비위원회 의장이었던 앨런 그린스펀이 제시한 모델로, 이를 통해 '10년 국채 수익률'과 '주가수익비율(PER)'의 관점에서 주식 시장의 고평가 여부를 판단할 수 있다.

금리가 5%라고 가정하면 채권의 수익률이 5%는 된다는 뜻이다. 적어도 주식 시장에서 벌어올 수 있는 수익은 5% 이상이어야 한다. 주식 시장은 채권 시장보다 리스크가 큰 곳이니까 기대수익률도 더 높아야 한다. 주식 시장의 기대수익률은 PER이라는 개념을 통해 파악할 수 있는데, PER은 한 회사의 시가총액을 그 회사의 순이익으로 나눈 숫자다. 예를 들어 회사 A의 주식의 PER이 10이라면, 그 회사가 현재 시가총액과 같은 액수의 순이익을 거두어들이는 데 10년이 걸린다는 뜻이다. PER이 20이면 20년이 걸린다는 의미다. 이때 FED 모형은 PER의 역수와 채권 금리를 비교해 시장 과열 여부를 판단하는데, 여기서 PER의 역수가 바로 기대수익률이다. PER이 10이라면 기대수익률은 100%/10=10%, PER이 20이라면 100%/20=5%가 되는 것이다. 금리가 5%인데, 전체 주식 시장의 PER이 20배에 가깝다면 사실 주식에 투자해야 할 이유는 별로 없다.

코로나19 사태 이후 경기는 망가졌지만 주식 시장은 끊임없이 상승했다. 그 이유는 기준금리가 제로금리에 가까워지면서 상대적으로 주식 시장이 더 매력적으로 보이게 되었고, 양적 완화로 인해 풀려난 유동성이 주식 시장으로 향했기 때문이다. 그래서 실물경기와는 별개로 주식 시장은 끊임없이 고점을 경신하는 일이 벌어졌다.

아무튼 FED 모형을 고려해 포트폴리오를 짠다면 주식 시장 전체를 담고 있는 대표 지수 ETF와 주식 시장과 상관계수가 가장 낮은 장기 국채 ETF를 편입하는 게 좋다.

<국내 ETF>

- *KODEX 200/TIGER 200: 코스피200 지수 ETF*
- *KODEX 코스닥150/TIGER 코스닥150: 코스닥150 지수 ETF*
- *KOSEF 국채 10년: 국채 10년 ETF*

<미국 ETF>

- *Vanguard S&P 500 ETF(VOO)/SPY SPDR S&P 500 ETF Trust(SPY): 미국 S&P500 지수 추종*
- *iShares 20+ Year Treasury Bond ETF(TLT): 미국 장기 국채 ETF*

3단계: 올웨더 포트폴리오

마지막으로 소개할 것은 레이 달리오의 올웨더 포트폴리오다. 이름에서 알 수 있듯이 사계절 내내(all weather), 말 그대로 어떤 시장 상황에서도 꾸준한 수익을 낼 수 있는 자산 배분 전략이다. 레이 달리오가 자신의 사후에도 가족들을 위해 여러 세대에 걸쳐 부를 보존할 수 있는 자산 배분 조합을 고민한 끝에 만들어낸 조합이라고 한다.

레이 달리오가 자산 배분 전략을 짜면서 고려한 것은 '성장률'과 '인플레이션'이라는 두 가지 요소였다. 그리고 이 두 요소가 결합해서 나타날 수 있는 네 가지 상황(성장률이 오르면서 물가도 오르거나, 성장률은 오르는데 물가는 내리는 등) 모두에 적용할 수 있는 전략을 고민했다. 그는 각각의 경기 국면에서 상대적으로 수익률이 뛰어난 자산군들을 먼저 찾아냈다.

- ***성장률도 높고 인플레이션도 높을 때:*** *원자재, 금과 같은 실물자산. 경기가 좋기에 원자재 수요도 많아짐.*
- ***성장률이 높고 인플레이션이 낮을 때:*** *경기가 좋다는 의미. 기업의 실적을 반영하는 주식.*
- ***성장률이 낮고 인플레이션 높을 때:*** *경기가 나쁜 상황이니 상대적으로 안전자산인 채권에 투자. 인플레이션을 피해갈 수 있는 물가연동채권 등에 투자.*
- ***성장률이 낮고 인플레이션이 낮을 때:*** *경기 부양을 위해 금리 인하의 가능성이 높음. 채권 투자를 통한 매매차익 기대.*

이를 바탕으로 자산군을 가장 단순하게 추리면 5개 자산군으로 포트폴리오를 짤 수 있다. 비중은 장기 국채(20년~) 40%, 중기 국채(7~10년) 15%, 주식 30%, 원자재 7.5%, 금 7.5%의 구성이다.

레이 달리오는 각 자산군의 비중을 정할 때, 변동성의 크기를 고려

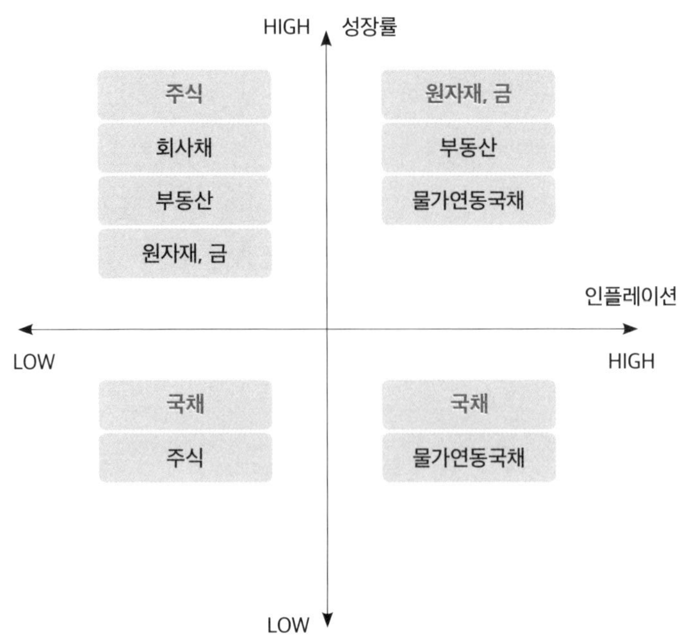

〈올웨더 포트폴리오의 자산군 비중〉

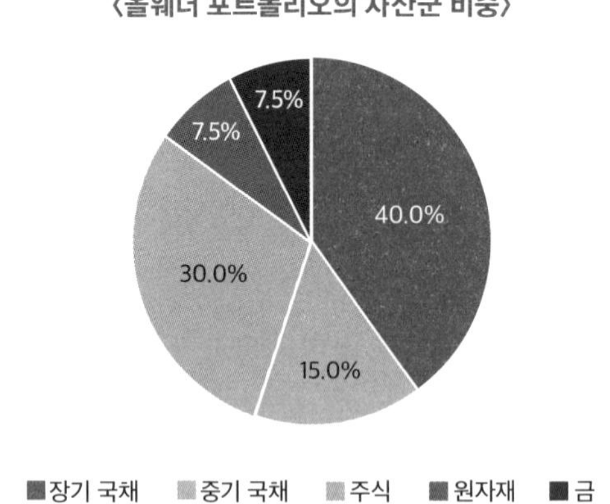

해 자산군별로 동일한 변동성을 가지도록 가중치를 적용해 자산을 배분했다고 한다. 그래서 이 전략을 위험균형(Risk parity) 전략이라고 부

르며, 레이 달리오가 올웨더 포트폴리오에 도입한 이후로 투자 업계에서 다양한 형태로 활용되고 있다.

이렇게 배분한 다음에 1년에 한 번만 다시 원래 비중으로 리밸런싱하면 된다. 기본적으로 미국 시장을 기준으로 한 자산 배분 전략이기 때문에 미국 ETF를 활용해서 포트폴리오를 짜면 다음과 같다.

〈올웨더 포트폴리오(미국 ETF)〉

자산군	비중	티커	ETF명
장기채	40.0%	TLT	iShares 20+ Year Treasury Bond ETF
중기채	15.0%	IEF	iShares 7-10 Year Treasury Bond ETF
주식	30.0%	VTI	Vanguard Total Stock Market ETF Trust
		SPY	SPDR S&P 500 ETF Trust
원자재	7.5%	DBC	Invesco DB Commodity Index Tracking Fund
		GSG	iShares S&P GSCI Commodity Indexed Trust
금	7.5%	GLD	SPDR Gold Trust
		IAU	iShares Gold Trust

부표를 띄워둘 것

투자 경험이 부족하면 자산 배분, 상관관계 같은 단어를 아무리 들어도 별로 와닿지가 않는다. 주식, 채권 어느 하나라도 사본 경험이 없다면 둘의 상관관계가 어떤지 감도 오지 않을 것이다. 금이나 원자재는 더 말할 것도 없다.

그러니 일단 시작이 중요하다. 주식 계좌를 하나 만들고 국내주식 대표 지수 ETF와 국채 혹은 미국 국채 ETF를 각각 50% 비중으로 담아보자. 조금 색다르게 해보고 싶다면 미국주식 대표 지수, 금, 달러 같은 자산을 추종하는 선물 ETF도 괜찮다. 한마디로 위험자산인 주식과 안전자산인 채권, 금, 달러 등을 조금씩 담아놓고 그 흐름을 가만히 지켜보는 것이다.

많이도 필요 없고 각각 한 주씩만 매수해도 좋다. 개인적으로는 이것을 일종의 '부표 띄우기'라고 생각한다. 투자의 바다에는 다양한 흐름이 있고, 우리는 그 흐름을 매번 따라잡거나 알아채기 힘들다. 그러나 이렇게 각 자산군을 대표하는 ETF들을 담아놓으면 주요한 시장 지표들을 자신의 계좌에서 직접 느낄 수 있다. 그 계좌는 그 자체로 전 세계 금융 시장을 바라보는 나만의 대시보드가 되는 것이다. 경제 이슈들이 터질 때마다 들여다보면 그 자체로 공부가 된다.

최근에는 불릴레오, 에임, 쿼터백, 핀트 같이 자산 배분의 관점에서 ETF를 기반으로 자산운용을 도와주는 투자 자문업체들도 쉽게 찾아볼 수 있다. 최소 가입 금액은 보통 200만~500만 원 정도이고, 1% 이내의 수수료로 투자 자문을 받을 수 있다. 물론 이런 서비스를 이용한다고 해서 항상 수익이 나는 건 아니다. 그럼에도 불구하고 개인적으로는 초보 투자자라면 이런 서비스들을 이용해보는 것도 좋다고 생각한다. 이들이 활용하는 ETF들을 보다 생각지도 못한 자산군들을 발견할 때도 있고, 상황에 따라 진행되는 리밸런싱을 지켜보면서 전문 투자가들이 시장을 바라보는 시각을 참고할 수 있다. 일반적인 펀드와 달리 이런 서비스들은 업체에서 가입자에게 리밸런싱 내역을 보내주고 있으며, 가입자가 승인해야만 리밸런싱이 진행되기에 시장 상황을 살펴보는 데 직접적인 도움이 된다.

국내 ETF 중에서 거래가 나름 활발하고, 자산 배분 차원에서 접근하기에 좋은 상품들을 자산군별로 모아보았다. 이를 참고해 작게나마 지금부터라도 시작해보길 바란다.

〈국내 ETF〉

자산군	ETF명
주식	KODEX 200, TIGER 200
	KODEX 코스닥200, TIGER 코스닥200
	TIGER 미국다우존스30
	TIGER 미국나스닥100
	KODEX 선진국MSCI World
	TIGER 차이나CSI300
	KODEX 심천ChiNext(합성)
채권	KODEX 단기채권
	KBSTAR 단기통안채
	KOSEF 국채10년
	TIGER 미국채10년선물
	KODEX 미국채울트라30년선물
원자재, 금	KODEX WTI원유선물(H)
	TIGER 원유선물Enhanced(H)
	KODEX 골드선물(H)
	KODEX 은선물(H)
	KBSTAR 팔라듐선물(H)
통화	KODEX 미국달러선물

때로는 투자를 하지 않는 것이 투자다

그럼에도 문제는 존재한다. 열심히 포트폴리오를 짜서 자산 배분을 해도, 위기의 순간들은 꼭 닥쳐온다. 말 그대로 '현타'가 오는 순간들. 가장 최근의 예를 들자면 코로나19 사태로 닥쳤던 폭락 장세가 대표적이다. 그런 순간이 오면 아무리 포트폴리오를 치밀하게 잘 짜도 3년, 5년, 길게는 10년 가까이 쌓아온 수익이 한순간에 날아간다. 그나마 다시 원점에서 시작할 수 있으면 다행인데 아예 마이너스가 되는 경우도 부지기수다. 마치 신화 속 시지프스가 되어 형벌을 받는 느낌이다. 기껏 산 정상까지 올라왔는데 다시 저 밑바닥으로 흘러내린다.

주식 시장이 한창 폭락할 때 인터넷에 떠돌던 사진이 하나 있다. 모 증권사에서 개최한 약 1,500명 가까운 이들이 참가한 모의 투자 대회의 순위표였다. 그런데 유독 눈에 띄는 참가자가 있었다. 그의 순위는 1,500명 중 50위였는데, 그가 눈길을 끈 이유는 아무런 매매를 하지 않았기 때문이다. 그냥 원금 그대로 갖고만 있었는데 그것만으로도 50위가 되었다. 참가 신청을 하고서 까먹었을 수도 있고, 변동성 강한 시장을 바라보며 매매를 하고 싶은 욕구를 참고 타이밍을 지켜본 인내심 강한 투자자였을 수도 있다. 후자라면 그는 50위를 차지할 만한 자격이 있다.

보통 10년에 한 번, 20년에 한 번씩 닥치는 금융위기는 기존의 논리들을 다 틀어버린다. 포트폴리오를 구성하는 알고리즘은 기본적으로 자산 간의 상관관계를 계산하고, 상관관계가 다른 자산들끼리 모아서 변동성을 줄이면서도 수익을 내는 데 있다.

그러나 시장에 큰 위기가 닥치면 그 모든 상관관계들이 다 틀어지면서 기존의 논리로는 설명할 수 없는 일들이 생긴다. 위험자산과 안전자산이 함께 폭락하고, 그 어디에도 안전하게 나의 돈을 모아둘 수 없는 시간이 온다.

"모든 사람들이 같은 데이터를 보고, 같은 자료를 읽고, 서로가 무슨 말을 할지 추측하면서 시간을 보냅니다. 그들의 전망은 늘 적당히 맞을 거예요. 그리고 거의 쓸모가 없을 것입니다."

경제학자 밀턴 프리드먼이 한 말이다. 그리고 우리에게 벌어지는 일들도 대개 비슷하다. 때때로 절대 일어나지 않을 것이라는 가정 자체가 뒤흔들리는 순간이 있다. 패러다임이 무너져 내리는 것은 한순간이다. 경기가 흔들리고 감당하기 힘들 만큼 변동성이 커지면 그냥 시장 자체로부터 멀리 떨어져 있는 것만으로도 승자가 되곤 한다. 항상 매매를 해야만 돈을 벌 수 있는 것은 아니다. 시절이 혹독할 때는 그저 아무것도 안 하는 것만으로도 승자가 될 수 있을지 모른다.

다만 그게 언제가 될지는 아무도 모른다. 때로는 먹구름이 잔뜩 끼인 것을 알면서도, 그 광기 속에서 조금이나마 더 높은 수익률을 얻기 위해 마지막까지 버티는 경우도 있다. 거시적인 경제 상황을 분석하는 것은 사실 힘든 일이다. 하지만 당할 때 당하더라도 알고 당해야 한다. 우리가 만약 욕심을 조금만 덜어내면 위기를 모면할 수 있을지도 모를 일이다.

단 하나 확실한 것, 사이클

위기의 순간들을 마주하면 보이는 것이 있다. 투자의 세계에서 단 하나 확실하지만, 또 동시에 시장에 참여하고 있는 순간에는 절대 알 수 없는 것이 있다는 걸. 옛 선인들이라면 이렇게 이야기했을 것이다. "달은 차면, 이지러진다."

시장에는 명백하게 일종의 사이클이 있다. 문제는 그런 사이클이 있다는 걸 알면서도 정작 우리가 참여한 시장이 지금 사이클의 어느 쯤에 있는지를 알아내기 어렵다는 점이다. 거시적인 경제 상황이 큰 영향을 미치지만, 정작 그 거시적인 경제 예측을 맞추는 이들은 거의 없다. 경제학은 물리학이 아니고, 결국 인간의 행동들이 쌓여서 만들어 내는 현상들이기 때문에 여기에는 정확한 법칙 같은 게 있을 수 없다.

〈경기순환주기의 개념〉

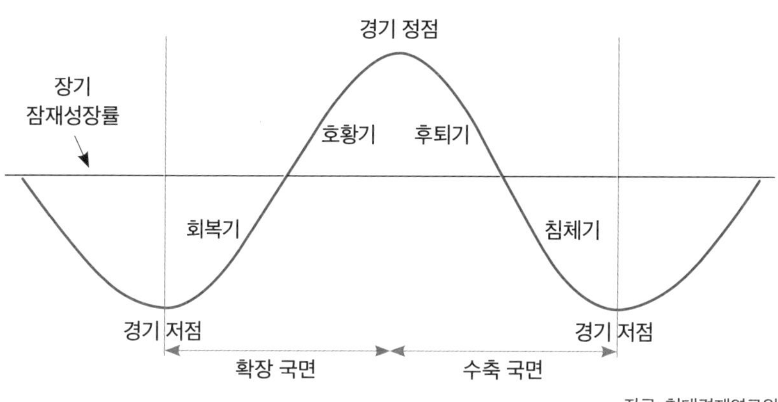

자료: 현대경제연구원

우리는 지금 우리가 서 있는 발판이 어느 즈음인지 항상 고민하며 한 발짝씩 내디딜 수밖에 없다.

교과서적으로 보여주는 경기순환주기의 개념은 참으로 깔끔하다. 하지만 현실에서는 위아래 등락 폭이 저렇게 대칭적이지 않다. 또 확장 국면과 수축 국면의 길이가 똑같지도 않다. 각각의 국면이 어떻게 이어질지는 사실 아무도 알 수 없는 일이다.

포트폴리오 이론은 누구든 시장 리스크로부터 자유로울 수 없으며, 시장 리스크에 노출된다 하더라도 자산군 사이의 상관관계를 따져 포트폴리오로 구성하면 적절히 대체할 수 있다고 조언한다. 따라서 경기순환주기를 염두에 두고 리밸런싱을 할 필요가 있다. 위험자산군의 비중을 줄이거나, 현금 비중을 최대한 늘림으로써 리스크 자체를 회피해야만 하는 순간(risk off)이 반드시 있기 때문이다.

금융위기는 항상 부채에서 시작된다

경제의 사이클은 다양한 층위로 존재한다. 누군가는 재고의 순환, 또 누군가는 설비 투자의 순환, 또 누군가는 기술 혁신의 순환 등에서 그 이유를 찾기도 한다. 하지만 순수하게 '돈'의 관점에서 살펴보면 그 모든 사이클은 시중에 돈이 얼마나 풀려 있는가, 즉 '유동성'의 관점에서 관찰할 수 있다. 이해하기 쉽게 돈이라고 표현하지만, 결국은 시중에 얼마나 많은 구매력이 있는가의 문제다. 구매력이 차고 넘치면 투자를 하든, 소비를 하든 경제는 잘 돌아가게 되어 있으니까. 구매력이라는 건 다음과 같이 구성되어 있다.

그러니 시장의 유동성은 결국 중앙은행이 찍어내는 화폐의 양, 민간 시장의 신용 창출이라는 두 가지 요소에서 시작된다. 그리고 앞서 살펴보았던 것처럼 시장에 유통되는 유동성의 대부분은 후자의 비중이 더 크다. 따라서 시장의 출렁임을 일으키는 건 결국 시중에 깔려 있는 신용의 양이다. 금융위기 때마다 '신용경색'이라는 단어가 나오는 배경이다.

종종 간과하지만 신용은 '돈'이 아니다. 그냥 약속이다. '언제까지 돈을 주겠다'는 약속. 경제가 나빠지면 이제 그 약속을 지키지 못할 일들이 하나둘 벌어진다. 누군가에게 받을 돈을 염두에 두고 계획을 짰는데 돈을 못 받게 되면 그 돈은 애초에 없던 것이나 마찬가지다.

> *"일반적으로 돈이라고 여겨지는 것은 사실 신용이다. 신용은 호황기에 난데없이 나타났다가 불황기에는 자취를 감춘다. 예를 들어, 신용카드로 가게에서 물건을 사는 행위는 사실상 '나중에 돈을 내겠다'라고 말하는 것과 같다. 손님과 가게 주인은 신용자산(credit asset)과 신용부채(credit liability)를 생산해낸다. 그렇다면 돈은 어디에서 가져와야 할까? 그럴 필요가 없다. 이미 신용이 창출되었기 때문이다. 신용이 사라지는 방식도 마찬가지다. 만일 가게 주인이 의심한다면 어떻게 될까? 손님이 신용카드 회사에 대금을 지급하고 신용카드 회사가 주인에게 돈을 내줄 것이라는 믿음이 사라지면, 가게 주인에게 신용자산은 더 이상 존재하지 않는 것이다. 이때 신용은 어딘가로 옮겨가는 게 아니라 그냥 증발해버린다."*
>
> *『레이 달리오의 금융 위기 템플릿』(레이 달리오, 한빛비즈, 2020)*

불황이 오면 신용은 말 그대로 '증발'해버린다. 앞서 살펴본 경기순환주기에 따라 시중의 구매력(유동성)을 구성하는 비중이 어떻게 바뀌는지는 다음과 같다.

- ***경기 상승:*** *사람들이 빚을 내서 소비하거나 투자를 한다. 자산 가격이 서서히 오른다. 자산 가격이 오르는 것을 보고 사람들이 더 많은 빚을 내서 투자에 나선다. 따라서 레버리지가 점점 과도해진다.*
- ***경기 하락:*** *레버리지가 과도해지면서 더 이상 신용으로 시장에 유동성을 공급할 수 없는 상황이 된다. 이제 하나둘 빚을 갚기 위해 자산을 팔*

〈경기 사이클과 유동성의 관계〉

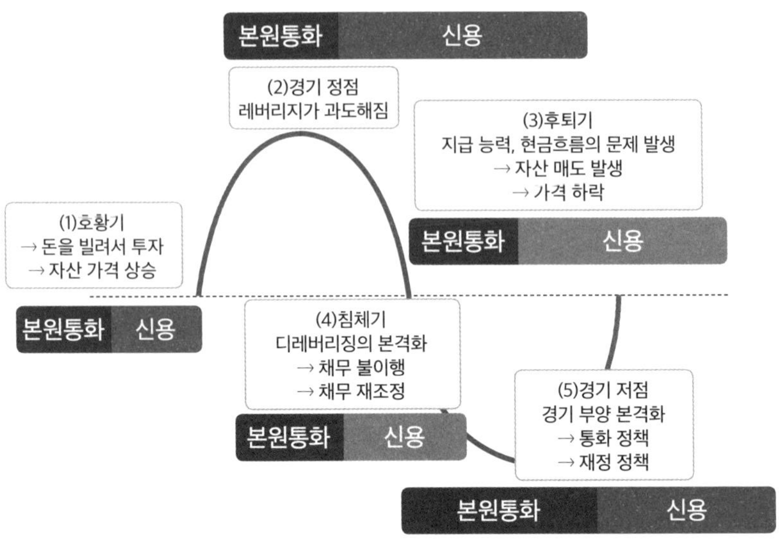

기 시작한다. 자산 가격이 떨어지고, 채무를 갚지 못하는 이들이 늘어난다. 시중에 풀려 있는 신용이 현금화되리라는 기대가 옅어진다. 통화 정책으로는 금리가 인하되고 양적 완화를 실시한다.

이러한 사이클이 반복되면서 시중의 구매력도 변화한다. 경제학자 존 갤브레이스는 『금융 도취의 짧은 역사(A Short History of Financial Euphoria)』에서 이렇게 반복되는 사이클에 대해 다음과 같이 꼬집는다.

"도취감에 기여하는 것은 우리 시대나 과거에는 거의 주목되지 않았던 두 가지 추가적인 요소들이다. 첫 번째 요소는 금융기억의 극단적인 단기성이다. 결과적으로 금융계의 재앙은 금방 잊힌다. 더 나아가 불과 몇

년이 지나지 않아 똑같거나 비슷한 상황이 다시 발생하면, 종종 젊고 늘 확신에 차 있는 신세대는 이 상황을 금융계와 더 크게는 경제계에서 엄청나게 혁신적인 발견인 양 생각한다. 금융계처럼 역사가 차지하는 부분이 적은 분야는 거의 없을 것이다. 과거의 경험은 현재의 놀라운 기적을 평가할 통찰력을 가지지 못한 사람들의 원시적 피난처로 치부된다."

때로는 투자를 하지 않는 것이 제일 큰 투자다

거시 경제의 사이클을 일반 개인 투자자들이 맞추기는 힘들다. 사실 월스트리트의 난다 긴다 하는 사람들도 허구한 날 예측이 엇갈리는 판인데 두말해서 무엇하겠는가. 다만 하고 싶은 이야기는 한동안 본인의 투자 성과가 좋지 않았다면, 그냥 투자를 쉬거나 안전자산으로 갈아타서 기다리는 게 나을 수 있다는 것이다. 그런데 이조차도 쉽지 않다. 우리는 항상 마음속으로는 내가 산 주식은 어떻게든 잘 될 것 같다는 생각을 한다. 하긴 그렇지 않았다면 애초에 사지도 않았을 것이다.

개인적으로 최근 5년간의 주식 투자수익을 살펴봤다. 2016~2018년 2년간은 수익이 컸다. 어떤 종목은 별생각 없이 샀는데 갑자기 한 달 새 2배가 오르는 일도 있었다. 그때는 스스로 뭔가 신기가 있어 수익을 낸 줄 알았다. 그렇게 벌어둔 걸 2018년 하반기부터 야금야금 갉아먹다가 2019년에는 마이너스로 돌아섰고, 2020년 초에는 '폭망' 했다. 다시 2020년 하반기에는 잃은 것을 회복하고 큰 수익을 얻었다.

5년간의 투자 기록을 되돌아보며 코스피 지수 차트를 확인했다.

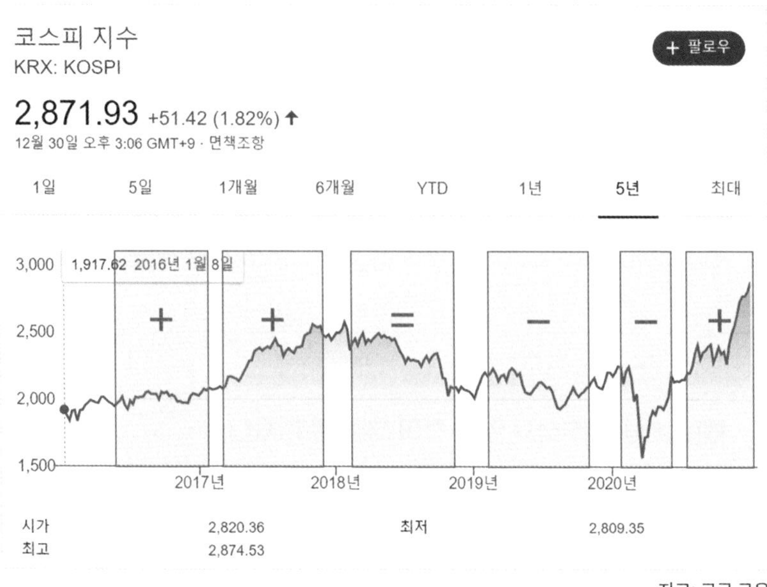

자료: 구글 금융

그렇다. 내가 잘해서 돈을 번 게 아니었다. 2018년 초반까지는 시장 전체가 쭉쭉 오르는 상태였다. 무엇이든 사기만 하면 그대로 오르니까 심리적으로 흔들릴 일도 드물었고, 들고 있다가 익절을 하면 되었다. 내가 잘해서가 아니라 그냥 시장이 좋았던 것이었다. 시장이 빠지거나 횡보하는 동안에는 내가 보유한 종목들도 계속 하락했다. 돈을 못 벌면 '여기는 내가 놀면 안 되는 물이구나.'라는 생각을 했어야 하는데 그게 잘 안 되었다. 왠지 불황에도 내가 산 주식만은 오를 것 같고, 싸게 사서 비싸게 팔 수 있을 것 같은 생각이 계속 들었기 때문이다.

이 이야기를 하는 이유는 단 하나다. 거대한 자본과 앞선 정보, 첨단화된 매매 시스템을 갖춘 글로벌 자산운용사들이나 기관들에 비해 개인 투자자가 갖고 있는 장점은 아이러니하게도 '투자를 하지 않아도 된다'는 것과 '내 마음대로 투자해도 된다'는 것이다.

소위 말하는 전문가들은 시장이 좋든 나쁘든 매일매일 투자를 해야 한다. 그런데 그걸 또 그들 마음대로 할 수 없다. 회사 일이기 때문에 이런저런 각종 규제와 매뉴얼이 있다. 매매를 하지 않더라도 항상 시장에 몸을 담고 있어야 한다. 시장이 아무리 하락장이라도 매매해야 하고, 시장이 아무리 고점인 것 같아도 무언가를 해야 한다. 폭풍우가 오더라도 그들은 배를 띄우고 길을 떠나야 하는 사람들이다. 그러니 시장의 블랙스완(불가능할 것 같은 일이 벌어지는 현상)을 피할 길이 없다. 그래야 월급이 나오니까.

반면 개인 투자자들은 그냥 장이 안 좋다 싶으면 쉬어도 된다. 봐서 '물 반 고기 반'일 때만 투자하면 된다. 어차피 인간의 욕심은 끝이 없고, 같은 실수를 반복한다. 시장의 기회는 언제나 또 열리게 마련이다. 우리가 해야 할 일은 휩쓸려 가지 않는 것이다. 주식 매매를 하는데 돈을 계속 잃고 있는가? 그럼 일단 쉬어라. 매일 매매를 하는 것보다 10년에 한 번 샀다가 한 번 파는 사람이 더 큰 수익을 볼 수도 있는 게 시장이다.

언젠가 복싱을 배우러 간 적이 있다. 초심자답게 어깨에 힘이 잔뜩 들어가 샌드백을 치고 있는 나에게 관장님이 와서 한마디 툭 던진다. "네가 세게 때린다고 맞는 놈이 세게 맞아주는 거 아니다." 그렇다. 내가 아무리 열심히 매매한다고 해서 시장이란 녀석이 나에게 수익을 돌려주지는 않는다. 하워드 막스의 말처럼 "간절히 바란다고 해서 없는 기회가 생기지는 않는다." 계속 털린다면 잠시 쉬자. 차라리 그게 정신 건강에도 좋고 다음을 기약할 수 있다.

투자의 본질을 파악하라

이제 여기까지 왔다면 매매(트레이딩)와 투자를 구분해 생각하자. 나조차도 그랬다. 그저 싸게 사서 비싸게 파는 것을 '투자'라고 생각했던 것이다. 그런데 그게 과연 투자일까? 그건 그냥 오늘 산 주식이 내일 좀 더 오를 거라는 나의 바람이 담긴 베팅이었던 건 아닐까?

우리는 종종 무언가에 몰두해 쉴 새 없이 일할 때, 자신이 무언가 '열심히' 하고 있다는 착각에 빠진다. 심지어 아무런 의미가 없는 행위라 하더라도 그 분주함만으로 자신의 행동에 의미를 부여하기도 한다. 투자도 마찬가지다. 이런저런 정보를 얻어 열심히 사고파는 행위를 반복하면서 자신이 투자를 열심히 한다는 착각에 사로잡히곤 한다. 하지만 그저 매매를 자주한다고 해서 돈을 더 많이 버는 것은 아니다(오히려 거래세와 수수료를 생각하면 더 많이 잃을 가능성이 크다). 그건 그냥 매매를 자주 하는 것일 뿐이다. 앞서 말한 것처럼 10년에 한 번 사서 한 번 판 사람이 더 많은 수익을 낼 수도 있다. 의학박사이자 전문 트레이더인 알렉산더 엘더는 자신의 저서에서 '트레이딩은 일종의 알코올 중독과 비슷하다'고 이야기한다. 무언가를 사고파는 행동, 그리고 그 안에서 수익을 노리는 행동에 쉽게 중독될 수 있기 때문이다.

그런 궁금증이 들었다. 투자란 무엇이었을까? 우리가 투자하는 자산들은 애초에 어떻게 생겨난 걸까? 그 자산에 처음 투자한 사람은 어떤 마음이었을까? 그걸 생각해보면 투자의 본질이 어떤 것인지 조금은 감을 잡을 수 있지 않을까?

채권, 채무의 증표

채권은 어쩌면 화폐가 생기기 전부터 존재했을 것이다. 배가 고팠던 누군가가 옆집에서 보리 1되를 빌리고 다음 해에 1되 반으로 갚겠다고 한 것에서부터 시작했을 수도 있다. 보리를 빌려준 사람은 지금 보리 1되를 사용할 수 있는 기회를 1년 후로 연기하면서 더 많은 보리를 가질 수 있는 기회를 얻는다. 물론 빌려간 사람이 보리를 갚지 않을 수도 있다는 불안감을 가지고 한 해를 보냈을 것이다.

그 후 화폐가 생기면서 보리가 아니라 보리를 살 수 있는 돈을 빌리게 되었을 것이다. 누군가가 100냥을 빌려갔고 그에 대한 이자로 10년 동안 매해 5냥을 주기로 했다고 생각해보자. 지금 내가 가지고 있는 돈을 미래로 보내는 대신, 즉 10년 후에 원금을 받는 대신 지속적인 현금흐름(해마다 5냥)을 창출하는 행위가 된 것이다.

지금은 사라졌지만 역사를 되돌아보면 '영구채'라는 게 있었다. 애초에 원금은 갚을 생각이 없고 대신 영원히 이자를 주겠다는 의도의 채권이다. 그 채권을 사는 사람의 입장에서는 한 번에 고액을 넘기고 지속적인 현금흐름을 얻는 것이다. 따라서 채권은 결국 지금 가진 돈을 미래로 던져두고, 정해진 기간 동안 그 돈이 만들어내는 수익을 얻는 수단이라고 볼 수 있다. 물론 그 기간 동안 돈을 돌려받지 못할 수도 있다는 리스크에 시달려야 하지만 말이다.

주식, 동업의 증표

가장 대표적인 자산인 주식의 시작은 16세기 대항해시대로 거슬러 간다. 앞에서도 설명했듯 세계 최초의 주식회사는 바로 네덜란드 동인도회사다. 기본 취지는 이렇다. "내가 사업을 하려고 하는데 혼자 돈을 다 대려니 힘드네. 지금 돈을 조금 보태주면 나중에 사업이 잘됐을 때 수익을 나눠 줄게." 그리고 이 회사는 설립 첫해부터 배당을 시작했다. 1602~1696년 동인도회사의 평균 배당률은 20%였으며, 설립 4년 차가 되던 1606년에는 무려 75%의 배당률을 기록하기도 했다.

주식 시장은 그다음에야 생겨났다. 시간이 흐르면서 주식을 처분하고 싶은 사람들이 생겨났을 테고, 자연스레 주식 거래를 하고자 하는 이들도 생겨났기 때문이다. 즉 주식 거래의 필요성이 생겼기 때문이다. 고로 애초에 주식은 사고팔기 위한 것도 매매차익을 위한 것도 아니었다. 한 기업의 성장을 함께하고, 그 수익을 함께 나누겠다는 취지에서 생겨난 것이다. 내가 그 회사에 돈을 제공했다는 걸 알려주는 증서, 그래서 내가 그 회사의 수익을 나눠 받을 권리가 있다는 증서, 그게 어쩌면 주식이 지닌 본연의 의미일지 모른다. 현금흐름의 관점에서 보자면 처음에 돈을 투자하고, 배당금이라는 형태로 지속적인 현금흐름을 얻어낸다는 의미다. 시세차익이 생기면 그것은 덤이다.

직장인의 마인드로 생각해보자. 우리 회사의 대주주인 회장님은 나를 고용해 일을 시킨다. 그리고 내가 일해서 벌어들인 수익을 배당금이라는 형태로 가져간다. 그분이 이 회사의 주주이기 때문이다. 반대로 생각해보면 내가 어느 회사의 주주가 된다는 건, 그 회사의 임직원을 내가 고용해서 부리는 것이 된다. 그리고 그들이 벌어온 돈을 배당금으로 받게 된다.

이렇게 생각해보면 주식 종목을 선택하거나 보유기간 등을 고민하는 일이 의외로 간단해진다. 내가 회장님(주주)이 되어 직원(기업)을 채용한다고 생각해보자. 어떤 직원을 채용할 것인가? 아무래도 예측 가능하고 성공의 경험이 있는 직원을 뽑게 되지 않을까? 더 간단하게 생각하면 내가 입사하고 싶은 회사의 주식을 사는 것도 꽤 좋은 투자 전략이다. 내가 입사하고 싶다면 누구나 다 입사하고 싶어 하는 곳일 테고, 좋은 인재들이 몰리는 곳일 테니 말이다. 그런 기업들의 주식을 사서 차근차근 모아가면 어떨까? 내가 그 회사에 입사는 못 해도 그 회사의 임직원들이 번 돈을 나눠 가질 수는 있다. 그게 21세기 자본주의의 미덕일지도 모르겠다. 이제서야 워런 버핏이 왜 '주식'이 아니라 '기업'을 사라고 하는지 조금 이해되지 않는가?

투자의 본질은 무엇일까?

투자가 뭔지 고민하다 보니 단어의 뜻을 다시 살펴보게 된다. 던질 투(投), 재물 자(資). '자본을 투입한다'는 뜻이겠지만 그냥 글자 그대로 해석하는 것도 의외로 어떤 의미가 와닿는다.

투자(投資): 재물을 던지다.

던진다고 해서 버리는 것은 아니다. 재물을 던지는데 어디로 던지는 걸까? 그렇다. 미래로 던지는 것이다. 그리고 그 미래의 시점까지 도달하는 동안 재물이 나를 대신해 돈을 벌게끔 만드는 것이다. 다만 가지고 있던 재물을 미래로 던져두었으니 리스크가 생긴다. 멀리 던져놓을수록 회수할 수 있을지 없을지 더 불안해질 것이다.

즉 투자는 자산 배분을 통해 내가 지닌 현금이 나를 위해 일할 수 있도록 체계화하는 것이다. 이 체계화를 위해 내가 지닌 현금이 미래에는 어떤 가치를 지닐 수 있을지, 그 미래 가치를 근거로 현재 어떠한 형태의 현금흐름을 창출할 수 있는지를 확인해야 한다. 투자는 그래서 일종의 타임머신 같은 것이다.

앞에서 설명했던 개별 자산들의 수익 구조를 생각해보자. 단기적으로 매매차익을 노리는 전략은 기본적으로 제로섬 게임이다. 누군가는 싸게 사서 비싸게 팔아 추가 수익을 냈을 것이다. 하지만 그 이야기는 누군가는 비싸게 사서 싸게 팔아 손실을 봤다는 뜻이다. 내가 전자가 될지 후자가 될지는 알 수 없다. 결국 시장 전체로는 제로섬 게임이 되고, 이 수익을 누가 차지할 것인지는 아무도 알 수 없다. 그러나 개인 투자자가 단기 매매 시장에서 승자가 될 가능성은 거의 없다고 봐야 한다. 자금과 정보력 측면에서 기관 투자자에게 밀릴 수밖에 없고, 밀리초 단위로 움직이는 초고성능 매매 프로그램보다 손이 빠를 수도 없기 때문이다. 마치 항공모함에 대적해 활을 들고 싸우는 것이나 마찬가지다.

그러니 매매는 그 자체로 투자는 아니다. 종목 선택과 마켓 타이밍을 이용해 시세차익을 노리는 것은 일종의 동전 던지기나 마찬가지다. 운이 좋아 연이어 잘될 수는 있지만, 항상 성공할 수는 없다. 실력과 운이 함께 작용해서 큰돈을 벌었다 해도, 그 바닥에 계속 남아서는 그렇게 번 돈이 어떻게 하루아침에 증발해버릴지 알 수 없는 노릇이다.

인컴수익은 지속적으로 현금흐름을 만들어낸다. 시장과 기업의 성장을 투자자에게 돌려주는 구조다. 물론 기업과 시장 자체가 성장하면서 자산 가격이 상승해 자본수익을 얻을 수도 있다. 투자를 단기, 중기, 장기로 나눈다면 개인 투자자일수록 중장기 투자를 염두에 둬야 하는 이유다.

모두가 좋아하는 투자자산인 부동산을 떠올려보자. 드물게 단기 매매가 없으며 대부분의 개인 투자자들이 수익을 얻는 자산이다. 하지만 40년간의 수익률 그래프를 비교해보면 부동산 투자보다 주식 투자의 수익률이 더 높다고 한다. 그런데도 우리 주위에는 주식으로 큰돈을 번 사람보다는 부동산으로 돈을 벌었다는 이들이 더 많다. 부동산은 기본적으로 중장기 투자를 하기 때문이다. 만약 서울 시내 아파트들을 마치 주식처럼 쪼개서 실시간으로 거래할 수 있다면 어땠을까?

아마 주식처럼 투자에 실패하는 사람들이 숱하게 많았을 것이다.

초보 투자자라면 일단 시장의 평균수익률을 따라갈 수 있는 자산에 투자하고, 시장이 커가는 것을 지켜보고, 그 와중에 생기는 자산 간의 가격 상승 차이에 맞춰 리밸런싱 해보는 단계를 차근차근 밟아나가야 한다. '애개, 겨우 시장의 평균만 따라가자고?'라고 생각할 수 있지만, 거듭 말했듯 투자의 세계에서 우리는 기본적으로 평균보다 못한 사람들이라고 생각하는 게 좋다.

수영장에 가서 멋드러진 접영 실력을 뽐내는 상급반을 보며 부러워할 수는 있다. 하지만 오늘 처음 수영을 배우기 시작한 내가 접영을 해낼 수는 없다. 일단은 "음~파~" 하며 숨 쉬는 법부터 시작해야 한다. 자연스럽게 숨 쉬는 법을 터득한 다음에는 킥판을 붙들고 버둥거리면서 발차기를 연습해보는 것이다. 투자도 그렇게 차근차근 배워나가야 한다.

투자는 이성과 감정의 싸움

금융 시장을 보면 재미있는 것들이 참 많다. 다양한 금융공학적인 이론과 논리들을 보고 있자면 일종의 법칙이 있어서 천재들은 떼돈을 벌 것 같지만 딱히 그렇지도 않다. 만유인력의 법칙을 발견하고 영국의 조폐국장까지 한 아이작 뉴턴도 버블로 한 획을 그은 '사우스시 컴퍼니' 주식으로 전 재산을 날려먹다시피 한 건 꽤 유명한 이야기다. 경제학자 로버트 머튼과 마이런 숄즈는 옵션의 가치를 평가하는 '블랙-숄즈 공식'을 개발한 공로로 1997년 노벨 경제학상을 수상했다. 이들은 1994년부터 '롱텀 캐피탈 매니지먼트'라는 헤지펀드에 파트너로 참여했는데, 처음에는 정교한 금융 공식을 활용한 채권차익거래를 통해 1998년까지 해마다 20~40%의 수익률을 올리며 승승장구했다. 그러나 1998년 러시아가 모라토리엄을 선언한 것을 계기로 과도한 레버리지를 활용한 그들의 투자는 무려 100조 원이 넘는 손실을 기록하며 몰락하게 된다. 노벨 경제학상을 받은 천재들도 '큰 국가의 국채는 망하지 않는다'는 전제가 틀릴 가능성을 예상하지 못했던 것이다.

투자의 세계

투자의 세계는 이성과 감정의 싸움터다. 수학적 논리로 무장한 이들이 정교한 알고리즘을 바탕으로 움직이고 AI가 첨단 프로그램으로 매매를 진행하기도 한다. 때로는 개개인의 감정이 거대한 해일이 되어 그 모든 골조를 뒤흔들어놓기도 한다. 투자의 세계는 수학이나 물리학처럼 항상 계산한 대로 딱 떨어지지 않는다. 투자의 세계는 마치 세 가지 세계가 평행 우주처럼 함께 공존하며 서로가 서로에게 영향을 미치는 곳이다. 그 세 가지 세계는 다음과 같다.

1. ***팩트의 세계:*** *사실, 정보, 통계*
2. ***판단의 세계:*** *팩트에 대해 사람들이 내리는 판단*
3. ***심리의 세계:*** *그 판단에 대한 사람들의 감정*

'팩트의 세계'는 우리가 만나는 각종 사실과 정보의 세계다. 어느 회사의 2분기 실적이 어땠고, 작년 한 해 전 세계 경제성장률이 어땠는지 등은 팩트의 영역이다. 펀더멘털을 알려주는 여러 지표들도 팩트의 세계가 들려주는 이야기다. 사람들은 조금이라도 더 정확한 사실을 찾기 위해 주식이나 채권과 같은 유가증권을 열심히 분석하고, 앞으로 성장할 산업은 무엇인지, 세계 경제는 어떻게 될지 끊임없이 고민하고 분석한다.

'판단의 세계'는 팩트의 세계에서 알게 된 사실에 대해 사람들(시장)이 내리는 판단으로 이루어져 있다. 소위 '전망'이라고 하는 것들이 반영된다. 역대 최고 실적을 올린 기업이 있다고 가정해보자. 좋은 실적을 냈다고 해서 그 기업이 주식이 오를지 내릴지는 알 수 없다. 사람들이 그 기업이 앞으로도 계속 최고 실적을 이어갈 것이라 믿으면 오를 것이고, 지금이 마지막 불꽃놀이라고 판단하면 떨어질 것이다. 전자의 경우에도 이미 충분히 주가에 반영되었다고 판단하면 실적 발표 후에 떨어질 수도 있다.

'심리의 세계'는 더 종잡기 어렵다. 판단을 내렸다고 해서 사람들은 그대로 행동하지 않는다. 판단은 이성의 영역이지만, 실제 행동은 심리 혹은 감정의 영향을 받기 때문이다. PER 100이 넘는 고평가 상태의 주식이라고 해도 사람들이 너나없이 사게 되면 계속해서 가격이 오른다. 실물경기가 좋지 않은 상황에서도 주식 시장이 활황이면 언제 거품이 빠질까 불안해하면서도 쉽게 발을 빼지 못한다. 코스피가 1,700보다 더 내려가서 분명히 저평가된 상황인데도 왠지 더 떨어질 것 같은 마음에 갖고 있던 주식을 팔기도 한다.

따라서 똑같은 사실과 정보를 안다고 해서 모두가 똑같은 수익을 거두는 것은 아니다. 그 정보와 사실들에 대한 판단을 어떻게 하느냐, 어떻게 대응하느냐에 따라 계좌 속의 수익률은 천차만별이다.

종종 금융 시장도 어쩌면 일종의 담론으로 굴러가는 시장이 아닐까 생각한다. 시장을 좌우하는 것은 온갖 지표와 통계 그리고 펀더멘털이 아니라, 일종의 스토리나 시나리오가 아닐까? 가끔은 그 스토리 자체에 매몰되어 통계조차 새롭게 해석하거나 아예 기존에 없던 새로운 지표를 만들어내기도 한다. 최근 나스닥 기술주들의 높은 밸류에이션을 합리화하기 위해 PDR(Price-Dream Ratio)이라는 지표까지 나왔다고 한다. 기업이 고평가되었는지를 보여주는 PER을 따라 나온 용어로, 기업의 꿈과 비전조차도 가격에 반영된다는 의미다. 기존의 밸류에이션 방법으로는 납득하기 힘든 주가를 설명하기 위한 새로운 지표라고 볼 수 있다.

시장이 공포에 사로잡혀 있을 때는 모든 호재도 악재로 보이고, 시장이 탐욕에 사로잡혀 있을 때는 모든 악재가 호재로 보이기도 한다. 마치 색안경을 끼고 세상을 보는 것이나 마찬가지다. 무언가를 너무 사고 싶을 때를 떠올려보자. 그걸 꼭 사야 하는 이유들이 갑자기 떠오르면 쇼핑을 합리화하게 된다. 요즘 들어 왠지 스마트폰이 버벅거리는 거 같고, 가지고 다니던 가방의 가죽이 좀 벗겨진 거 같고. 주식이나 금융상품을 살 때도 그런 경우가 있다. 사고 싶을 때는 어떻게든 사야 할 이유를 찾고, 팔아야 할 때는 어떻게든 팔아야 할 이유를 찾게 된다. 대개 그런 경우의 투자는 좋은 결과를 내지 못하게 마련이다.

'나'라는 리스크

그런 점에서 우리에게 있어서 가장 큰 리스크는 바로 '나', 즉 우리

자신일지도 모른다. 투자란 결국 '나'와 '자산' 사이의 관계 맺기이자, '돈'을 매개로 내가 세계와 관계를 맺는 방식이기 때문이다.

따라서 내 투자의 가장 큰 적인 '나'를 어떻게 다뤄야 할지를 고민하는 것도 필요한 부분이다. 우리는 그 무엇도 단언해서는 안 되고, 우리가 아는 것보다 알지 못하는 것이 더 많다는 걸 인정해야 한다. 우리가 투자를 하기에 앞서 제일 먼저 갖춰야 할 것은 어쩌면 겸허함일지도 모른다.

좋은 정보, 좋은 금융상품, 좋은 투자처가 있으면 큰돈을 벌 수 있을까? 글쎄다. 세상일이 다 그렇다. 장비가 있고 그걸 사용하는 사람이 있다. 좋은 장비도 서툰 사람이 사용하면 망가지기만 하고, 평범한 장비라도 '금손'이 사용하면 훌륭한 결과물을 낼 수 있다. 시장 탓, 자산 탓을 하기 전에 먼저 내 탓을 해야 한다. 투자의 대가들이 '현인'이라고 불리는 이유는 따로 있는 게 아니다. 적어도 그들은 시장과 싸워 이기기 이전에 자신과의 싸움에서 이겼기 때문이다. 그렇다면 이제부터 그동안 우리의 투자를 방해해왔던 심리적 리스크를 직시해보자.

심리 리스크 1: 내가 무엇을 감당할 수 있는지 모른다

우리는 종종 스스로를 오판한다. 그리고 수익률에 눈이 멀어서 자신을 과대평가하기도 한다. 펀드상품을 하나 사려고 해도 투자 성향을 체크해야 한다. 연봉은 얼마나 되고, 앞으로 수입은 늘어날지 줄어들지, 금융자산이 전체 자산의 몇 %인지, 손실은 얼마나 감내할 수 있는지 등을 답하면 투자 적합 등급을 알려준다. 투자 적합 등급은 5단계로 구분된다.

공격투자형 / 적극투자형 / 위험중립형 / 안정추구형 / 안정형

이 등급에 따라 구매할 수 있는 펀드의 종류도 다음과 같이 정해진다.

집합투자증권(펀드)	매우 높은 위험	높은 위험	다소 높은 위험	보통 위험	낮은 위험	매우 낮은 위험
펀드 외 금융투자상품	초고위험		고위험	중위험	저위험	초저위험
공격투자형(1등급)	○	○	○	○	○	○
적극투자형(2등급)			○	○	○	○
위험중립형(3등급)				○	○	○
안정추구형(4등급)					○	○
안정형(5등급)						○

사실 안정추구형이나 안정형 성향이면 가입할 수 있는 상품은 비교적 수익률이 높지 않은 채권혼합형 혹은 채권형펀드 정도다. 해외주식형펀드의 높은 수익률을 따라갈 수 있을 리가 없다. 이런 결과가 나오면 괜히 투자 성향에 답을 바꿔서 적거나, 굳이 '투자 성향 불일치 동의'를 해가면서까지 위험 등급의 펀드에 가입하게 된다. 시장이 좋을 때야 괜찮지만 시장이 좋지 않으면 펀드라고 해도 -30%가 넘는 손실이 생길 수 있다. 그제서야 손실이 적은 낮은 위험 등급의 펀드들이 눈에 들어온다. 지금이라도 폭락한 펀드를 팔아치우고 다른 걸로 갈아타야 하는 게 아닌가 고민한다. 머리로는 시장이 장기적으로 우상향할 것이라고, 언젠가는 다시 오를 것이라고 아무리 생각해도 소용없다. 수익률에 눈이 멀어 감당할 수 없는 리스크에 몸을 담그면, 어떻게든 마

음고생할 일이 생길 수밖에 없다.

그러니 본인이 감당할 수 있는 변동성이 어느 정도인지를 알아야 한다. 물론 어딘가엔 시장이 폭락하기 전에 잘 빼거나, 아니면 시장이 회복할 것을 믿고 과감하게 베팅해 회복기에 수익을 만들어내는 이들도 있다. 하지만 그게 '나'라는 확신은 없다.

요식행위처럼 여겼던 투자 성향 체크에도 진지하게 임하고, 자신의 투자 적합 등급에 맞는 상품부터 투자를 시작하기 바란다. 본격적으로 투자를 시작하기 전에 자신이 감내할 수 있는 변동성을 인지하는 과정은 꼭 필요하다. 내 몸의 상태를 알아야 나에게 맞는 운동을 할 수 있듯이, 내가 감당할 수 있는 리스크가 무엇인지 알아야 나에게 맞는 스타일의 투자를 할 수 있다.

심리 리스크 2: 답은 정해져 있어, 자기합리화

인간은 본디 '합리적인 존재'가 아니라 스스로를 '합리화하는 존재'인 경우가 많다. 정치 이슈를 떠올려보면 주장하고 싶은 바를 뒷받침하는 증거들만 모아서 자신의 논리를 주장할 뿐 다른 의견이나 사실관계는 보려 하지 않는 경우가 많다. 이런 경우 진실이나 사실은 무의미해지고 스스로 만들어낸 주장만 존재할 뿐이다.

어떤 종목이나 자산을 사고 싶다는 생각이 들 때면, 이미 이것들을 사야만 하는 논리들이 머릿속에 가득하다. 내가 산 주식 가격이 떨어졌다면 "오호? 생각보다 더 빠졌네. 이렇게 저평가되어 있을 때 사두면 나중에 돈이 되겠지."라고 합리화한다. 만약에 주식이 오르면 "오호? 역시 이런 잘나가는 종목을 골라서 모멘텀 투자를 해야 수익이 생기지."라고 합리화한다. 내 결정은 이미 정해져 있고, 시장 상황이나 다른 지표들은 그저 나의 마음을 확신시키기 위한 도구로 전락하는 경우다.

이런 순간에 우리는 리스크에 대해 과도하게 반응하거나 과도하게 용감해진다. 그러고 나서는 금융 시장이 무너져 내릴 것 같은 폭락장 속에서도 내가 산 주식만은 왠지 오르거나 버틸 수 있을 거라고 맹신한다.

심리 리스크 3: 탐욕

심리적 리스크 중 가장 큰 리스크는 내 안의 '탐욕'이다. 남들이 수익을 내는 것을 보면 눈이 뒤집혀서 따라가려고 한다. 내가 산 종목은 지지부진한 상황에서 살까 말까 고민했던 종목이 급등하기라도 하면 마음이 조급해지고 욕심이 생긴다. 그 마음을 통제하기 위해서 해야 할 것은 '투자하면 안 될 것'들부터 골라내는 일이다. 솔직히 말하면 우리의 투자 실력은 '아무것도 안 하는 게 차라리 재테크'인 경우가 많다.

투자 컨설팅 전문가이자 '패자의 게임(The loser's game)' 개념의 주창자인 찰스 엘리스는 투자를 아마추어 테니스 게임에 비유한다. 프로들의 경기와 달리 아마추어들의 경기에서는 '누가 더 잘하느냐'가 아니라 '누가 실수를 적게 하느냐'로 승패가 결정되는 경우가 더 많다는 것이다. 투자도 마찬가지다. 고수익을 내기 위한 노력보다 리스크 관리를 잘하는 것이 더 나은 결과를 가져오는 경우가 많다.

하워드 막스도 비슷한 이야기를 한다. "투자자가 할 수 있는 두 가지 방법, 즉 이례적인 수익을 달성하는 것과 손실을 회피하는 것 중에서 나는 후자를 더 신뢰한다." "우리는 '하락 종목을 피한다면 상승 종목은 알아서 잘할 것'이라는 확고한 믿음을 가지고 있다."

워런 버핏은 투자를 야구에 비유한다. 다만 이 야구에는 스트라이크와 볼이 따로 없다. 시장이라는 투수는 우리에게 끊임없이 공을 던진다. 투자자인 우리는 시장이 던진 공이 마음에 들지 않으면 굳이 칠 필요가 없다. 기다리고 기다리다가 정말 마음에 드는 큰 것 한 방을 터뜨리면 된다. 심지어 여섯 달, 아니 2년 동안 방망이를 휘두르지 않아도 된다. 기다리다 보면 투수가 정말 마음에 드는 공을 던질 때가 있다.

2019년 11월에 이런 기사가 나왔다. '워런 버핏, 역대 최대 현금만 149조 원.' 미국의 주식 시장이 10년째 상승해 빚을 내서 아무거나 사둬도 전고점을 돌파하고 있다는 소식이 주구장창 나오던 시절에도, 그는 자신의 말처럼 마음에 드는 공이 올 때까지 집요하게 기다리고 있었다.

일단 아무 원칙이라도 세우자

시장은 탐욕과 공포 사이에서 오간다고 흔히 말한다. 하지만 애초에 탐욕에 빠지지 않았다면 공포에 휘둘릴 일도 없을 것이다. 지지 않는 싸움을 하라는 이야기도 말은 참 쉽다. 누가 지고 싶어서 지는가? 지고 싶어서 지는 사람은 없다. 다만 이기고 싶어서 욕심을 내다가 지는 것이다. 무리하게 이기고자 하는 욕심부터 버려야 한다.

'헤지펀드의 대부'라고 불리는 레이 달리오는 2018년에 자신의 인생을 다룬 책 『원칙 PRINCIPLES』을 발간했다. 세계 최대의 헤지펀드를 설립하고 2008년 금융위기를 예측한 이가 쓴 책이니 대단한 비법이라도 있나 싶어서 700쪽이 넘는 두꺼운 책을 꾸역꾸역 다 읽었다. 물론 그 책 어디에도 돈을 버는 비법 같은 건 없었다. 하지만 그 안에는 책 제목처럼 그가 살아온 삶의 원칙들이 담겨 있었다. 자신의 인생, 일, 조직 관리 등에 관한 원칙을 세우고, 혹여 상충하는 원칙들은 어떻게 조율하며, 그것들을 정교하게 지키기 위해 어떻게 노력해왔는지 이야기한다.

좋은 원칙을 세우는 것도 중요하다. 하지만 우리에게 더 필요한 건 그게 무엇이든간에 일단 '원칙'이라는 걸 세우고 지켜보는 것이다. '포트폴리오를 짜두고서 1년에 한 번만 계좌를 보겠다.' 같은 원칙도 좋고, '주가가 20일 이동평균선을 상향 교차하면 매수하고, 5일 이동평균선을 하향 교차하면 매도한다.' 같은 기본적인 트레이딩 원칙이어도 좋다. 그게 아니면 '하루 종일 주식창을 보는 걸 방지하기 위해 9시에 사서 9시 30분에 팔겠다.'라는 특이한 원칙이라도 괜찮다. 중요한 건 이 두 가지다.

1. 원칙이라는 걸 일단 세워본다.

2. 원칙을 지키는 것을 습관화한다.

우리는 원칙을 지키는 것이 습관화되어 있지 않다. 심지어 그래야 한다는 생각조차 없는 경우가 많다. 그러니 뭐가 되었든 일단 원칙을 만들고, 지켜보자. 원칙이란 여름방학 생활계획표 같아서 일단 정해놓으면 그게 뭐가 되든 지키기 싫어질 것이다. 그걸 하나하나 지켜나가는 것에서부터 시작하자.

거대한 투자의 바다 위에서 우리는 스스로를 믿어서는 안 된다. 시장의 탐욕과 광기 그리고 공포는 우리를 끊임없이 흔들어댈 것이다. 그런 순간에 우리에게 필요한 것은 오디세우스의 지혜일지도 모르겠다. 세이렌의 유혹에 넘어갈 수밖에 없음을 알기에 자신을 돛대에 밧줄로 묶어두는 지혜. 그것은 새로운 것에 대한 호기심과 도전을 놓지 않으면서, 동시에 자신이 유혹으로부터 자유로울 수 없음을 인정하는 자가 취할 수 있는 하나의 방어책이다.

그러니 투자의 바다 위로 항해를 나서기 전에 우리가 준비해야 할 일은, 거대한 시장 안에서 자신이 보잘것없다는 것을 깨닫고 흔들리지 않도록 스스로를 묶어둘 돛대를 찾는 것이다. 아무리 형편없는 돛대라도 상관없다. 스스로를 묶어두어야 한다는 생각으로 자신만의 원칙을 쌓아간다면 돛대는 튼튼해지고 매듭은 단단해질 것이다.

투자에도 체험 학습이 필요하다

유명한 투자 원칙이나 격언들은 옛 성현들의 말과 비슷하다는 느낌이 든다. 하나하나 다 맞는 말이고 너무 뻔하다. 그런데 막상 그 말을 지키기는 어렵다. 몰라서 못 하는 게 아니다. "원금을 잃지 마라." "시장의 탐욕과 공포에 휩쓸리지 마라." 등 투자의 대가들이 해주는 이야기도 마찬가지다.

그런데 돈 공부를 하다 보면 왜 대가들의 이야기가 항상 뻔할 수밖에 없는지 조금은 이해되기 시작한다. 그 뻔한 말들을 실제로 체득하고 실행하는 것이야말로 기본 중의 기본이기 때문이다. 뻔한 이야기라고는 하지만 정작 그것을 제대로 이해하는 이들은 드물고, 그것을 실제로 실천하는 이들은 더 드물다. 탐욕으로 시장에 뛰어든 불나방 같은 투자자들을 보면서 투자의 대가들은 답답한 마음에 했던 말을 또

하고 또 하는 것이리라.

무협 영화를 한 편 떠올려보자. 부모님의 복수를 위해 강호의 고수를 찾아간 주인공. 하지만 고수는 그에게 아무것도 가르쳐주지 않는다. 허구한 날 몇 리나 떨어진 우물에서 물을 길어오고 마당을 청소하는 일을 수년간 하게 된다. 그는 '이게 뭐야, 나는 화려한 540도 돌려차기 기술 같은 걸 배우고 싶다고.'라는 생각을 할지도 모른다. '에라이, 못 해먹겠다.' 하고 짐을 싸서 도망가려는 주인공을 보고 그제서야 사부가 달려와 뜯어 말린다. 사부와 툭탁거리며 싸우다 보니 이상하게 맷집이 좋아진 느낌이다. 그 몇 년이 결코 헛된 것이 아니었다. 먼 곳까지 물을 뜨러 다니면서 하체 힘을 길렀고, 매일같이 마당을 청소하느라 비질을 하다 보니 코어가 단련되었을 테다.

이제 사부는 기마 자세 정도는 가르쳐줄 것이다. 기본 체력은 갖췄으니 기술은 이제 그 위에 차근차근 쌓아 올려가면 된다. 처음부터 멋진 돌려차기를 가르쳐줬다면 운 좋게 한두 번 성공했을 수도 있지만, 하체와 코어가 덜 단련된 상태에서는 허리를 다쳐 쓰러졌을지도 모를 일이다.

일단 뭐라도 해봐야 한다

세상 대부분의 일은 이론과 경험이 함께 쌓여야 진짜 내 것이 되기 마련이다. 무슨 일이든 실제로 경험해보는 것이 중요하기에 아이들에게 '체험' 학습을 강조하는 것이다. 그런데 이렇게 당연한 이치를 투자의 세계에서는 많은 이들이 간과한다. 그래서 마법의 금융공식을 알게 되거나 어떤 특별한 투자 이론이나 투자 기법을 배우면, 혹은 누가 좋은 종목을 콕 찝어주기만 하면 떼돈을 벌 수 있으리라 착각한다.

데드리프트나 스쿼트를 알려주는 유튜브 영상을 수백 번 봤다고 해서 내 몸에 근육이 생기지는 않는다. 마찬가지로 투자 대가들의 인터뷰 영상을 아무리 많이 찾아 본다고 해서 내가 갑자기 투자를 잘하게 되는 일은 없다. 물론 그런 이야기들을 많이 듣고 공부하는 것은 투자의 밑그림을 그리는 데는 도움이 된다. 하지만 적은 금액이라도 직접 그 단계들을 차근차근 밟아가지 않는다면, 아무리 훌륭한 투자 기술도 나의 투자 근육이 되기는 힘들다.

피트니스 센터에 가면 여러 운동기구를 사용해 스스로 다양한 운동을 해볼 수 있듯이, 투자에도 피트니스 센터 같은 곳이 필요하다. 그렇다면 투자의 피트니스 센터는 어디일까? 바로 증권사다. 우리가 투자 근력을 키우기 위해 증권사에서 무엇을 해야 하는지 지금부터 살펴보자.

1. 증권사 계좌는 종류별로 다 만들자

운동을 하고자 피트니스 센터에 가면 제일 먼저 어떤 운동기구들이 있는지 살펴봐야 한다. 마찬가지로 증권사에는 어떤 계좌들이 있는지부터 알아보자. 그리고 지금 소개할 계좌들은 미리 만들어놓으면 좋다. 그래야 '금값이 계속 오르네. 금 좀 사야지.'라고 생각하다가도 막상 계좌를 만들기 귀찮아서 포기하는 일이 생기지 않는다. 당장 쓰지 않더라도 미리 만들어두자.

- ***종합위탁계좌:*** *국내주식, 해외주식, 채권, 펀드 등을 살 수 있는 계좌다.*
- ***CMA(종합자산관리계좌):*** *단기성 자금을 굴려주는 계좌다. 돈을 넣어두면 알아서 단기 채권을 사서 돈을 굴리고 은행 대비 조금 높은 이자를 준다.*
- ***금현물계좌:*** *한국거래소(KRX)에서 현물 금 거래를 할 수 있는 계좌다. 금 투자를 할 때 유용하다.*

최근에는 종합위탁계좌와 CMA를 통합해 만들어주는 경우도 있다. 이 계좌들은 계좌에 따라서 살 수 있는 자산과 상품에 차이가 있다고 보면 된다.

다음 계좌들 역시 증권사에서 만들 수 있다. 이 계좌들은 정부에서 세제 혜택을 주는 계좌들이다.

- ***ISA(개인종합자산관리계좌):*** *펀드, ETF, 리츠, ELS 등의 금융상품에 5년 이상 투자 시 절세 혜택을 주는 계좌다.*
- ***IRP(개인형 퇴직연금):*** *예금, 펀드, ETF, 리츠에 투자 가능하며 연 700만 원까지 세액 공제 혜택을 주는 계좌다.*
- ***연금저축펀드(개인연금):*** *펀드, ETF 등에 투자 가능하며 연 400만 원까지 세액 공제 혜택을 주는 계좌다.*

이름이 낯설어 어렵게 느껴진다면 이 계좌들을 일종의 포인트 카드라고 생각해보자. '스타벅스 선불 충전카드'라고 생각하면 이해하기 편하다. 계좌에 돈을 넣으면 카드를 충전한 것이다. 그러면 이제 카드에 있는 돈으로 커피나 케이크를 살 수 있다. 그런데 스타벅스에서 고객들을 대상으로 10만 원을 충전하면 1만 원을 더 충전해주는 이벤트를 진행하기로 한다. 또 청소년만 가입할 수 있는 포인트 카드를 따로 만들어 여기에는 10만 원을 충전하면 2만 원을 추가로 충전해주기로 했다.

이와 마찬가지로 정부에서도 국민들에게 건강한 금융생활을 권장하기 위해 이런저런 일종의 프로모션을 진행한다. 이 프로모션은 혜택을 주고 싶은 이들에게만 가입 자격을 주는데, 계좌를 만들면 주로 세금을 깎아주는 '세제 혜택'을 준다. 예를 들어 지금은 신규 개설을 할 수 없지만 정부가 해외투자를 활성화하기 위해 도입한 '비과세해외펀드계좌'라는 게 있었다. 그 계좌를 통해 해외펀드에 투자하면 세제 혜택을 주는 것이다. 물론 혜택을 주는 만큼 요구하는 것도 있다. 특정 기간 동안 유지해야 하거나, 리스크가 너무 큰 금융상품의 경우에는 구매할 수 없게 하는 식이다.

이렇게 계좌의 종류를 알아보고 만들면 금융과 한 걸음 더 가까워질 수 있다. 또한 투자 기회가 있을 때 빠르게 움직일 수 있게 된다.

2. IRP+연금저축펀드를 굴려라

수많은 계좌들 중에서 꼭 만들어야 할 것을 꼽는다면 IRP(개인형 퇴직연금)와 연금저축펀드(개인연금)다. 둘 다 '연금'이라는 이름이 들어가며 실제 기능적인 측면에서도 비슷한 점이 있다. 처음 취지는 조금씩 달랐으나 점점 서로 비슷해지는 면도 있다. 둘 다 개인의 노후를 대비하는 차원에서 착실히 저축하면 세제 혜택을 주는 의미의 계좌라고 생각하면 된다.

두 계좌의 차이를 한눈에 요약해서 보면 다음과 같다.

〈IRP와 연금저축펀드의 차이〉

구분	IRP(개인형 퇴직연금)	연금저축펀드(개인연금)
가입 대상	소득이 있는 사람 (근로자, 자영업자)	소득이 없어도 가능 (모든 사람)
운용 자금	개인적립금+퇴직금	개인적립금
세액 공제	연 700만 원	연 400만 원
금융상품	펀드, ETF, 예금, ELB, 리츠	펀드, ETF
계좌 관리 수수료	0.2~0.5% (개인적립금의 경우 없어지는 추세)	없음
자산 배분	주식형 자산 70% 이하	주식형 자산 100% 가능

IRP는 말그대로 퇴직연금이다. 이직을 한 번이라도 해본 사람은 이 계좌를 만들어본 경험이 있을 것이다. 퇴직금을 수령하기 위해서 꼭 만들어야 하는 계좌다. 수령한 퇴직금을 은퇴 시까지 계속 굴리고 싶다면 IRP 계좌에 넣어두면 된다. 동시에 개인이 따로 저축을 할 수도 있다. 그러면 나라에서는 이 저축금(개인적립금)에 대해 세제 혜택을 주는 것이다. 연금저축펀드는 가입 대상의 제한이 없다.

두 계좌 모두 세액 공제 혜택을 주며 공제율은 연소득 5,500만 원 이하는 16.5%, 연소득 5,500만 원 초과는 13.2%로 소득에 따라 차이가 있다. 두 계좌 통합으로 연 700만 원까지의 세액 공제 혜택을 주기 때문에 다음과 같이 활용하면 좋다(중도 해지 시 세액을 공제받은 금액을 고스란히 토해내야 하니 주의하자).

1. IRP 700만 원

2. IRP 300만 원+연금저축펀드 400만 원

운용할 수 있는 투자상품의 범위는 IRP가 좀 더 넓다. 예금이나 ELS, 그리고 증권사에 따라 리츠상품까지 편입이 가능하다. 하지만 주식형 자산 편입은 70%로 제한해 좀 더 보수적으로 굴리게끔 되어 있다. IRP의 경우 계좌 개설만으로도 관리수수료를 받는데, 최근 들어 퇴직금이 아닌 개인적립금에 대해서는 수수료를 받지 않는 증권사들이 늘어나고 있다.

이러한 계좌들로 ETF와 펀드를 사서 운용할 수 있다. 물론 투자형 상품이니 당연히 손실이 날 수도 있다. 하지만 기본적으로 세액 공제 혜택을 받을 수 있으니 그만큼 수익을 내고 들어간다고 생각하면 좋다. 연금 계좌들이므로 장기 투자를 염두에 두고, 꾸준히 적립하다 보면 시장의 변동성을 최대한 피해갈 수 있다. 또한 채권형 펀드와 주식형 펀드를 매입해 지켜보고 관리하는 것은 그 자체로 시장을 느껴보는 기본적인 투자 훈련이 된다.

무엇보다도 연금자산이 쌓여갈수록 시장을 보는 관점이 달라질 것이다. 어떻게든 굴려야 하는 자산이 있다는 것, 그 포지션에 처해보는 것만으로도 시장 큰손들의 관점에서 생각해보는 계기가 된다.

3. 배당주 혹은 배당 ETF를 사보자

우리는 대부분 자산이 없다. 그러니 자산이 돈을 벌어주는 경험 자체를 해보지 못한 경우가 많다. 인컴수익이라는 걸 받아본 적이 없는 것이다. 따라서 어떤 투자를 하든 매매차익만 노리게 된다. 그렇다면 반기 배당을 하는 삼성전자 같은 주식을 조금이라도 사보자. 그게 아니면 미국 배당주라도 한 주 담아보자. 미국에는 분기 배당은 물론 심지어 월 배당을 해주는 주식이나 ETF들이 적지 않다. 즉 일단 아무거나 사보고 매달 몇 십 센트라도 내 계좌에 배당금이 들어오는 경험을 해보라는 뜻이다.

머니-라이프 밸런스를 챙겨라

생각해보면 인생이란 그 자체로 하나의 벤처 사업이다. 다들 처음 태어나서 처음 살아가야 하는 인생이니까. 그 인생을 살아가며 뭐든 세상일을 하기 위해 필요한 건 딱 세 가지로 요약된다. '시간, 사람, 돈'.

한 사람의 인생이라는 벤처 사업에도 이 세 가지 요소는 기본적으로 주어진다. 물론 모든 조건이 공평하게 주어지지는 않는다. 이 중에서 모두에게 공평하게 주어진 조건은 살아갈 날(시간) 정도일 것이다. 인명은 재천이라지만 어쨌거나 자신이 언제 죽을지는 아무도 모른다는 점에서 제일 공평하다. 다음은 내가 만들어내는 노동력일 테다. 몸이 하나라는 건 공평하지만 사람마다 어느 정도 선천적인 능력 차가 있으니 마냥 공평하다고 할 수는 없다. 하지만 개인의 노력으로 자신이 잘할 수 있는 것을 찾는다면 어느 정도 극복할 수 있는 부분이다. 마

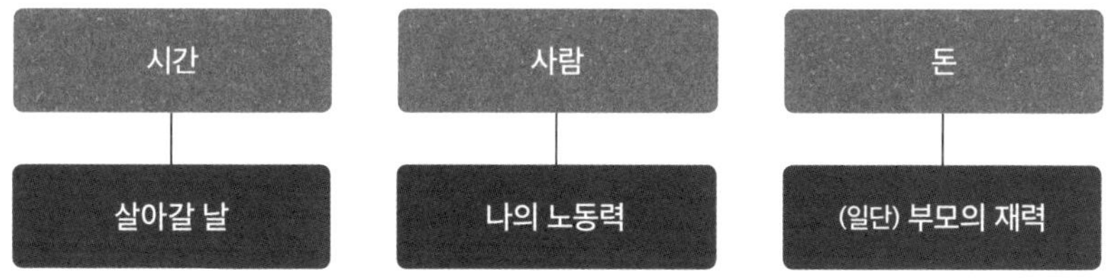

지막으로 가장 공평하지 않은 건 바로 부모의 재력으로 주어지는 돈이다. 일단 달려나가야 하는 출발선이 달라진다는 점에서 불공평하다.

대부분의 일이 그렇듯 바뀔 수 없는 것에 넋을 놓고 한탄해봤자 아무런 소용이 없다. 일단은 가지고 있는 것부터 잘 써먹어야 한다. 우리에게는 적어도 시간과 노동력은 있으니, 인생이라는 시간 속에서 '나라는 자산'을 어떻게 사용할지 고민해봐야 한다.

노동의 가치가 자본의 가치에 비해 점점 떨어지고 있는 것이 양극화의 원인이라 하더라도 어쩔 수 없다. 결국 '나'라는 자산에 시간과 돈이라는 다른 리소스를 적절히 활용해서 최적의 성과를 내는 것이 인생이라는 벤처 사업에서 그나마 성공할 수 있는 방법이다.

투자에서 리스크는 꼭 원금 손실뿐일까?

지금까지 여러 리스크에 대한 이야기를 했다. '리스크 대비 수익률'이라고 했을 때 리스크를 일종의 비용이라고 설명했다. 하지만 개인으로서 투자를 하기 위해서 들어가는 비용은 단순히 원금을 날리는 리스크만은 아니다. 투자를 하기 위해 이것저것 알아보고 공부하는 노력(노동력)과 시간이 들어간다. 특히나 단기 매매를 할 경우에는 '신경 쓰임'이라는 형태로 시간과 에너지를 빼앗길 수밖에 없다. 일반적으로 수익률을 고려할 때 '비용 대비 수익'을 따진다. 하지만 우리가 전업 투자자가 아니라면, '비용'을 고려할 때 단순히 금전적인 것만을 따져서는 안 된다. 그보다 더 중요한 요소는 '시간과 신경 쓰임'일지도 모른다.

사실 가장 큰 리스크는 매매에 과도하게 몰입해 일상을 갉아먹는 것이다. 귀찮고 어렵다는 핑계로 투자를 시도하지 않는 것도 안타까운 일이지만, 투자에만 매달려 있는 것도 어찌 보면 안타까운 일이다.

소위 말하는 재테크는 돈을 벌 수 있는 수많은 방법 중에 하나다. 앞서 금리와 관련된 이야기를 하면서 결국 돈이 흘러가는 곳은 소비, 사업, 투자라고 했다. 우리의 시간과 노동력도 마찬가지다. 돈 외에도 개인의 시간과 노동력은 소비, 사업, 투자에 할애된다. 우리가 투자할 때 들어가는 리소스는 분명 돈 이외에도 많은 것들이 있고, 수익률을 따질 때도 그것까지 고려해야 한다. 개인적으로는 이것을 '신경 쓰임 대비 수익률'이라고 부른다.

내가 처음 주식 계좌를 만든 것은 월간지 기자로 일할 때였다. 한

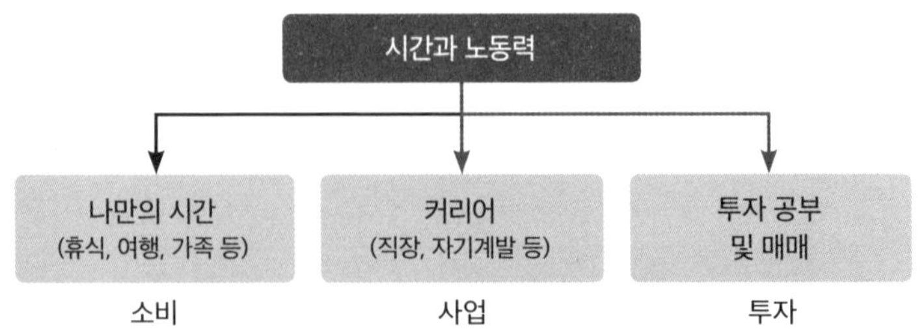

달에 한 번 마감을 하려면 마감 직전 일주일은 밤을 꼬박 새워가며 일해야 한다. 하루에 3~4시간 겨우 눈을 붙이고 또 출근을 한다. 그렇게 마감을 하고 난 다음 날은 정말 모처럼의 귀한 휴식이다.

그런데 주식이라는 걸 시작하고 나서 한동안은 그랬다. 그렇게 귀하고 귀한 휴가인데, 멍하니 주식 HTS를 켜놓고는 하루 종일 호가창을 바라만 보고 있는 것이다. 그땐 사회초년생이라 투자금도 크지 않았기에 오르락내리락해봐야 그 폭이 10만 원 안팎이었다. 그렇다고 열심히 단기 매매를 하는 것도 아니었다. 정말 말 그대로 가만히 바라만 보고 있었다. 그저 주가가 떨어지면 속상해하고 오르면 좋아하면서 하루를 다 보낸 거였다. 정신을 차리고 보니 창밖이 어둑어둑했다. 그제서야 이런 생각이 들었다. '이게 대체 뭐하는 짓이지? 이 시간에 책을 봤어도 한 권은 다 봤을 텐데. 자전거를 탔다면 한강 구경이라도 했을 텐데….' 그날 내가 한 것은 반지하 자취방에서 모니터 속의 호가창만 바라본 것이 전부였다.

내가 아무리 열심히 호가창을 본다고 해서 내려갈 주가가 오르지는 않는다. 그런데 대체 왜 그러고 있었던 걸까? 하루 종일 호가창이나 보면서 돈을 버는 투자라면 그런 건 안 하는 게 낫다는 생각이 들었다.

투자를 위해 공부를 하는 것은 필요하다. 차곡차곡 지식을 쌓아가고 종목을 분석하고 자신의 원칙을 만들어 지키는 것은 필요하다. 하지만 내가 시장에 아무런 영향을 미칠 수 없는데 그것에 집착하느라 시간을 보내는 것은 무의미한 일이다.

사놓은 주식 때문에 잠이 오지 않는가? 그렇다면 팔아라. 1시간에도 몇 번씩 호가창을 보느라 업무에 집중하지 못하는가? 그렇다면 팔아라. 그렇게 노심초사한다면 이미 자신의 능력을 넘어 무리하고 있다는 의미다. 누군가는 초단기 매매로 돈을 벌 수 있을지도 모른다. 하지만 직장인이 그런 투자를 자신의 생활과 병행하기는 쉽지 않다. 그러니 어떠한 형태가 되었든 일상을 망치지 않는 투자 방법을 찾아야 한다. 그 시작은 정기적인 자산 배분일 것이고, 그보다 더 나아간다면 좋은 종목을 찾아서 장기 투자를 하는 방법이 될 수도 있다. 투자를 하다 보면 돈을 잃을 수는 있다. 하지만 돈을 잃는 것도 억울한데, 일상까지 잃으면 더 억울한 일이지 않을까?

머니-라이프 밸런스

'워라밸'이라는 말들을 많이 한다. '워크-라이프 밸런스(work-life balance)', 일과 삶의 균형. 언제부터인가 직장생활과 개인의 삶을 두부 자르듯 나누며 시작된 말이다. 하지만 애석하게도 라이프는 워크보다 더 큰 개념이라 삶 속에 일이 스며들 수밖에 없다.

직장생활에서 '승진'만이 중요한 가치가 아니듯 투자생활에서 고려해야 할 것은 단순히 높은 수익률만은 아니다. 물론 열심히 해서 시장을 넘어서는 수익률을 낼 수 있을지도 모른다. 그러나 그것 때문에 내가 누릴 수 있는 시간, 예를 들어 가족과 보내는 시간이나 직장에서의 시간을 오롯이 보낼 수 없다면 과연 성공적인 투자라고 할 수 있을까? 우리에게 필요한 것은 본업과 일상을 영위하는 데 큰 스트레스를 주지 않으면서, 나 자신과 주변 사람들에게 충실할 수 있는 환경에서 돈이 차곡차곡 쌓여갈 수 있는 구조를 만드는 일이다.

레버리지 ETF나 작전주 같은 걸 사면 하루에도 몇 번씩 증권사 애플리케이션에 들어가게 된다. 본인이 감당할 수 없는 리스크를 짊어지고 투자를 하면 결국 흔들릴 수밖에 없다. 적어도 일상을 살아가야 하는 우리는 '머니-라이프 밸런스(money-life balance)'를 생각해야 한다. 투자로 아무리 큰돈을 벌어도 한평생 호가창만 바라보다가 죽어간 삶이 훌륭한 삶은 아닐 테니 말이다. 그래서 돈과 나 사이에서 균형을 이루기 위해 돈과의 관계를 잘 정립해야 한다.

앞서 언급했던 올리비아 멜란의 말을 다시 한번 빌릴까 한다.

> *"돈이 더 생겨도 균형된 관계가 없으면 더 심하게 균형이 깨질 뿐입니다. 과소비하던 사람은 더 쓰고, 걱정하던 사람은 더 걱정하고, 안 쓰던 사람은 그저 더 쌓아놓고, 수도사는 돈 때문에 타락할까 걱정하죠. … 균형을 이루기 위해선 돈과의 관계를 정립하는 것이 시작이라고 봅니다. 그래야 돈을 잘 다스리고, 관리하고, 지키는 사람이 되죠. 돈과 어떻게 균형을 이룰지 아니까요."*
>
> *『자본주의 사용설명서』(EBS<자본주의>제작팀·정지은·고희정, 가나출판사, 2014)*

돈과의 관계를 정하는 것을 넘어, 투자 활동과 내 일상 사이의 관계를 정하는 것은 그래서 더욱 필요한 일이 아닐까?

투자의 대가들이 강조하는 투자 원칙

1. 가치 투자 끝판왕, 워런 버핏(Warren Buffet)

"10년을 보유할 주식이 아니라면, 10분도 보유하지 마라."

워런 버핏은 주식 투자를 한 번도 안 해본 이들도 이름은 들어보았을 것이다. 1930년생인 그는 지금도 버크셔 해서웨이의 회장으로 활동하고 있다. 그가 버크셔 해서웨이를 인수한 1965년을 기준으로 미국의 S&P 지수가 150배 오르는 동안, 버크셔 해서웨이의 주가는 1965년부터 2,400배 가까이 올랐다고 하니 놀라울 따름이다.

스스로를 증권분석가가 아닌 '기업분석가'라고 생각하는 그는 기업이 지닌 '이익창출력'에 집중한다. 자신이 투자한 기업들의 단기 실적이 아니라 장기 실적에 중점을 두고, 시장이 폭락할 때마다 평소에 지켜보았던 기업들을 싼 가격에 매수하는 것으로 유명하다. 1987년 10월, 미국 주가가 22.6%나 떨어진 블랙먼데이 당시 코카콜라 주식을 사 모아 대주주가 된다. 그 후 코카콜라의 주식이 약 20배 정도 오르는 동안 주식을 단 한 주도 팔지 않았다는 것에서 그의 투자철학을 엿볼 수 있다.

2. 심리 투자의 마에스트로, 앙드레 코스톨라니(Andre Kostolany)

"투자는 과학이 아니라 예술이다."

1906년에 헝가리에서 태어난 앙드레 코스톨라니는 18세에 증권 투자를 시작해서 70년이 넘도록 70개의 증권 시장을 섭렵했으니 안 해본 투자가 없다고 할 만한 전설적인 투자자다. 제2차 세계대전에서 패전국이 된 독일의 국채를 매수해서 140배의 시세차익을 얻고, 제정 러시아 시대의 채권을 매입해 소련의 해체 시기에 큰 수익을 얻기도 했다.

그는 주식의 시세는 '돈(유동성)+심리'로 이루어지기에, 증권 시장을 수학적으로 분석하는 것만으로는 의미가 없다고 한다. 단기적으로는 어떤 주식에 대한 평가는 결국 투자자들에게 달려 있기 때문에 투자 심리가 주식 시세에 중요한 역할을 한다는 것이다. 중기적으로는 돈과 사람들의 상상력이 어우러져 증권 시장의 분위기를 만들어낸다고 이야기한다. 그만큼 투자자의 마인드셋이 중요하다는 것이다. 그래서 그는 '주식 시장에 주식이 바보보다 더 많은지, 아니면 바보가 주식보다 더 많은지'를 항상 살펴보라고 조언했다.

3. 액티브 투자의 달인, 피터 린치(Peter Lynch)

"주식 시장은 예측할 수 없으며, 또 시장을 예측한다고 해서 주식으로 돈을 벌 수 있는 것은 아니다."

장기적으로는 패시브펀드의 수익률이 액티브펀드를 능가한다는 게 어느 새 업계의 정설이 되었지만, 그럼에도 불구하고 피터 린치는 액티브펀드를 제대로 운용한다면 어디까지 할 수 있는지를 보여주었다. 1977~1990년 동안 그가 운용한 '마젤란펀드'는 연평균 29.2%의 수익률을 거둔다. 이 기간 동안 누적수익률이 2,700%에 달했다고 한다.

피터 린치는 PER을 연평균 EPS 증가율로 한 번 더 나눈 값인 주가수익성장비율(PEGR)이라는 개념을 처음 도입해 성장성과 밸류에이션 사이에서 자신만의 해법으로 종목을 발굴해냈다. 거시 경제의 흐름에 휘둘리기보다는 개별 기업을 분석해 자신만의 포트폴리오를 구축했기에 가능한 투자 성과라고 할 수 있다.

4. 정교한 자산 배분의 대가, 레이 달리오(Ray Dalio)

"가장 안전한 투자처럼 보여도 큰 손실을 안겨줄 위험은 언제나 존재한다. 그래서 항상 무엇인가를 보지 못하고 있다고 가정하는 것이 최선이다."

1975년 설립해 현재 운용액이 1,600억 달러를 넘어서는 세계 최대의 헤지펀드 브리지워터의 설립자, 레이 달리오. 2008년 리먼 브라더스발 글로벌 금융위기를 예측한 것으로도 유명하다. 어떤 경제 환경에서도 절대수익을 만들어내는 올웨더 포트폴리오의 창시자로도 널리 알려져 있다.

"상관관계가 없는 소수의 수익흐름을 가지고 있는 것이 단지 하나의 수익흐름을 가지고 있는 것보다 좋다. 수익흐름을 어떻게 조합하는지를 아는 것은 좋은 투자자산을 선택하는 것보다 훨씬 효율적이다. (…) 제대로 균형이 잡히고 위험이 분산된 상관관계가 낮은 투자를 하는 것이 예측할 수 있는 위험에 노출되지 않고 수익을 올리는 가장 확실한 방법이라는 것이다."

레이 달리오가 자본주의에 대해 쉽게 설명해주는 'How The Economic Machine Works'라는 이름의 30분짜리 동영상을 유튜브에서 꼭 찾아보자. 자본주의가 어떻게 작동하는지 한눈에 이해할 수 있다.

5. 인덱스펀드의 창시자, 존 보글(John Vogle)

"모든 주식을 소유하라."

월스트리트의 생리를 거부하면서까지 '투자자'들에게 그 이익을 돌려주고 싶어 했던 존 보글. 뱅가드 자산운용이 그의 손에 설립되었다. 그는 투자업계 종사자들은 고객인 투자자에게 "가만히 있지 말고 계속 뭔가를 하라."라고 말하지만, 정작 투자자가 돈을 벌 수 있는 방법은 이와는 정반대로 다음 조언에 따르는 것이라고 했다. "자꾸 뭔가를 하려 하지 말고 원래 자리를 지키며 가만히 있어라."

주식 시장은 결국 기업의 성장이 차곡차곡 쌓여가는 시장이다. 투자자와 기업만 있다면 주식 시장 성장의 결실은 투자자와 기업에게 고스란히 남겨진다. 하지만 중간에서 그 거래를 중개하는 금융업이 과도한 수수료를 떼어가면 결국 그 성장의 과실이 새어나가게 된다. 따라서 주식을 장기 보유하는 것이야말로 단순하고 효율적인 투자 성공의 요소라고 강조한다. 똑같은 유형의 ETF라면 분명 뱅가드의 수수료가 더 쌀 것이다. 그게 그의 철학이기 때문이다.

우리의 목표는 완주

마흔 살이 넘어서 처음 시작한 돈 공부의 1부는 여기서 마무리해보려 합니다. 책을 집필하는 동안 공부를 하면 할수록, 원고를 쓰면 쓸수록 이 책을 영원히 끝내지 못할 것 같다는 의구심이 들었습니다. 여러 주제들을 너무 폭넓게 다루고 있는 건 아닌지, 그 자체로도 몇 권의 책이 될 수 있는 주제를 가볍게 다루는 건 아닌지 걱정이 되었습니다. 그리고 마음 한 켠에서 또 다른 제가 “네가 정말 금융과 경제를 다루는 책을 쓴다고? 푸하하!”라며 저를 비웃는 모습을 지켜보기도 했습니다.

또 다른 문제는 공부를 하면서 저도 모르는 사이에 종종 초심을 잃었다는 것입니다. 처음 글을 쓰기 시작할 때 ‘초심자의 눈높이에서 글을 쓰자’던 다짐은 어느새 까맣게 잊고, 어쩐지 ‘아는 척’하며 글을 쓰고 있다는 사실을 깨달았습니다. 처음 돈 공부를 시작하는 이들에게 너무 많은 정보와 지식은 오히려 혼란스러움만 더한다는 걸 이미 스스로도 많이 겪었으면서, 괜히 이것저것 더 알려주고 싶은 욕심이 들기도 했습니다.

이 책은 일종의 가이드북입니다. 여행을 가기 전에 미리 알아두면 좋을 관광지 몇 군데 정도를 알려주는 책입니다. 실제로 그 여행지에서 골목골목을 거닐며 즐기는 것은 어차피 여러분들의 발걸음에 달려 있기 때문입니다. 금융상품에 대해 아는 것도, 경제가 굴러가는 것에 대해 아는 것도 물론 필요합니다.

하지만 결국 투자를 하는 것은 '나'입니다. 그렇기에 스스로의 체력이 어떠한지를 파악하거나 자신만의 관점을 제대로 세워두는 것이 더욱 중요합니다. 가이드북을 백 권 정도 보면서 좋은 관광지를 골라두고 그곳의 역사와 배경을 줄줄 읊을 수 있다고 해도, 막상 여행지에서 동선을 잘못 짜거나 체력 관리를 못해 몸 상태가 좋지 않다면 여행을 망치게 되는 것과 마찬가지입니다.

시작은 투박한 뗏목부터

예전에는 누가 좋은 정보만 알려주면 나도 돈을 벌 수 있을 거라고 생각했습니다. 왠지 급락하는 주식을 바닥에서 잡을 수 있을 거라고 생각하기도 했습니다. 하지만 공부를 할수록 드는 생각은 '멋모르고 날뛴 주제에 여태 안 망한 것만 해도 참 용하다.'였습니다.

언젠가부터 시장을 바라볼 때마다 아이작 뉴턴이 했던 말이 떠오릅니다.

"나는 아무것도 발견되지 않은 채 내 앞에 놓여 있는 진리의 바닷가에서 놀며, 때때로 보통보다 매끈한 조약돌이나 더 예쁜 조개를 찾고 있는 어린애에 지나지 않는 것 같다."

수많은 이들이 참여하는 시장을 바라보며 드는 생각은 딱 이 말대로입니다. 거대한 돈의 흐름이 파도치는 바닷가에서, 거대한 유동성의 소용돌이 앞에서 나는 아무것도 모른 채 서성이고 있을 뿐입니다. 파도가 치는 패턴을 파악하며 시장을 읽을 수 있으리라는 착각에 사로잡히기도 합니다. 바닷가 한 켠에 쪼그리고 앉아 파도를 지켜보면서 패턴을 찾아보려 하지만, 어느 날 예상치 못하게 파도가 스윽 밀고 들어와 신발을 다 적십니다.

그 정도면 다행입니다. 어떤 날은 쓰나미가 밀려와 여러 사람이 떠내려가는 걸 지켜보며 가슴을 쓸어내리기도 합니다. 가끔은 조금만 더 열심히 연습하면 서핑을 하며 저 파도를 멋지게 가를 수 있으리라는 환상에 사로잡히기도 하지만, 번번이 고꾸라져 물에 처박힙니다. 우리 같은 초보자들은 애초에 그 거대한 파도와 바다를 이길 수 있을 거라는 생각을 버리는 것에서부터 시작해야 할지도 모릅니다.

우리는 종종 그런 착각을 합니다. 투자의 바다에서 좋은 파도가 오는 타이밍을 딱 맞춰서 멋지게 서핑을 할 수 있을 거라고. 떨어지는 파도를 피하고, 오르는 파도로 잘 갈아타서 화려한 기교를 부리며 남들보다 멀리멀리 갈 수 있을 거라고 생각합니다. 하지만 서핑을 처음 배울 땐 파도가 잔잔하면 너무 잔잔해서 올라타지 못했다고 생각하고, 그러다 큰 파도가 오면 제대로 올라타지도 못하고 고꾸라지곤 합니다. 사실 초보에게는 좋은 파도란 없을지도 모릅니다. 그것은 파도의 문제가 아니라 내 실력의 문제이니까요.

반면 고수들은 조금 다릅니다. 그들은 파도가 잔잔한 가운데서도 어떻게든 파도에 올라서고, 큰 파도가 오면 제대로 올라타 멋지게 나아갑니다. 그런데 그들도 언젠가는 고꾸라지고 맙니다. 물론 초보들보다는 더 긴 시간 동안 서핑을 즐겼을 것입니다. 파도에 올라타는 과정은 매번 다를 것이고, 사실 그 과정을 잘 해낼 수 있는 스킬을 연마하는 것만으로도 서핑의 세계에서는 충분히 즐거울 수 있습니다. 그들이 다치지 않고 무사히 다시 해변으로 돌아올 수만 있다면 말이죠.

하지만 투자의 세계는 그렇지 않습니다. 투자의 세계에서는 종종 그 파도에 휩쓸려간 사람들이 다시 돌아올 수 없는 경우가 많습니다. 돌아오더라도 큰 상처를 입어 회복하기까지 오랜 시간이 걸리기도 합니다. 시장의 파도 위에서 우리는 '훌륭한 서퍼'가 되겠다는 생각을 버리는 게 좋습니다. 아무리 훌륭한 서퍼라도 결국은 물에 빠지게 되어 있고, 멋진 기교를 부리려다가 더 크게 다칠 수도 있기 때문입니다.

어쩌면 그 바다 위에서 서핑을 하려는 생각부터가 잘못일지도 모릅니다. 오히려 우리에게 필요한 건 파도의 흐름을 따라 움직일 수 있는, 투박하더라도 부서지지 않고 내 몸을 온전히 실을 수 있는 뗏목 하나입니다. 가만히 몸을 맡기고 있는 것만으로도 언젠가는 더 큰 바다에 도달할 수 있는 우직한 뗏목 하나.

우리는 사실 평균 이하입니다

마지막으로 인정해야 하는 부분이 있습니다. 선천적인 것일 수도 있고 혹은 후천적인 것일 수도 있지만 지금의 '나'라는 존재가 지닌 한계를 인지하고 인정해야 합니다. 그것은 육체적인 것과 정신적인 것 모두에 해당합니다.

예를 들어 제가 축구 관련 서적을 몇 권 읽고 조기 축구회에서 골 좀 넣었다고 손흥민 선수가 될 수는 없으며, 피트니스 센터에서 무거운 바벨 좀 들었다고 장미란 선수처럼 될 수도 없습니다. 이 선수들을 가르쳤던 코치에게 그 방법을 그대로 배운다고 해도, 애초에 신체적 조건이 다르고 지금껏 살아온 모습이 다르므로 같은 경지에 오르기는 불가능에 가깝습니다.

이렇게 육체적인 한계에 대한 이야기를 하면 대부분의 사람들이 쉽게 수긍합니다. 하지만 몸을 사용하는 일이 아니라 머리를 써서 하는 일도 마찬가지입니다. 놀라운 천재들은 분명히 존재하고, 우리가 아무리 똑같이 공부한다고 해도 그들과 같은 경지에 오르기 힘들다는 뜻입니다.

그런데 희한하게도 투자와 관련해서는 이러한 한계를 쉽게 수긍하지 않는 모습을 보입니다. 금융이나 투자와 관련된 책을 몇 권 읽고 나면 다들 자신이 투자에 성공할 수 있다는 착각에 빠집니다. 워런 버핏, 조지 소로스, 피터 린치의 투자 기법을 공부하고 나면 나도 그들처럼 될 수 있으리라 생각합니다.

이상하게도 투자라는 분야에서는 다들 근거 없이 자신감을 가집니다. 그렇게 투자해 성공한 건 사실 워런 버핏이기 때문이고, 그렇게 하고도 망하지 않았던 건 조지 소로스이기 때문인데도 말이죠. 죽도록 연습해도 세계적인 선수가 되는 이들은 말 그대로 상위 1%의 재능을 지닌 이들입니다.

투자의 세계도 마찬가지입니다. 그게 본인의 선천적인 기질이든 습성이든 뭐가 되었든 말입니다. 따라서 죽도록 연습해도 우리가 상위 1%가 될 가능성은 드뭅니다. 그걸 인정해야 합니다. 그들의 방법론을 배우고 그들이 하던 대로 꾸준히 연습하고 시도하는 것은 필요하지만, 공부를 열심히 했다는 이유로 스스로 어떤 자만에 빠지는 것은 위험합니다.

투자의 세계에서는 더더욱 그렇습니다. 우리보다 더 많은 자본과 기술력과 정보력을 갖춘 거대한 조직들이 우리의 상대입니다. 그러니 우리는 항상 평균 이하라는 걸 인정해야 합니다. 그러니 일단은 '어떻게 하면 평균을 갈 수 있을까'부터 고민하는 것이 좋습니다.

건강하다는 것의 의미

개인적으로는 운동과 투자의 공통점이 또 있다고 생각합니다. 대부분의 사람들이 운동을 하는 이유는 꼭 세계적인 선수가 되기 위해서는 아닙니다. 그저 몸을 단련하거나 건강을 유지하기 위해서인 경우가 많습니다. 한평생을 함께 해야 하는 내 몸이니까 기능적으로 온전히 사용할 수 있기 위해, 어딘가 아프지 않기 위해 운동을 합니다. 그러다 보면 남들이 보기에도 좋은 몸과 건강을 갖게 되기도 하겠죠. 어쨌거나 애초에 운동의 목표는 '세계 최상위의 프로 선수'가 되겠다는 게 아니라는 겁니다.

투자도 마찬가지라고 생각합니다. 우리 모두가 세계적인 투자자가 되기 위해서 돈을 벌고 모으는 것은 아닙니다. 나의 재무 상태를 건강히 유지하고, 조금이라도 윤택한 삶을 살기 위한 노력입니다. 따라서 '어떻게 하면 평생 동안 현금흐름을 잘 관리할 수 있을까?'라는 고민이 우선되어야 합니다.

어떤 사람은 축구를 좋아하고, 또 어떤 사람은 달리기를 즐겨합니다. 어떤 이들은 수영을 하거나 요가를 하고, 또 누군가는 골프를 치기도 합니다. 모두 다른 운동을 하지만 이들의 공통적인 목표는 좀 더 건강해지고 싶거나, 운동 실력을 키우는 것입니다. 그리고 그 목표를 위해서 각자 자신이 즐길 수 있는 운동을 찾아서 하는 것입니다.

그런데 그 또한 과하게 하다 보면 다치게 되죠. 축구는 활동량이 많고 팀워크로 움직이는 재미가 있지만 자칫하면 다치기 쉬운 운동입니다. 요가도 동작을 잘못 따라 하면 허리를 다칠 수 있고, 잘못된 자세로 골프를 치다 보면 갈비뼈를 다치기도 합니다.

요점은 무엇을 하든 무리하지 않는 선에서, 자신에게 맞는 운동을 찾아 올바른 방법으로 해나가야 한다는 점입니다. 그리고 투자도 마찬가지입니다. 나에게 맞는 투자법을 찾아서, 내가 감당할 수 있는 만큼의 리스크를 파악해 경험을 조금씩 쌓아가는 게 더 중요합니다. 그러다 보면 조금씩 더 확장해 새로운 투자들을 해나갈 수 있지 않을까요?

우리의 목표는 완주

언젠가 마라톤 대회에 나간 적이 있습니다. 30대 초반, 나름 쌩쌩하다고 생각했기에 별다른 훈련도 없이 풀코스 마라톤에 신청했습니다. 딱히 달리기를 잘하는 것은 아니지만 '그냥 꾸역꾸역 뛰다가, 힘들면 걷다가 다시 뛰다가 하다 보면 어떻게든 도착할 수 있지 않을까?' 하는 생각을 하면서 말이죠.

출발하자마자 꽤나 뒤로 뒤처졌습니다. 주변을 둘러보니 저와 비슷한 연령대의 사람들도 많았지만, 유독 눈에 띄는 할머니 한 분이 계셨습니다. 사실 마라톤 대회에는 노익장을 과시하는 어르신들이 많습니다. 그러나 그분은 그렇지는 않았습니다. 머리는 하얗게 셌고, 달리는 모습은 달린다기보다 아장아장 걷는 느낌에 가까웠습니다. 속으로 '아이고, 저렇게 뛰시면 완주해도 오늘 안에 들어오시기 힘들겠네.'라고 생각했습니다. 그렇게 그분을 스쳐 지나갔습니다.

초반에는 허겁지겁 뛰다가 다시 좀 걷다가 어떻게 꾸역꾸역 하프까지는 왔는데, 더 이상은 도저히 못 가겠다는 생각이 들었습니다. 제일 후미에 있다 보니 어느새 도로 통제도 서서히 풀려서, 조금만 더 뒤처지면 인도를 찾아 달려야 할 판이었습니다. 그리고 완주를 포기한 사람들을 싣기 위한 버스 한 대가 바로 제 뒤에 바짝 붙어서 따라오고 있었습니다. 버스와 나란히 서게 되자 기사님이 제게 말씀하셨습니다.

"이 차가 마지막이에요. 이거 안 타시면 정말 끝까지 걸어가든 뛰어가시든 해야 해요."

11월의 싸늘한 아침 공기에 흘린 땀은 차디차게 식어가고, 무릎도 아파오고, 발바닥이 화끈거리는 게 이미 물집이 생긴 것도 같았습니다. '그래 살고 봐야지.'라는 생각으로 버스를 탔습니다. 버스 안의 풍경은 마치 패잔병들의 집합소 같았습니다. 재미있는 건 버스 안에는 나이 드신 분들은 많이 없었고, 나이 하나만 믿고 객기로 달리던 20~30대 남자들만 가득했다는 점입니다. 그렇게 버스를 타고 돌아오는데 문득 그 할머니가 떠올랐습니다. '과연 무사히 들어오실 수 있을까?'

나중에 신문 기사를 살펴보니 그분은 8시간에 걸쳐 완주를 하셨더군요. 기록과 별개로 한 가지는 확실했습니다. 그분은 자신이 원하던 바를 이루었고, 그 긴 여정을 무사히 잘 마쳤다는 겁니다. 반면 그 버스 안에 타고 있던 저와 다른 사람들은 어떤 순간에는 그분보다 앞서 달렸을지 몰라도, 결국 완주에 실패했습니다. 아무리 노력하더라도 우리가 마라톤 선수 같은 기록을 내기는 힘들 겁니다. 정말로 열심히 하면 3~4시간 정도 안에 완주할 수 있을지도 모르겠습니다. 하지만 무엇보다도 최우선이 되어야 할 것은 다치지 않고 무사히 완주하는 것입니다.

인생을 마라톤에 비유하는 것은 조금 낡은 은유일지도 모르겠습니다. 하지만 우리가 투자를 대하는 자세도 어쩌면 마라톤에 임하는 마음처럼 준비해야 한다는 생각을 합니다. 투자의 세계 또한 그렇습니다. 아무리 앞서 가더라도 단 한 번의 실패가 그간의 모든 노력을 수포로 만들기도 합니다. 때로는 그 실패로 우리의 삶이 송두리째 흔들리기도 합니다. 그러니 기록보다 완주가 더 중요하다는 점에서 저 지난한 달리기의 모습과 비슷하게 느껴집니다.

수익을 내기 위한 투자든 자산을 지키기 위한 재테크든, 그것의 기본은 우리의 삶이 그것들에 의해 흔들리지 않도록 안정적으로 이끌어가는 것입니다. 내가 원하는 바에 맞는 재무적인 체력을 키우는 것, 그 과정들을 통해서 한 단계씩 나아가는 것이 필요합니다. 어쩌면 이제와 이런 고민들을 하는 것이 조금은 늦었다는 생각이 들지도 모릅니다. 그렇다고 해서 포기할 수는 없는 일입니다. 인생은 마라톤과 달라서 완주를 포기한 이들을 태워줄 버스가 없으니까요.

어느 날 갑자기 후배 한 명이 제게 묻더군요. "선배는 그렇게 열심히 금융 공부하더니, 그래서 수익률은 좀 나아졌어요?" 이 책을 준비하는 1년 동안 수익률은 그리 나아지지도, 그리 나빠지지도 않았습니다. 시장이 난장판이던 시기에도 손해가 그다지 크지 않았고, 시장이 상승하던 시기에도 엄청난 수익을 내지는 못했습니다.

다만 단기적인 수익률에 둔감해지고 예전처럼 하루에 몇 번씩 호가창을 확인하지도 않습니다. 생각해보니 그럴 수 있게 된 이유가 있는 것 같습니다. 문자로 날라오던 수상한 주식들을 사지 않았고, ETF로 주식과 채권을 담아두고, 개별 종목들은 우량주 위주로 담아두었기 때문입니다. 그리고 한 종목에 올인하듯 마음이 부대낄 정도로 많이 매수하지도 않기 때문이죠.

자연스레 시장을 대하는 태도도 투자의 관점도 달라졌습니다. 적어도 하루 종일 증권사 애플리케이션을 보며 마음 졸이지 않고, 일상에 더 집중할 수 있게 된 것만으로도 큰 수확일 것입니다. 그리고 시장이 폭락해도 예전만큼 쫄지 않고, 시장이 올라도 예전만큼 호들갑 떨지 않는 것도 조금은 달라진 점입니다. 지금 당장 뭐라도 사지 않으면 안 되겠다는 조급한 마음을 내려놓을 수 있게 된 것도 크게 달라진 점

중 하나입니다.

어쩌면 저는 이제서야 빗자루 쥐는 법 정도를 배운 게 아닐까 생각합니다. 쓸어야 할 마당은 넓고, 물을 떠와야 할 양동이도 가득입니다. 다만 이제는 무엇부터 시작하면 좋을지, 아니 어떤 마음으로 시작하면 좋을지를 겨우 깨달은 느낌입니다. 이 책이 여러분에게도 그런 변화의 시작이 될 수 있었으면 합니다.

부의 도약

초판 1쇄 발행 2021년 1월 15일

지은이 | 박정선
펴낸곳 | 원앤원북스
펴낸이 | 오운영
경영총괄 | 박종명
편집 | 이한나 최윤정 김효주 이광민 강혜지 김상화
디자인 | 윤지예
마케팅 | 송만석 문준영 이태희
등록번호 | 제2018-000146호(2018년 1월 23일)
주소 | 04091 서울시 마포구 토정로 222 한국출판콘텐츠센터 319호(신수동)
전화 | (02)719-7735 팩스 | (02)719-7736
이메일 | onobooks2018@naver.com 블로그 | blog.naver.com/onobooks2018
값 | 18,000원
ISBN 979-11-7043-155-8 03320

이 도서의 국립중앙도서관 출판예정도서목록(CIP)은 서지정보유통지원시스템 홈페이지(http://seoji.nl.go.kr)와 국가자료종합목록 구축시스템(http://kolis-net.nl.go.kr)에서 이용하실 수 있습니다.(CIP제어번호 : CIP2020049781)